Harry Dettenborn (Hrsg.)
Recht und Stimulierung wissenschaftlich-technischer Leistungen

Staats- und rechtstheoretische Studien 16

Herausgeber:
Institut für Theorie des Staates und des Rechts
der Akademie der Wissenschaften
der Deutschen Demokratischen Republik

Harry Dettenborn (Hrsg.)

Recht und Stimulierung wissenschaftlich-technischer Leistungen

Mit Beiträgen von

Rolf Bauer
Harry Dettenborn
Bärbel Richter
Dietmar Seidel
Rudolf Streich

Akademie-Verlag Berlin 1986

Autoren der Beiträge: Rolf Bauer, Abschnitt 3; Harry Dettenborn, Abschnitt 1 und 4; Bärbel Richter, Abschnitt 5; Dietmar Seidel, Abschnitt 6, Rudolf Streich, Abschnitt 2.

Redaktionelle Bearbeitung. Ernst Weihrauch
Redaktionsschluß: Dezember 1984

ISBN 3-05-000019-8
ISSN 0138-5208

Erschienen im Akademie-Verlag Berlin, DDR-1086 Berlin, Leipziger Straße 3—4

Lizenznummer. 202 · 100/6/86
Printed in the German Democratic Republic
Gesamtherstellung: VEB Druckerei „Thomas Müntzer", 5820 Bad Langensalza
Umschlaggestaltung: Rolf Kunze
LSV 0425
Bestellnummer 754 563 0 (2173/16)
01400

Inhalt

Vorwort

Die Stimulierung wissenschaftlich-technischer Leistungen ist ein wesentlicher Aspekt der Leitung und Planung des wissenschaftlich-technischen Fortschritts. Es entspricht daher der ökonomischen Strategie der SED, wenn den Inhalten und Wegen der Stimulierung auf diesem Gebiet in der DDR erhöhte aktuelle Bedeutung beigemessen wird. Das muß notwendig auch zu Konsequenzen für die Gestaltung des sozialistischen Rechts führen, zumal die Stimulierung menschlicher Handlungen eine Wirkungsrichtung des Rechts ist. Indem sich auch die Rechtstheorie diesem Problem zuwendet, kommt sie den erhöhten Anforderungen an die Gesellschaftswissenschaften[1] nach, ihren Beitrag zur Beschleunigung des wissenschaftlich-technischen Fortschritts, zur Erhöhung seiner ökonomischen und sozialen Wirksamkeit und zur Aktivierung wissenschaftlich-technischen Schöpfertums zu leisten.

Dabei ist die rechtstheoretische Diskussion sowohl auf die allgemeinen Zusammenhänge der Stimulierung wissenschaftlich-technischer Leistungen als auch auf die vielfältigen Konkretisierungen dieser Wirkungsrichtung des Rechts auszurichten. Es gehört deshalb zum Profil dieser Schrift, daß versucht wurde, von den rechtstheoretischen Grundlagen her Anknüpfungspunkte zu zweigrechtstheoretischen, rechtssoziologischen und -psychologischen Aspekten dieser Problematik darzulegen. Diese unterschiedlichen Aspekte, vertreten zum Teil auch durch Autoren aus verschiedenen Fachdisziplinen (Rechtstheorie, Rechtszweigwissenschaften, Ökonomie, Psychologie), haben teilweise auch zu unterschiedlichen Akzenten in der Bewertung einzelner Sachverhalte geführt, die bewußt nicht eingeebnet wurden. Das ist auch in der Struktur der Arbeit berücksichtigt worden. Nach Abhandlung der grundlegenden Zusammenhänge im ersten Abschnitt erfolgt eine Auffächerung der Thematik auf drei Spezialgebiete: die Stimulierung in Wirtschaftsorganisationen und in Wirtschaftseinheiten (als kollektive Rechtssubjekte) sowie die der individuellen Rechtssubjekte. Dieser dreigeteilten Spezifizierung folgt schließlich die erneute Zusammenführung der Problematik unter zwei Aspekten: der Rechte-Pflichten-Gestaltung und der Gesetzlichkeit.

Ausgespart wurden bewußt internationale Aspekte der Förderung wissenschaftlich-technischer Leistungen im Rahmen der sozialistischen ökonomischen Integration, da hierzu bereits umfängliche Literatur vorliegt. Aus gleichem Grunde wurden Probleme des

[1] Bericht des ZK der SED an den XI. Parteitag der SED, Berichterstatter: E. Honecker, Berlin 1986, S. 58; K. Hager, Gesetzmäßigkeiten unserer Epoche — Triebkräfte und Werte des Sozialismus, Berlin 1983, S. 44.

wissenschaftlich-technischen Rechtsschutzes nur innerhalb bestimmter Zusammenhänge als Detailfaktoren behandelt.
Der vorhandene Stand der Diskussion rechtfertigt und erfordert es, daß behandelte Probleme zum Teil weitergehenden Fragestellungen, noch nicht aber in jedem Fall zu Lösungen hingeführt wurden. Wenn insgesamt die rechtstheoretische Diskussion zu dieser noch wenig bearbeiteten, aber zunehmend bedeutsamen Thematik angeregt und befördert werden kann, dann ist ein wichtiges Anliegen dieser Arbeit erreicht.[2]

Harry Dettenborn

---

[2] Es zeugt von der Aktualität der Thematik, daß die Zeit seit der Abgabe des Manuskriptes im Dezember 1984 von hoher Dynamik in der Weiterentwicklung der Grundsätze und in der Gesetzgebung zur Stimulierung wissenschaftlich-technischer Arbeit und insbesondere der Zusammenarbeit zwischen Industrie und Wissenschaftseinrichtungen geprägt war An erster Stelle sind hier zu nennen der Beschluß über die Grundsätze für die Gestaltung ökonomischer Beziehungen der Kombinate der Industrie mit den Einrichtungen der Akademie der Wissenschaften sowie des Hochschulwesens vom 12. 9 1985 und die Verordnung über die Leitung, Planung und Finanzierung der Forschung an der Akademie der Wissenschaften der DDR und an den Universitäten und Hochschulen, insbesondere der Forschungskooperation mit den Kombinaten – Forschungsverordnung vom 12. 12. 1985 (beide GBl. I 1986, Nr 2).

Mit dem Beschluß und der neuen Forschungsverordnung werden grundsätzliche Orientierungen und rechtliche Bedingungen dafür gegeben, insbesondere die Grundlagenforschung zu mobilisieren, sich auf die Schwerpunkte und Hauptrichtungen der wichtigsten Wissenschaftsgebiete und Schlüsseltechnologien zu konzentrieren und dabei Spitzenleistungen zu erzielen. Den neuen Maßstäben für die Kooperation von Produktion und Wissenschaft in der Forschung wird mit Regelungen entsprochen, die u. a. Wirtschaftsverträge insbesondere Koordinierungsverträge zur langfristigen Kooperation, Verträge über Forschungs- und Entwicklungsleistungen betreffen. Einer engeren und verbindlicheren Forschungskooperation dient ebenso die Forderung, diese in die Pläne Wissenschaft und Technik der Kombinate sowie in den Fünfjahrplan der Grundlagenforschung der Wissenschaftseinrichtungen aufzunehmen. Auch für die Stimulierung so wesentliche Neuregelungen wie die Bezahlung durch die Kombinate als Hauptweg der Finanzierung von Forschungsarbeiten an Wissenschaftseinrichtungen gehören dazu.

So erfreulich diese Dynamik ist, so bedauerlich ist der Umstand, daß die neuen Regelungen in diesem Buch nicht mehr berücksichtigt werden konnten. Der technische Lauf der Drucklegung hatte hier schon unabänderliche Tatsachen und eine mißliche Lage für die Autoren geschaffen. Die Folge ist, daß einige Aussagen und Bezüge relativiert sind. Der Entschluß, den schon gedruckten Text dennoch zu veröffentlichen, resultiert daraus, daß fast alle hier angesprochenen Grundprobleme und eine Vielzahl von Detailfragen von unveränderter Wichtigkeit und Aktualität sind und auch in gleicher Weise oder modifiziert stehen, wenn es gilt, die neuen Regelungen durchzusetzen.

1. Stimulierung wissenschaftlich-technischer Leistungen durch Recht — Bestandteil der Leitung und Planung des wissenschaftlich-technischen Fortschritts

1.1. Ökonomische Strategie und Beitrag des Rechts zur Stimulierung wissenschaftlich-technischer Leistungen

Sehr hoch sind die Erwartungen, die an die Beschleunigung des wissenschaftlich-technischen Fortschritts gestellt werden. Dieser wird als Prozeß der Veränderung der materiell-technischen Basis des Sozialismus und als Hauptträger langfristig stabilen Wirtschaftswachstums sowie der Intensivierung der Produktion verstanden. Dabei tritt bisweilen in den Hintergrund, daß die wesentlichen Bausteine des wissenschaftlich-technischen Fortschritts schöpferische Leistungen der Menschen sind. Leistungen, die in ihrer Menge und Vielfalt nicht ohne neue Dimensionen des Engagements, der Organisation, der Wettbewerbsführung, der Schaffung bildungsmäßiger Voraussetzungen denkbar sind und sie stimulieren. Hier geht es nicht um punktuelle, parallele oder isolierte, sondern um komplexe Prozesse mit neuen Maßstäben der Produktivität und Effektivität. Sie zu beherrschen erfordert, die Beschleunigung des wissenschaftlich-technischen Fortschritts in den Gesamtprozeß der Gestaltung der entwickelten sozialistischen Gesellschaft einzuordnen, um von hier aus den Zugang zu höheren wissenschaftlich-technischen Leistungen des Menschen und ihrer optimalen Förderung zu finden.

Die ökonomische Strategie zur Entwicklung der Volkswirtschaft der DDR ist eine wissenschaftlich begründete Konzeption, die auf dieser Grundlage und zugleich unter Berücksichtigung der veränderten inneren und äußeren Bedingungen konstruktiv jene Wege weist, auf denen die Hauptaufgabe in ihrer Einheit von Wirtschafts- und Sozialpolitik in den 80er Jahren weitergeführt werden kann. Die Schwerpunkte dieser Strategie[1] sind dabei nur in ihrer engen Wechselbeziehung zu verstehen. Einer der wesentlichen Faktoren, die ihren inneren Zusammenhang kennzeichnen, ist die breite Anwendung von moderner Wissenschaft und Technik, um die ökonomische Effektivität zu steigern und den gesellschaftlichen Fortschritt zu gewährleisten. Hierin bestätigt sich in vollem Maße die Aussage von Marx: „In dem Maße aber, wie die große Industrie sich entwickelt, wird die Schöpfung des wirklichen Reichtums abhängig weniger von der Arbeitszeit und dem Quantum angewandter Arbeit . . ., sondern vielmehr . . . vom allgemeinen Stand der Wissenschaft und dem Fortschritt der Technologie, oder der Anwendung dieser Wissenschaft auf die Pro-

[1] Vgl. Bericht des ZK der SED an den XI. Parteitag der SED, Berichterstatter E. Honecker, Berlin 1986, S. 49ff

duktion."[2] Entsprechend orientiert die Partei darauf, daß die neuen ökonomischen Erfordernisse für jeden Wissenschaftler eine Herausforderung sind und der Wissenschaft insgesamt die Verantwortung zukommt, „in der fortwährenden Auseinandersetzung des Menschen mit der Natur das ‚belebende Feuer' zu sein"[3].

Es gehört zu den gesetzmäßigen Zusammenhängen von Basis und Überbau im Sozialismus, daß die Steuerung dieser Prozesse entsprechende Aktivitäten im Überbau voraussetzt. Das ergibt sich insbesondere aus den neuen Anforderungen an den gesellschaftlichen Reproduktionsprozeß bei der Durchsetzung der ökonomischen Strategie, dem höheren Niveau der Vergesellschaftung der Produktion (Kombinatsbildung) und den damit verbundenen neuen Anforderungen an die Leitung und Planung. Die entsprechenden Aktivitäten im Überbau betreffen nicht nur die Bereiche der Wirtschaftspolitik, der Sozialpolitik usw., sondern in Verbindung damit auch den juristischen Überbau, insbesondere das Recht.

Das sozialistische Recht gehört zu jenen Überbauerscheinungen, deren aktive Rolle auch in den gegenwärtigen revolutionären Prozessen gezielt zu nutzen ist. Je präziser dabei jene objektiven Erfordernisse, die mit der ökonomischen Strategie verbunden sind, durch das Recht erfaßt und über das Handeln umgesetzt werden, um so effektiver kann es wirken.

Ein wesentlicher Eingriffsbereich ist der zentrale und entscheidende Steuerungspunkt all jener genannten Prozesse, nämlich die Leitung, Planung und Organisation des wissenschaftlich-technischen Fortschritts. Da der wissenschaftlich-technische Fortschritt in zunehmendem Maße von gesamtgesellschaftlicher Bedeutung ist und immer enger mit komplexen Prozessen der ökonomischen und sozialen Entwicklung verbunden ist, sind entsprechende Inhalte und Methoden der Leitung und Planung des wissenschaftlich-technischen Fortschritts notwendig, die der höheren Komplexität gerecht werden.

Wissenschaftlich-technischer Fortschritt und Vervollkommnung der Leitung und Planung sind folglich als eine organische Einheit zu betrachten. Wissenschaft, Technik und materielle Produktion in ihrer Einheit als Zyklus verlustlos zu gestalten, die Ableitung und Realisierung wissenschaftlich-technischer Aufgaben, die Verkürzung der Bearbeitungszeiten und die schnellere Einführung modernster Erzeugnisse sowie die Sicherung des Absatzes, insbesondere des Exports,[4] unter den konkreten Bedingungen und Anforderungen – all dies umfaßt Beziehungen, die auch mittels Recht geplant, geleitet und organisiert werden müssen.

Da das sozialistische Recht durch den sozialistischen Staat gesetzt und in seiner Durchsetzung gewährleistet wird, ist die Bedeutung des Rechts auch in dem Zusammenhang zu sehen, daß die ökonomische Strategie und damit die Beschleunigung des wissenschaftlich-technischen Fortschritts vor allem über die aktive Rolle des Staates realisiert werden kann. Dabei geht es nicht lediglich um eine mechanische Erweiterung rechtlicher Einwirkung und Regelung. Es geht vielmehr darum, die neuen komplizierten Bedingungen als höhere An-

---

[2] K. Marx, Grundrisse der politischen Ökonomie, Berlin 1953, S. 592.

[3] Bericht des ZK der SED an den X. Parteitag der SED, Berichterstatter: E. Honecker, Berlin 1986, S. 56.

[4] Vgl. H. Hörnig, Zur Stellung und Verantwortung der Wissenschaft im gesellschaftlichen Reproduktionsprozeß, in: Einheit, 2/1983, S. 129ff.

forderung an die Qualität des rechtlichen Beitrages zur langfristigen planmäßigen Leitung und Beherrschung jener komplexen Wechselbeziehungen im Reproduktionsprozeß zu verstehen, in denen wissenschaftlich-technischer Fortschritt erzeugt und gesteuert wird. Das ist zugleich einer jener Bereiche, wo das Recht dazu beitragen kann, Vorzüge des Sozialismus mit den Errungenschaften des wissenschaftlich-technischen Fortschritts auf neuem Niveau zu verknüpfen. Das beginnt bei der Tatsache, daß sich die Planmäßigkeit als Charakteristikum des sozialistischen Wirtschaftssystems *auch* in der juristischen Natur und rechtlichen Verbindlichkeit entsprechender Handlungsanforderungen und -möglichkeiten manifestiert. Dazu gehört allerdings eine Vielfalt von Aufgaben und Eingriffspunkten des Rechts, die nicht Gegenstand dieser Arbeit ist, da es hier nicht um den Gesamtkomplex des Zusammenhangs zwischen wissenschaftlich-technischem Fortschritt und dem sozialistischen Recht geht.[5]

Der wesentliche Bezug der hier zu behandelnden Thematik zur Verbindung der Vorzüge des Sozialismus mit den Errungenschaften und Zielen des wissenschaftlich-technischen Fortschritts ist folgender. Die sozialistischen Produktions- und Eigentumsverhältnisse ermöglichen die *grundlegende Übereinstimmung* gesellschaftlicher, kollektiver und individueller Interessen. Hier liegen die Voraussetzungen dafür, daß die Herstellung dieser Interessenübereinstimmung auf der Basis nichtantagonistischer Interessenwidersprüche grundlegende Triebkraft und zugleich ein durch die marxistisch-leninistische Partei geführter Prozeß ist. Hier wird auch die grundsätzliche Bedeutung einer weiteren Quelle der effektiven Gestaltung des wissenschaftlich-technischen Fortschritts im Sozialismus deutlich, nämlich: die Anwendung und Vervollkommnung der sozialistischen Demokratie. Diese Faktoren bilden die materielle Grundlage für die aktive und schöpferische Mitarbeit aller Beteiligten an der Lösung der Aufgaben, die zur Beschleunigung des wissenschaftlich-technischen Fortschritts beitragen.

Zu den wichtigsten Aufgaben bei der Leitung und Planung der genannten Prozesse gehört es, die prinzipielle Interessenübereinstimmung auch innerhalb der Durchsetzung des wissenschaftlich-technischen Fortschritts auf immer neuem Niveau zu realisieren und in

---

[5] Hier kann u. a. auf folgende Arbeiten verwiesen werden W. Linden (Hrsg.), Wissenschaftlich-technischer Fortschritt – Sozialistisches Recht, Teil I, Halle 1981, S. 10 (Konferenzmaterial), W. Linden/R. Osterland, Fragen der Entwicklung des Rechts in Wissenschaft und Technik, in Staat und Recht, 6/1982, M. P. Ring, Pravovoe regulirovanie naučno-techničeskogo progressa, in Sovetkoe gosudarstvo i pravo, 2/1972, ders. Chozrasčetnaja sistema sozdanija i vnedrenija novoj techniki, pravovyje problemy, Moskva 1982, I. A. Zenin, Effektivnost' norm prava v oblacti naučno-techničeskogo progressa, in Sovetskoe gosudarstvo i pravo, 2/1981, W. A. Rassudowski, Rechtsprobleme der staatlichen Leitung und Planung auf dem Gebiet von Wissenschaft und Technik, in W. Linden (Hrsg.), Wissenschaftlich-technischer Fortschritt – Sozialistisches Recht, Teil I, a.a. O., K. A. Mollnau, Die Beziehungen zwischen wissenschaftlich-technischem Fortschritt und Recht als Forschungsaufgabe der Rechtstheorie, in Staat und Recht, 11/1981, D. Seidel, Die beschleunigte Durchsetzung des wissenschaftlich-technischen Fortschritts und die Aufgaben des sozialistischen Rechts, in Staat und Recht, 5/1981, W. Schönrath, Einige Gedanken zur Rolle des sozialistischen Rechts für den wissenschaftlich-technischen Fortschritt in der DDR, in Wissenschaftliche Zeitschrift der Karl-Marx-Universität Leipzig, Gesellschafts- und Sprachwissenschaftliche Reihe, 6/1978, V. P. Aleksandrova, Planivovanija naučno-techničeskogo progressa na oguove normativov dlitelnogo dejstvija, Kiev 1981, A. J. Jojriš, Naučno-techničeskuj progress u novye problemy prava, Moskva 1981

Handeln umzusetzen. Das ist Ziel und Aufgabe einer Reihe von Formen und Methoden der Leitung und letztlich auch Inhalt der Wirtschafts- und Sozialpolitik der Partei. *Eine Wirkungsrichtung innerhalb dieses Komplexes ist die Stimulierung aktiven schöpferischen Handelns, insbesondere solchen Verhaltens, das zur Entstehung, Überleitung und Nutzung schöpferischer wissenschaftlich-technischer Leistungen beiträgt. Hierzu hat auch das Recht einen beachtlichen Beitrag zu leisten.* Mit anderen Worten: Die Stimulierung aller jener Wirtschafts- und Wissenschaftsorganisationen sowie Arbeitskollektive und Individuen, die an der Entstehung, Überleitung und Nutzung wissenschaftlich-technischer Leistungen beteiligt sind, wird in zunehmendem Maße eine Aufgabe des sozialistischen Rechts. Sie wird daher begründet als eine Entwicklungsrichtung des Rechts angesehen.[6]

Ein Hauptaspekt dieser Problematik sind die Interessen der Beteiligten in ihrer Einbindung in objektive Erfordernisse. *Anliegen des Rechts ist dabei, mittels rechtlich geregelter Stimulierung bzw. Schaffung stimulierender Bedingungen die individuellen und kollektiven Interessen mit den gesellschaftlichen Interessen in der Weise zu verbinden, daß die Entstehung, Überleitung und Nutzung schöpferischer wissenschaftlich-technischer Leistungen gefördert wird.* Diese Zielstellung ist damit auch Ausgangspunkt rechtstheoretischer Analyse.

Wissenschafts- und Wirtschaftsorganisationen wie Individuen werden hier in ihrer Einheit als Interessenträger und Rechtssubjekte innerhalb von Rechtsverhältnissen gesehen. Stimulierung mittels Recht wirkt u. E. über die Befriedigung, Nutzung, Beeinflussung, Lenkung, Förderung und auch Korrektur von Interessen kollektiver und individueller Rechtssubjekte. Sie vollzieht sich unter den Bedingungen der für unsere Etappe der Gesellschaftsentwicklung kennzeichnenden widersprüchlichen Einheit von gesellschaftlichen, kollektiven und individuellen Interessen. Daher gilt es, real auftretende Interessen, mit denen ja auch seitens der Rechtsnormadressaten dem Recht begegnet wird, zu den objektiven Erfordernissen der staatlich-rechtlichen Leitung des wissenschaftlich-technischen Fortschritts ins Verhältnis zu setzen und die Potenzen des politischen Systems[7] des Sozialismus zur Herstellung der Interessenübereinstimmung auf der Grundlage gesellschaftlicher Interessen zu nutzen. Voraussetzung hierfür ist die konsequente *Durchsetzung des sozialistischen Leistungsprinzips*, weil dieses Grundprinzip des ökonomischen und sozialen Lebens im Sozialismus die objektive Interessenübereinstimmung subjektiv erlebbar

---

[6] Vgl. dazu: U.-J. Heuer, Intensivierung und Rolle des Rechts, in: Staat und Recht, 6/1980, S. 499; W. Linden (Hrsg.), Wissenschaftlich-technischer Fortschritt — Sozialistisches Recht, Teil I, a. a. O., S. 78ff.; E. Poppe, Sozialistisches Recht und Wissenschaft, Berlin 1982, S. 10 (Sitzungsberichte der AdW der DDR, 9 G/81); S. S. Alekseev, Obščaja teorija prava, Moskva 1982, S. 80; R. Bauer/H. Dettenborn, Rechtliche Stimulierung des wissenschaftlich-technischen Schöpfertums als Beitrag des Rechts zur Beschleunigung des wissenschaftlich-technischen Fortschritts, in: Jahrbuch für Soziologie und Sozialpolitik, Berlin 1983.

[7] Auf einen wichtigen Aspekt weist in diesem Zusammenhang A. P. Butenko hin — (Widersprüche der Entwicklung des Sozialismus als Gesellschaftsordnung, in: Sowjetwissenschaft, Gesellschaftswissenschaftliche Beiträge, 2/1983, S. 233). Er betont die Notwendigkeit, daß „die politische Organisation und ihr ökonomisches System den Prinzipien des Sozialismus entsprechen und auf bestmögliche Weise auf die realen Bedingungen abgestimmt sind, das heißt, wenn sie nicht nur den wichtigsten Interessen der Massen, ihrem politischen und kulturellen Entwicklungsstand, den nationalen Traditionen usw. entsprechen, sondern über ihre Mechanismen auch die Aktivität der Massen in Politik und Produktion bei der Verwirklichung sowohl der individuellen als auch der gesellschaftlichen Interessen stimulieren".

macht und so grundlegende Interessen wie die materielle Interessiertheit, das Streben nach Anerkennung, nach Selbstverwirklichung, nach effektiver Teilhabe an der Schaffung von Werten durch Arbeit angesprochen werden. Es trägt nicht zuletzt dazu bei, Leistungsmaßstäbe zu schaffen und zu realisieren sowie eine leistungsbezogene Arbeitsatmosphäre zu fördern.

Es gibt auch im Hinblick auf den wissenschaftlich-technischen Fortschritt keinerlei Anlaß, von einer abnehmenden Bedeutung des Leistungsprinzips zu sprechen. Vielmehr gilt es, die Orientierung der Partei zu verwirklichen, d. h., die Durchsetzung des Leistungsprinzips enger mit der Beschleunigung des wissenschaftlich-technischen Fortschritts zu verbinden. Dabei ist als Besonderheit zu beachten, daß es bei der Erbringung wissenschaftlich-technischer Leistungen um ideelle bzw. immaterielle Produktion geht. Die vorwiegend auf die materielle Produktion ausgerichteten Methoden und Gewohnheiten der Anwendung des Leistungsprinzips sind darauf nicht mehr mechanisch übertragbar, da spezifische Inhalte und Bedingungen der Forschungs- und Entwicklungsarbeit zu berücksichtigen sind.

Allerdings sind folgende allgemeine Faktoren der Wirkung des Leistungsprinzips auch im Bereich wissenschaftlich-technischer Leistungen zu beachten:

Erstens, die Verteilung nach Leistung ist in die komplexen Verteilungsverhältnisse eingeordnet und entsprechend zu gestalten. Damit sind solche Fragen angesprochen wie die Möglichkeiten vollwertiger Realisierung der Geldeinkommen der Bevölkerung, die davon abhängigen Formen und der Umfang spontaner, staatlicher nicht organisierter Umverteilungsprozesse, die Wirksamkeit der Verteilung gesellschaftlicher Fonds usw.[8] Diese Faktoren modifizieren selbstverständlich das Gefüge von Wirkungen zwischen Leistung und Stimulus und können deshalb nicht unbeachtet bleiben, wenn es um die Festigung des Leistungsprinzips geht.

Zweitens, das Leistungsprinzip ist nicht nur als isolierter ökonomischer Sachverhalt anzusehen, sondern als eine grundlegende Triebkraft der Entwicklung der sozialistischen Lebensweise und Moral, die zur Organisierung des Zusammenlebens und -wirkens beiträgt. Kurt Hager hat darauf verwiesen, daß es einseitig und völlig unzureichend wäre, das Leistungsprinzip nur auf die Verteilungsfunktion zu beschränken: „Verteilung ist kein passives Resultat, sondern beinhaltet immer die Frage nach der aktiven Stimulierung.“[9] Zur Lösung dieser Frage, d. h. einer effektiven materiellen und ideellen Stimulierung unter den spezifischen Bedingungen der Erarbeitung und Überleitung wissenschaftlich-technischer Leistungen, bedarf es weiterer Anstrengungen, zu denen auch die optimale Gestaltung und konsequente Anwendung des sozialistischen Rechts gehören.

Die Zusammenhänge der Beschleunigung des wissenschaftlich-technischen Fortschritts mit dem Leistungsprinzip verweisen — ebenso wie die prinzipielle Interessenübereinstimmung im Sozialismus und ihrer Stimulierung mittels Recht oder der sozialistischen Demokratie — auf folgendes: Der wissenschaftlich-technische Fortschritt ist ohne Zweifel ein globaler Prozeß, dem in allen industriell entwickelten Ländern starke Bedeutung und Beachtung zugemessen wird. Überall werden Mittel der Stimulierung wissenschaftlich-technischer Leistungen angewandt und in keinem Land wird darauf verzichtet, dabei

---

8 Vgl. dazu: W. S. Rogowin, Die Verteilungsverhältnisse als Faktor der Intensivierung der Produktion, in: Sowjetwissenschaft, Gesellschaftswissenschaftliche Beiträge, 5/1982, S. 706.

9 K. Hager, Gesetzmäßigkeiten unserer Epoche – Triebkräfte und Werte des Sozialismus, Berlin 1983, S. 52.

auch das Recht einzusetzen. Die Förderung wissenschaftlich-technischer Leistungen ist insofern keine rechtstypspezifische Erscheinung, da sie nicht nur durch das sozialistische Recht angezielt wird.

Bei aller Globalität geht es dabei aber keineswegs um gesellschaftlich neutrale Prozesse. Es bestehen auf allen genannten Ebenen enge Beziehungen zu den herrschenden Klasseninteressen bzw. Eigentums- und Produktionsverhältnissen. Gerade diese Tatsache wird in der bürgerlichen Theoriebildung vernachlässigt, indem *Triebkräfte* des wissenschaftlich-technischen Fortschritts entweder nicht untersucht, mystifiziert oder auf bestimmte Erscheinungen der bürgerlichen Gesellschaft, wie z. B. „geistige Eliten", zurückgeführt werden. In jedem Falle werden die Interessen, die hinter Forschungsstrategien, Innovationseinrichtungen und Stimulierungsintentionen stehen, aus dem Erkenntnisprozeß ausgeschlossen.[10] Damit wird verschleiert, daß auch mit dem wissenschaftlich-technischen Fortschritt der Endzweck kapitalistischer Produktion, Profite zu erzielen, unverändert bleibt, daß sich dabei der objektive Widerspruch zwischen wachsender Vergesellschaftung der Produktion und unveränderter privater Aneignung verschärft. Die intensivere Wechselbeziehung zwischen wissenschaftlich-technischem Fortschritt und Verwertungsprozeß des Kapitals führt zu einer wachsenden Unterordnung von Wissenschaft und Technik unter die Akkumulations- und Herrschaftserfordernisse des Monopolkapitals.[11]

Die gegenwärtige Lage der führenden kapitalistischen Länder ist außerdem durch solche Faktoren gekennzeichnet wie das Zusammenwirken von allgemeinen und zyklischen Krisenerscheinungen, verschärften Widersprüchen zwischen den Hauptländern des Monopolkapitals, die Konfrontation mit der dynamischen Entwicklung der sozialistischen Staaten u. a. m. Zur Lösung der damit verbundenen Widersprüche und Probleme werden Auswege gesucht. Einer jener Auswege, mit dem der wissenschaftlich-technische Fortschritt im Interesse des Profits gesteuert und beherrscht werden soll, ist die „Innovationskonjunktur", d. h. das forcierte Erbringen und profitable Verwerten neuer wissenschaftlich-technischer Ergebnisse.[12]

Innerhalb der vielfältigen Wege und Mittel zur Forcierung von Innovationen gewinnt der Einfluß von Staat und Recht an Bedeutung. Die verschärften Krisenerscheinungen haben dazu geführt, daß — neben dem Aufleben traditioneller Bestrebungen nach „weniger Staat" und „freiem Unternehmertum", z. B. in der Politik der jetzigen USA-Administration[13] — die staatsmonopolistische Regulierung auf dem Gebiet von Wissenschaft und Technik zugenommen hat. Sie erstreckt sich auch auf die praktische Forcierung von Innovationen vor allem über ministerialbürokratische Einflußmechanismen in den Spitzenländern des Monopolkapitals. So konstatieren Hetzler u. a.: „Die Erkenntnis, daß eine Einbeziehung des Staates in die Analyse des Innovationssystems erforderlich ist,

---

10 Vgl. M. Lötsch/D. Wittich, Wissenschaftlich-technischer Fortschritt und Sozialstrukturtheorie, in: Jahrbuch für Soziologie und Sozialpolitik 1982, Berlin 1982, S. 65.

11 Vgl. ausführlich dazu: W. Hartmann/W. Stock, Management von Forschung und Entwicklung, Berlin 1976, S. 9ff.

12 Vgl. dazu. E. Grabow, Zu Ursachen und Erscheinungsformen einer „Innovationskonjunktur" in ausgewählten kapitalistischen Industriestaaten, Diss. A, Berlin 1983.

13 Auf das Nebeneinander und die Grenzen beider Linien verweist u. a.: L. I. Jewenko, Das amerikanische Management in den achtziger Jahren, in: Sowjetwissenschaft, Gesellschaftswissenschaftliche Beiträge 3/1984, S. 315ff.

setzt sich langsam in der Innovationsforschung durch."[14] Besonderes Augenmerk gilt der längerfristigen Konzipierung staatlicher Einflußnahme.[15]

Zu diesen Methoden gehört, daß in erheblichem Umfang rechtliche Instrumente genutzt werden, insbesondere das sogenannte öffentliche Recht, die auf verwaltungsrechtlicher Ebene wirksam werden. Die dabei realisierte Politik orientiert sich — entsprechend dem Wesen des imperialistischen Staates als Machtinstrument der herrschenden Klasse — in erster Linie an den ökonomischen Interessen der Monopolbourgeoisie. Die Sicherung dieser Interessen durch den Staat erfolgt im wesentlichen auf zwei Wegen (hier folgen wir Grabow[16]): zum einen durch die Ausübung staatlicher Hoheitsrechte und zum anderen durch die unmittelbare Beteiligung am Innovationsgeschehen über staatliche Forschungseinrichtungen, die wiederum rechtlich geregelt ist.

Für beide nur begrenzt unterscheidbare Richtungen seien beispielhaft einige Wirkungsintentionen staatsmonopolistischer Regulierung und Stimulierung des wissenschaftlich-technischen Fortschritts, vor allem des Innovationsgeschehens, genannt. Die *Ausübung staatlicher Hoheitsrechte* betrifft u. a.:

— Die Konzipierung und rechtliche Fixierung einer staatlich gelenkten Forschungs- und Technologiepolitik, die von den Kräfteverhältnissen und Interessen innerhalb des nationalen Monopolkapitals und bestimmten internationalen Konkurrenzbedingungen ausgeht und durch Stimulierung der Unternehmen mittels rechtlicher Regelungen ein diesen forschungspolitischen Zielsetzungen entsprechendes „Innovationsgebaren" bewirkt.

— Die Steuerung des Konkurrenzkampfes auf dem Gebiet von Forschung und Entwicklung durch das bürgerliche Kartellrecht, die Gesetzgebung und die Spruchpraxis staatlicher Aufsichtsbehörden, besonders dann, wenn es im Interesse der forschungsintensiven Großunternehmen darum geht, „das vielbeschworene freie Spiel der Kräfte dort einzuschränken, wo durch Aktivitäten einzelner die Verwertungsbedingungen der Gesamtklasse gefährdet scheinen"[17].

— Die Anhebung der staatlichen Forschungs- und Entwicklungs-(F/E-)Ausgaben insgesamt und des staatlichen Anteils an den gesamten F/E-Ausgaben in den meisten entwickelten kapitalistischen Industriestaaten,[18] die in verschiedener Weise stimulierungswirksam umgesetzt wird. In der BRD spielen innerhalb der *direktiven*, für den Staats-

---

[14] L. Hetzler/K. Müller/K. Schienstock, Der Innovationsprozeß in westeuropäischen Industrieländern, Bd. 4, München 1978, S. 16.

[15] Vgl. L. Bräunling/ E. Harinsen, Förderungsprinzipien und Instrumente der Forschungs- und Technologiepolitik. Eine Analyse ihrer Wirksamkeit, Göttingen 1975; F. Littmann, Die Chancen staatlicher Innovationslenkung, Göttingen 1975.

[16] Vgl. E. Grabow, Zu Ursachen und Erscheinungsformen einer „Innovationskonjunktur", in ausgewählten kapitalistischen Industriestaaten, a. a. O., S. 62, 115.

[17] Ebenda, S. 105ff.

[18] In Japan ist z. B. eine Anhebung der F/E-Ausgaben von gegenwärtig 2,15% des Bruttosozialprodukts auf rund 3% im Verlauf der 80er Jahre geplant. Der Anteil des Staates an den gesamten F/E-Ausgaben soll dabei von 30 auf 50% angehoben werden — (vgl. P. Stebner, Zur Rolle von Wissenschaft und Technik für die wirtschaftliche Entwicklung Japans, in: IPW-Berichte, Berlin, 11/1982, S. 23ff.).

haushalt ausgabenwirksamen Projektförderung vor allem die Staatsaufträge und projektbezogene Zuschläge eine Rolle.[19]

— Zunehmende Bedeutung innerhalb der staatlichen Forschungsförderung und ihrer rechtlichen Regulierung haben in den letzten Jahren Formen der indirekten Stimulierung erlangt.[20] In der BRD zählen dazu seit Ende der 70er Jahre vor allem steuerliche Vergünstigungen zu Lasten des Staatshaushaltes. Sie mindern die Notwendigkeit direkter Subventionierung und haben sich als sehr geeignet erwiesen, Forschungs- und Entwicklungsinvestitionen freizusetzen, ohne die monopolistische Profitverwendung einzuschränken.

— Schließlich sei noch die Förderung von Innovationen mittels „Risikokapital" genannt. Die Beteiligung des Staates am finanziellen Risiko von Innovationen betrifft die rechtlich geregelte Bereitstellung der notwendigen Forschungs- und Entwicklungskosten durch Zuschüsse, die im Verlustfall nicht oder nur teilweise zurückzuzahlen sind. Diese sogenannte Wagnisfinanzierung erfolgt direkt aus dem Staatshaushalt oder über staatliche Banken zu besonders günstigen Bedingungen (100%ige Auszahlung der Kreditsumme, lange Laufzeit, fester Zins, der unter dem Kapitalmarktzins liegt) oder über private Kreditinstitutionen, die wiederum staatliche Rückzahlgarantien erhalten.[21]

Der zweite hier unterschiedene Weg staatsmonopolistischer Regulierung der Forschungs- und Entwicklungsprozesse, die *unmittelbare Beteiligung des Staates am Innovationsgeschehen über staatliche Forschungseinrichtungen*, umfaßt vor allem die Ausrichtung des staatlichen Forschungspotentials auf die Ziele der Monopole. Dabei ist die schon immer bestehende Arbeitsteilung, nämlich die direkte Übernahme langfristiger, weniger profitabler Forschungsrichtungen durch den Staat,[22] in den letzten Jahren ausgeprägter geworden; sie dürfte in Zukunft noch zunehmen. Das bringt vor allem den einflußreichsten Unternehmern, den führenden Konzernen, den Vorteil, den eigenen Aufwand und das eigene Risiko durch Nutzung staatlich finanzierter Einrichtungen zu vermindern. Als kostengünstige staatliche Instrumentarien werden dabei objektgebundene Subventionen für wichtige Vorhaben der Grundlagenforschung sowie die Übernahme von Bürgschaften für Entwicklungs- und Überleitungsprojekte eingesetzt.

---

[19] Dabei ist die Gestaltung der Zuschläge je nach Höhe des geforderten Projektanteils differenziert geregelt. Bei zu 50% geförderten Vorhaben gelten die staatlichen Aufwendungen als nicht rückzahlbar (verlorene Zuschüsse); ein Zuschuß bis zu 75% ist bedingt rückzahlbar, d. h., der Zuschuß verwandelt sich im Erfolgsfalle in ein zinsloses Darlehn; Zuschüsse über 75% sind rückzahlbar, also zinslose Kredite — (vgl. H. Fromann, Zu ausgewählten Problemen der Intensivierung der staatsmonopolistischen Regulierung von Forschung und Entwicklung in der BRD, in: Wissenschaftliche Zeitschrift der Martin-Luther-Universität Halle, 2/1982, S. 47—53).

[20] Vgl. H. Fromann, Zu ausgewählten Problemen der Intensivierung der staatsmonopolistischen Regulierung von Forschung und Entwicklung in der BRD, in: Wissenschaftliche Zeitschrift der Martin-Luther-Universität Halle, 2/1982, S. 47—53.

[21] Vgl. E. Grabow, Zu Ursachen und Erscheinungsformen einer „Innovationskonjunktur" in ausgewählten kapitalistischen Industriestaaten, a. a. O.,; H. Fromann, Zu ausgewählten Problemen, der Intensivierung der staatsmonopolistischen Regulierung von Forschung und Entwicklung in der BRD, in: Wissenschaftliche Zeitschrift der Martin-Luther-Universität Halle, 2/1982, S. 47—53.

[22] Vgl. U. Schmitz, Der Staat und die Steuerung der Wissenschaft, Göttingen 1976; F. Littmann, Die Chancen staatlicher Innovationslenkung, a. a. O.

So äußert sich die regulierende Rolle des Staates für Wissens- und Technologietransfer der Hochschulen der BRD u. a. in der Förderung von Pilotprojekten der Transfer-Einrichtungen an den Universitäten durch das Bundesministerium für Forschung und Technik.[23] Diese Tendenzen des Zusammenwirkens von staatlichem und privatmonopolistischem Forschungspotential schließen eine umfassende kapitalistische Ökonomisierung und Rationalisierung der wissenschaftlichen Arbeit ein [24]

Die genannten Erscheinungsweisen und Einwirkungsmechanismen zeigen erstens, daß die staatsmonopolistische Regulierung eine zunehmend notwendige Voraussetzung zur Gestaltung des wissenschaftlich-technischen Fortschritts unter kapitalistischen Produktionsverhältnissen ist und zweitens, daß dabei das bürgerliche Recht als ein unerläßliches Mittel eingesetzt wird. Das schließt einerseits Zwänge zur Forschungs- und Entwicklungsplanung ein, andererseits stoßen solche Notwendigkeiten auf die Mechanismen des Konkurrenzkampfes und divergierende privatkapitalistische Interessen der Profitmaximierung. Sie machen wissenschaftlich-fundierte Planung und Förderung in übergreifendem Interesse der Werktätigen objektiv unmöglich. Diese Widersprüche können infolgedessen durch die staatsmonopolistische Regulierung nicht gelöst werden, sondern werden langfristig verschärft.

An all dem ändert auch die Nutzung des bürgerlichen Rechts in diesem Prozeß nichts. Sie offenbart vielmehr in einem gesellschaftlich bedeutsamen Bereich. Auch in der Beziehung zwischen Wissenschaft/Technik und Recht wird das Recht von den für die kapitalistischen Produktionsverhältnisse kennzeichnenden Klassenauseinandersetzungen und den materiellen Interessen der herrschenden Klasse bestimmt und zur Machterhaltung eingesetzt. Das hat vielfältige soziale Folgen, nicht zuletzt auch Auswirkungen auf die zunehmende Massenarbeitslosigkeit. Die aufgezeigte Art, in der Wissenschaft und Technik mittels Recht zunehmend zur Machterhaltung eingesetzt werden, führt zwangsläufig zu einer weiteren Schrumpfung der Basis des bürgerlichen Rechts.[25] Dies löst wiederum ideologische und rechtstheoretische Reaktionen und Reflexionen aus, deren Hauptmerkmal die Verschleierung der tatsächlichen Zusammenhänge ist.

Eine der Reaktionen in der bürgerlichen Theoriebildung ist, daß aus dem Wesen der Wissenschafts- und Technikentwicklung Überforderung, Ohnmacht und Prestigeverlust des Rechts und dessen technokratische Durchsetzung beklagt werden. Der bürgerliche Technikpessimismus wuchert, und entsprechende Technokratiekonzepte werden rechtstheoretisch angezapft und weitergeführt. Das verstärkte Auseinanderlaufen von wissenschaftlich-technischem und gesellschaftlichem Fortschritt gehört freilich zu jenen Endkonsequenzen und Widersprüchen, die selbst in der bürgerlichen Theorie auf die Dauer schwer zu leugnen sind. Folglich münden auch verschiedene Konzeptionen in der Aussage, daß es generell unmöglich sei, beides zu verbinden.

---

[23] Vgl. H. Fromann, Zu ausgewählten Problemen der Intensivierung der staatsmonopolistischen Regulierung von Forschung und Entwicklung in der BRD, in Wissenschaftliche Zeitschrift der Martin-Luther-Universität Halle, 2/1982, S. 47–53

[24] Vgl. G Wetzel, Ökonomische Grundprozesse des wissenschaftlich-technischen Fortschritts in der BRD, in IPW-Berichte, 1/1979, S. 36ff

[25] Vgl. K. A. Mollnau, Wissenschaftlich-technischer Fortschritt, Recht und Menschenbild, in K. A. Mollnau (Hrsg.), Recht als Maßstab. Rechtstheorie unter den Bedingungen der wissenschaftlich-technischen Revolution, Berlin 1981, S. 71 (Konferenzmaterial).

1.2. Stimulierung als umfassender Prozeß und Rolle des sozialistischen Rechts

Die Stimulierung wissenschaftlich-technischer Leistungen unter den Bedingungen der entwickelten sozialistischen Gesellschaft ist ein grundlegender, umfassender Prozeß, der ökonomische und ideologische Faktoren der Leitung, Planung und Organisation einschließt. Das sozialistische Recht liefert — wie eingangs hervorgehoben — einen *spezifischen Beitrag* in diesem Prozeß, der aber nur auf der Basis der generellen Inhalte der Stimulierung insgesamt konzipierbar und wirksam ist. Stimulierung als gesellschaftliche Gesamterscheinung basiert auf der Tatsache, daß die mit der Beschleunigung des wissenschaftlich-technischen Fortschritts verbundenen objektiven Erfordernisse sich nicht im Selbstlauf verwirklichen, sondern nur mittels aktiver, bewußter Gestaltung verwirklicht werden können.

Umfassende Stimulierung, das bedeutet die Schaffung solcher Antriebe und Anreize, mit denen die Interessen von Wirtschafts- und Wissenschaftsorganisationen wie Werktätigen so gefördert, genutzt und gelenkt werden, daß schöpferisches Handeln im Sinne der effektiven Erarbeitung, Überleitung, Nutzung und des Schutzes wissenschaftlich-technischer Leistungen aktiviert wird. Stimulierung in diesem Sinne umfaßt Fragen der Schaffung und Handhabung materieller und ideeller Stimuli ebenso wie die Schaffung stimulierender Bedingungen. Dabei geht es weder um eine isolierte Stimulierung des wissenschaftlich-technischen Fortschritts noch um dessen Stimulierung als undifferenziertes Ganzes. Da letztlich die Erhöhung der Effektivität der Volkswirtschaft angezielt wird, steht die Stimulierung solcher Hauptkettenglieder im Vordergrund, die darauf unmittelbar einwirken. Dazu zählen z. B. die Erhöhung des wissenschaftlich-technischen Niveaus der Produktion und der Produkte besonders in volkswirtschaftlich vorrangigen Bereichen, die Effektivität der Grundlagenforschung, die Möglichkeiten multivalenter Nutzung, die Verkürzung von Überführungszeiten, die Exportträchtigkeit. Das schließt auch ein, daß nicht alle komplexen Neuerungsprozesse und wissenschaftlich-technischen Leistungen in gleichem Maße Gegenstand der Stimulierung sein können, sondern vor allem solche, die bestimmte Niveaukennziffern umsetzen und damit Effektivität verkörpern.

Der Prozeß der Stimulierung enthält auf der Grundlage wesentlicher Gemeinsamkeiten heterogene Wirkungsrichtungen. So liegt der Schwerpunkt bei der Stimulierung von Wirtschafts- und Wissenschaftsorganisationen in der Einwirkung auf den Reproduktionsprozeß, vor allem über die ökonomischen Interessen der Betriebe, Einrichtungen und der Werktätigen auf der Grundlage des Prinzips der materiellen Interessiertheit. Darin einbezogen sind: die Anwendung eines effektiven Kennziffernsystems, die Gestaltung betrieblicher Fonds wie Investitionsfonds, Kultur- und Sozialfonds, Leistungsfonds usw. aus dem Nettogewinn, die Preisgestaltung, die Risikoabsicherung, die Gestaltung von Kooperationsbeziehungen und Überleitungsprozessen usw.

Schwerpunkte der Stimulierung von einzelnen Werktätigen (Ingenieure, Wissenschaftler, Leiter usw.) bilden in erster Linie eine leistungsgerechte Entlohnung und Prämienverteilung und die effektive Verbindung materieller und ideeller Stimulierung. Eingeschlossen sind aber auch solche Faktoren wie die Wettbewerbsführung, die effektive Gestaltung von Leitungsbeziehungen und des Leiterverhaltens, die Schaffung sinnvoller Informationsbeziehungen, die Verbesserung von Arbeits- und Lebensbedingungen, die Durchsetzung der sozialistischen Demokratie, vor allem die umfassende Mitwirkung der Werktätigen.

Zu beachten sind ferner die Ursachen für die Veränderung und wachsende Bedeutung der Inhalte der Stimulierung unter den gegenwärtigen Bedingungen. Dazu gehört der Grad der Vergesellschaftung der Produktion, der in allen Bereichen der Volkswirtschaft zunimmt. Das äußert sich vor allem in der Kombinatsbildung in der Industrie. Mit dieser Konzentration von Produktion und Arbeitskräften ergeben sich auch neue Interessenlagen, Wertausrichtungen, Handlungssituationen, die in der Zielrichtung des Einsatzes von Stimuli berücksichtigt werden müssen. Es ergeben sich aber auch Handlungs- und Entscheidungsanforderungen, für deren Realisierung die erforderlichen Interessen und Bereitschaften noch zu fördern und zu festigen sind.

Das gleiche gilt für die Formen engerer Verflechtung von Wirtschaftseinheiten, Wissenschaft, Technik und Produktion und der damit verbundenen höheren Komplexität der zu steuerenden Prozesse. Gerade hier gilt es, entsprechend den herangereiften neuen Bedingungen, Anforderungen und Möglichkeiten, die entstandenen Kooperations- und Praxisbeziehungen auszubauen und zu fördern, „um in der Forschung, von der Themenfindung bis zur gemeinsamen Bearbeitung und praktischen Überführung, schneller voranzukommen und damit zum rascheren volkswirtschaftlichen Leistungsanstieg konkrete Beiträge in kürzester Zeit zu liefern"[26].

Nicht zuletzt ergeben sich für die schöpferische Arbeit im wissenschaftlich-technischen Bereich neue Ansatzpunkte. Ihr quantitativer Anteil, aber auch die qualitativen Anforderungen an diese steigen. Die Konzentration von Wissenschaft und Technik eröffnet zugleich neue Möglichkeiten, den wissenschaftlich-technischen Fortschritt zu beschleunigen. Das betrifft die erweiterten materiellen Grundlagen in Verbindung mit der Grundfondskonzentration ebenso wie neue Voraussetzungen in der Kooperation und in der Arbeitsorganisation. Diese neuen Anforderungen und Möglichkeiten, die ja auch höhere Verantwortung bedeuten, in Handlungsziele und Leistungsstreben der Beteiligten umzusetzen, dazu kann und muß die Stimulierung im obengenannten Sinne beitragen.

Stimulierung im Sinne der Setzung positiver Handlungsantriebe ist aber wiederum auch nur im Zusammenhang mit der strikten Durchsetzung von Disziplin, Ordnung und Sicherheit realisierbar. Hierzu ist das sozialistische Recht als politisch-staatliches Instrument der bewußten und organisierten Gestaltung gesellschaftlicher Prozesse unabdingbar. Das ist eine *übergreifende Wirkungsrichtung* des Rechts, die auch über das Anliegen der Stimulierung hinausgeht und die Rahmenbedingungen für dessen effektive Umsetzung schafft, so z. B. wenn Rechte und Pflichten verschiedener Leitungsebenen festgelegt werden, wenn die Verantwortlichkeit für Pflichtverletzungen, z. B. in Vertragsbeziehungen oder im Arbeitsprozeß, hinreichend bestimmt und entsprechende Reaktionen und Sanktionen fixiert werden. Wirksame Stimulierung wissenschaftlich-technischer Leistungen ist also auch durch diese Regelungsinhalte des Rechts zu gewährleisten.

Der *engere Bezug* zwischen Stimulierung als generellem Prozeß und Recht *liegt aber in jenen Regelungen*, mit denen unmittelbar *Stimuli und stimulierende Bedingungen sowie die Voraussetzungen ihrer effektiven Realisierung verbindlich fixiert werden*. Die Stimulierung wissenschaftlich-technischer Leistungen als genereller umfassender Prozeß, der ökonomisch und ideologische Faktoren der Leitung, Planung und Organisation umfaßt, bedarf effektiver Mittel und Wege der Durchsetzung. Wenn hier der Beitrag des

---

[26] H. Hörnig, Zur Stellung und Verantwortung der Wissenschaft im gesellschaftlichen Reproduktionsprozeß, in: Einheit, 2/1983, S. 131.

Rechts zur Stimulierung in den Mittelpunkt gestellt wird, so geht es um die aspekthafte Hervorhebung *eines* jener Mittel und Wege. Um die Rolle und Position des Beitrages des Rechts innerhalb des umfassenden Prozesses der Stimulierung zu kennzeichnen, sei auf folgende Aspekte verwiesen:

1. *Das sozialistische Recht ist ein wesentliches, unverzichtbares und zugleich in bestimmten Grenzen einsetzbares Mittel zur Durchsetzung einer Reihe von Zielen der Stimulierung wissenschaftlich-technischer Leistungen als umfassenden Prozeß.* Inhalte, Zielrichtungen und Umfang der Stimulierung stellen sich zunächst als ökonomische und ideologische Probleme dar.[27] Sie sind in sich und mit den Anforderungen der Planung, Leitung und Organisation in komplexer Weise verknüpft, die nach der Schaffung verbindlicher, stabiler Verhaltensnormen verlangt. Diese Notwendigkeit trifft mit der dem Recht immanenten Potenz der Stimulierung von Verhalten als einem Bestandteil der funktionalen Wirksamkeit des Rechts zusammen.

Diese Verknüpfung realisiert sich selbstverständlich auf der Grundlage ökonomischer, leitungs- und planungsmäßiger sowie organisatorischer Erfordernisse. Damit soll gesagt werden, *daß das Recht nicht statt dieser Erfordernisse und losgelöst von ihnen wirkt.*[28] *Das Recht ist aber auch nicht nur Hülle und blinder Reflex, z. B. auf Notwendigkeiten ökonomischer Stimulierung und damit verbundener Widersprüche.* Für diese gilt wie für die ökonomischen Widersprüche im Sozialismus überhaupt, daß sie „nicht oder nur zum Teil auf rein ökonomische Weise gelöst werden (können). Im übrigen müssen sie mit Hilfe des Überbaus ausgetragen und gelöst werden und erhalten damit eine Form, innerhalb derer sie sich bewegen können“[29]. Heuer leitet daraus u. a. die Aufgabe ab, den Platz des Rechts nicht allein von seiner Beziehung zur Ökonomie, sondern stärker auch von seinem Platz im System des Überbaus abzuleiten.

Durch die inneren Notwendigkeiten und Gesetzmäßigkeiten der ökonomischen Stimulierung geprägt, erlangt das Recht als Überbauerscheinung bzw. sein spezifischer Beitrag zur Stimulierung relative Selbständigkeit. Es wird als staatliches Leitungsinstrument durch solche Wesensmerkmale wie die Allgemeinverbindlichkeit, die Normativität sowie die Möglichkeit der zwangsweisen Durchsetzung durch den Staat gekennzeichnet. In diesem Sinne ist auch Marx zu verstehen, wenn er sagt, Staat und Recht sind „nur *besondre* Weisen der Produktion und fallen unter ihr allgemeines Gesetz“[30], oder Engels, wenn er vom „Jus“ als einem selbständigen Gebiet spricht, „das bei all seiner

---

[27] Vgl. dazu: M. P. Ring, Chozrasčetnaja sistema sozdanija i vnedrenija novoj techniki, pravovyje problemy, a. a. O., S. 294.

[28] Auch hierauf ist zu beziehen, wenn Klenner ausführt: „Die vom Sozialismus intendierte Beherrschung der natürlichen und sozialen Beziehungen durch die assoziierten Produzenten bedingt, daß die gesetzgeberische, die richterliche, die sonstige juristische Tätigkeit sich nicht in formaler Exegese juristischer Texte vollzieht (das wäre ein sozialistischer Positivismus, contradictio in adjecto), sondern auf dem bewußt werdenden historischen Fundament objektiv-realer Gesellschaftsbeziehungen, aus deren Entwicklungserfordernissen Rechtsnormen, Rechtsbewußtsein, Rechtsverhältnisse, subjektive Rechte und Pflichten, Gerichtsurteile usw. erwachsen und in die sie eingreifen“ — (H. Klenner, Marxismus und Menschenrechte. Studien zur Rechtsphilosophie, Berlin 1982, S. 127).

[29] U.-J. Heuer, Karl Marx über die Wirklichkeit des Rechts, in: Staat und Recht, 4/1983, S. 291.

[30] K. Marx, Ökonomisch-philosophische Manuskripte aus dem Jahre 1844, in: K. Marx/F. Engels, Werke (im folgenden: MEW), Ergänzungsband, Berlin 1973, S. 537.

allgemeinen Abhängigkeit von der Produktion und dem Handel, doch auch eine besondere Reaktionsfähigkeit gegen diese Gebiete besitzt“[31].

Eben weil das Recht mit den ihm eigenen Gesetzmäßigkeiten seiner Bildung und Wirkung Einfluß nimmt, kann die Stimulierung an Effekt verlieren, wenn außerrechtliche Faktoren, Bedingungen und Inhalte der Stimulierung nicht richtig durch Recht widergespiegelt oder unzureichend in konkrete Handlungsanforderungen umgesetzt werden. Andererseits können durch das Recht auch nicht Mängel in der Konzipierung der ökonomischen Stimulierung oder in Verbindung materieller und ideeller Stimulierung ausgeglichen werden. Soweit die Stimulierung wissenschaftlich-technischer Leistungen durch die staatliche Leitung mittels rechtlicher Regelung erfolgt, wird diese staatliche Tätigkeit zugleich Bestandteil der Rechtsverwirklichung und auch der Rechtsanwendung.[32]

2. Wenn aus den genannten Gründen die Stimulierung als Gesamtprozeß in ihrer Bedeutung zunimmt, dann muß das auch Folgen für den Beitrag des Rechts haben. Wir sehen darin auch einen Gesichtspunkt jener Aussagen, die von langfristigen Wirkungen solcher Faktoren und Erfordernisse sprechen, die eine qualitative Hebung der Rolle des Rechts erfordern. So stellt z. B. Heuer fest, daß einerseits komplizierte außenwirtschaftliche Bedingungen und Widersprüche beim Übergang zur Intensivierung der Produktion zu einer Zunahme der operativen Steuerung führen und damit bestimmten Entwicklungsmöglichkeiten des Rechts Grenzen gesetzt werden. Auf der anderen Seite werde der längerfristige und entscheidende Prozeß dadurch gekennzeichnet, daß ökonomische Faktoren wirken, „die eine höhere Rolle des Rechts erfordern“[33]. In ähnlicher Richtung äußert sich Ring.[34]

Worum es in diesem Zusammenhang hier geht, ist: *Es kann davon ausgegangen werden, daß Anforderungen und Bedarf in bezug auf jene Möglichkeiten entstehen und wachsen, die dem Recht innewohnen, um zur Stimulierung wissenschaftlich-technischer Leistungen beizutragen.* Dazu zählt die Notwendigkeit *stabiler* und *verbindlicher Verhaltensnormen* zur Regelung und Gestaltung solcher gesellschaftlichen Verhältnisse, die Menschen eingehen müssen, um durch bewußtes und organisiertes Handeln wissenschaftlich-technische Leistungen zu erbringen, zu fördern, überzuleiten, anzuwenden und zu schützen. Die Stimulierung *solchen Handelns* innerhalb von *Beziehungen zwischen Menschen* ist Gegenstand der rechtlichen Regelung, nicht aber die Beziehungen zwischen Menschen und wissenschaftlich-technischen Leistungen bzw. Aufgaben, Zielen und Ergebnissen immaterieller oder materieller Produktion,[35] auch nicht die Beziehungen zwischen Menschen und Stimuli bzw. stimulierenden Bedingungen.

---

[31] F. Engels, Brief an Conrad Schmidt, in: MEW, Bd. 37, Berlin 1968, S. 491.

[32] Vgl. in bezug auf die staatliche Leitung innerhalb des Planungsprozesses: U.-J. Heuer, Recht und Wirtschaftsleitung im Sozialismus. Von den Möglichkeiten und der Wirklichkeit des Rechts, Berlin 1982, S. 165.

[33] U.-J. Heuer, Rechtliche Regelung von Planungsprozessen und Wirtschaftsrecht, in: K. A. Mollnau (Hrsg.), Probleme einer Rechtsbildungstheorie, Berlin 1982, S. 81.

[34] Vgl. M. P. Ring, Chozrasčetnaja sistema sozdanija i vnedrenija novoj techniki, pracocyje problemy, a. a. O., S. 288

[35] Für den allgemeinen Bezug des Rechts zu Wissenschaft und Technik vgl. dazu: K. A. Mollnau, Über den sozialtheoretischen Ansatz der Rechtskonzeption von Karl Marx, in: Staat Recht, 4/1983, S. 277.

3. Innerhalb dieser Handlungsnotwendigkeiten und Beziehungen zwischen Menschen werden die Potenzen des Rechts eingesetzt, entsprechende Erfordernisse in Rechtsnormen bzw. konkretisierte Rechtsentscheidungen zu transformieren und über diese Rechte und Pflichten zu konstituieren. Sie sind Mittel, um inneren Notwendigkeiten und Voraussetzungen des Prozesses der Stimulierung gerecht zu werden, wozu u. a. folgende gehören: Berücksichtigung, Förderung, Lenkung sowie Verknüpfung und Koordinierung von Interessen auf der Grundlage gesellschaftlicher Interessen, Durchsetzung des Leistungsprinzips, Sicherung demokratischer Mitwirkung und Entfaltung von Initiative und Schöpfertum, Koordinierung von Entscheidungen auf verschiedenen Ebenen und in verschiedenen Bereichen, einschließlich der Schaffung von Vermittlungsmechanismen zwischen horizontal und vertikal unterscheidbaren Entscheidungsinstanzen bzw. deren Entscheidungen.

Damit werden staatlich-rechtliche Bedingungen zur Realisierung jener Erfordernisse vorgegeben, die für die Stimulierung wissenschaftlich-technischer Leistungen unabdingbar sind. Es werden zugleich notwendige Triebkräfte im Bewußtsein und im Handeln der Menschen mobilisiert sowie hemmenden Bedingungen, z. B. aus begrenzter Interessensicht geborene Egoismen, Subjektivismus in der Entscheidungsfindung, entgegengewirkt.

4. So richtig es ist, die wachsende Bedeutung differenzierter Stimulierung wissenschaftlich-technischer Leistungen und den Stellenwert des Rechts aus objektiven Prozessen abzuleiten, so sehr muß aber auch betont werden: *Es wäre ein falscher Ausgangspunkt, anzunehmen, daß alle gesellschaftlichen Beziehungen, die mit der Stimulierung wissenschaftlich-technischer Leistungen verbunden sind, rechtlich geregelt werden können oder sollten.* Das würde eine Überschätzung der Möglichkeiten und des Platzes des Rechts in diesem Zusammenhang und bei der Beschleunigung des wissenschaftlich-technischen Fortschritts überhaupt bedeuten. Darin liegt der Kern der Aussage, daß das Recht nur einen Beitrag zur Stimulierung als umfassenden Prozeß leistet. Der Effekt vieler Wirkungen in diesem Prozeß wäre durch rechtliche Fixierung nicht zu gewährleisten oder gar gemindert, so — um ein einfaches Beispiel zu nennen — bei den informellen leistungsbewertenden Reaktionen des Leiters im Kollektiv.

Voraussetzung zur effektiven Einwirkung mittels Recht ist deshalb auch in diesem Bereich, daß in jedem Falle geprüft wird, inwieweit konkrete gesellschaftliche Beziehungen, seien es neu entstandene oder in ihrem Inhalt bzw. in ihrer Bedeutsamkeit veränderte Beziehungen, die Merkmale der *Regelungsfähigkeit* tragen, d. h., inwieweit sie in Rechte-Pflichten-Beziehungen umsetzbar und strukturierbar sind, die konkrete Verhaltensweisen und -ziele enthalten. Ferner ist zu prüfen, inwieweit dies wirklich erforderlich ist, d. h., ob eine *Regelungsnotwendigkeit* besteht oder z. B. die Gefahr der Überregelung und unnötiger Administration besteht. Erst dann kommt die Frage nach dem Wie und der Spezifik der Rechte-Pflichten-Struktur in diesem Bereich.

In jedem Falle ist auch zu berücksichtigen, daß auf Grund der gegebenen Interessenstruktur keinesfalls von einer einfachen und starren Wenn-Dann-Beziehung zwischen höheren oder stärkeren Stimuli einerseits und niveauvollen sowie schneller übergeführten und genutzten wissenschaftlich-technischen Leistungen andererseits ausgegangen werden kann. Hier kann es nicht um quantitative mechanische Beziehungen gehen, sondern um einen Weg zu einem höheren Niveau in der differenzierten Förderung, Forderung und Anerkennung von Leistungen. Alles andere wäre sowohl eine Einengung des Leistungsprinzips als auch eine Überschätzung der Stimulianwendung bzw. eine Unterschätzung anderer Einflußfaktoren auf das Leistungsverhalten — im positiven wie im negativen Sinne.

5. Auf der anderen Seite gilt — bei allen bisher genannten Relativierungen — für die Wirkung des Rechts aber auch: *Alle Phasen des Reproduktionsprozesses, einschließlich des Prozesses schöpferischer Arbeit, enthalten auch solche Beziehungen, deren rechtliche Regelung zur Stimulierung der Entstehung, Überführung und Nutzung wissenschaftlich-technischer Leistungen beitragen kann.* Im einzelnen wird das in den folgenden Abschnitten behandelt. Es ist deshalb trotz der hier gemachten Einschränkungen richtig, zu betonen, daß die Stimulierung schöpferischer wissenschaftlich-technischer Leistungen ein entscheidender Zugang zur staatlichen und rechtlichen Leitung und Planung des wissenschaftlich-technischen Fortschritts ist.[36]

6. Von theoretischer und praktischer Bedeutung ist schließlich, daß die stimulierende Wirkung des Rechts auch im hier behandelten Bereich in Wechselwirkungen zu einer Reihe *außerrechtlicher Faktoren* eingebunden ist. Solche Faktoren können z. B. ökonomische Gegebenheiten, Qualität der Leitungspraxis, Niveau der Informationsprozesse, reale Mitwirkungsmöglichkeiten im Betrieb und die Arbeitsbedingungen sein. Diese Wechselwirkung hat zur Folge, daß die Wirkung von Rechtsnormen und anderen Rechtsvorschriften nicht nur von ihrer eigenen Qualität abhängt. Sie ist in starkem Maße davon abhängig, inwieweit außerrechtliche Faktoren und Rechtsnormen in die *gleiche Richtung* wirken. Das betrifft einmal die gleiche Wirkungsrichtung rechtlich geregelter und rechtlich nicht geregelter Stimuli, so z. B. das Verhältnis von informeller, moralischer und rechtlich fixierter Stimulierung. Vor allem aber betrifft es die Frage, inwieweit außerrechtliche Faktoren die Wirkung rechtlich geregelter Stimuli fördern oder hemmen bzw. überhaupt ermöglichen oder unterbinden. So entscheidet auch die Qualität der Arbeit des Leiters, z. B. bei der Handhabung von Stimuli, inwieweit Gehaltsregulative oder Prämienformen als leistungsbewertende, differenzierte Rückmeldungen stimulierend wirken. Ebenso entscheidet z. B. die reale Gestaltung der Kooperation in Überleitungsprozessen, ob stimulierend angelegte Rechtsnorminhalte diesen Effekt haben. Auch hierin drückt sich letztlich die Tatsache aus, daß die Wirkung des Rechts stets über das Verhalten der Rechtsnormadressaten eintritt.

7. Der Stimulierungsaspekt ist in unterschiedlicher Weise innerhalb von Rechtsnormen eingebettet oder dominant. So sind z. B. folgende rechtliche Beziehungen zu unterscheiden:

a) Festlegungen zur Stimulierung innerhalb umfassender Normativakte mit breiterem Regelungsobjekt. Dazu gehören u. a. die Regelungen zu Lohn und Prämie im 5. Kapitel des Arbeitsgesetzbuches; Regelungen zur Mitwirkung der Werktätigen, zur moralischen und materiellen Stimulierung und zur Förderung schöpferischer Aktivität (§ 10) sowie zu Grundsätzen bestimmter Vertragstypen im Vertragsgesetz, so z. B. in bezug auf den Aufwendungsersatz, die Verteilung von Risiko und Nutzen bei Koordinierungsverträgen (§ 35), die Gestaltung von Verträgen über wissenschaftlich-technische Leistungen (§ 61 ff.);

b) miteinander korrespondierende Normen, die als Teilbereich eines umfassenderen Normenkomplexes die Stimulierung betreffen. Dazu gehören z. B. die Bestimmungen über die Freigabe von Staatshaushaltsmitteln, über Bedingungen und Vorzugsbedin-

[36] Vgl. dazu: H. Pogodda, Die Bedeutung der schöpferischen Prozesse im wissenschaftlich-technischen Fortschritt und die Erfordernisse ihrer rechtlichen Regelung, in: Staat und Recht, 1/1974, S. 98.

gungen für Kredite an Kombinate und Betriebe, über Fondsbildung und Preisgestaltung innerhalb der Verordnung über die weitere Vervollkommnung der wirtschaftlichen Rechnungsführung auf der Grundlage des Planes vom 28. 1. 1982.[37] Ferner gehört hierher die Erste Durchführungsverordnung zum Vertragsgesetz vom 25. März 1982, die Wirtschaftsverträge über wissenschaftlich-technische Leistungen betrifft;[38]

c) Normenkomplexe, die mit ihrer Ausrichtung auf Stimulierung den Charakter des Normativaktes weitgehend bestimmen, z. B. die Anordnung über die Anwendung der wirtschaftlichen Rechnungsführung vom 23. November 1983; mit ihren Regelungen zur Fondsbildung und -verwendung, zur Gewinnplanung und -verwendung, zur Preisbildung usw.; die Forschungsverordnung für die Akademie, die Universitäten und Hochschulen vom 23. August 1972[39] mit ihren Regelungen zur Vertragsgestaltung und zur materiellen Stimulierung;

d) spezielle Normenkomplexe, die ausschließlich oder fast ausschließlich der Stimulierung dienen. Dazu kann man z. B. zählen die Verordnung über die Planung, Bildung und Verwendung der Prämienfonds für volkseigene Betriebe vom 9. 9. 1982,[40] die Schutzrechtsverordnung vom 31. Januar 1980[41], die Neuererverordnung vom 22. Dezember 1971[42], ferner solche Anordnungen wie zur Würdigung erfinderischer Leistungen durch Bezeichnung einer Erfindung mit dem Namen des Erfinders vom 28. 4. 1978[43], Verordnungen über staatliche Auszeichnungen, Ordnungen über die Verleihung von Auszeichnungen usw.;

e) Normenkomplexe, die wesentliche Voraussetzungen für eine effektive Stimulierung regeln, z. B. die Anordnung über die Nomenklatur der Arbeitsstufen und Leistungen von Aufgaben des Planes Wissenschaft und Technik vom 28. 5. 1975[44], die Pflichtenheftverordnung vom 17. Dezember 1981[45], wonach das Pflichtenheft verbindliche Grundlage für die Finanzierung und Stimulierung wissenschaftlich-technischer Arbeit und für die Leistungsbewertung ist. Ein sehr wichtiger Normativakt ist in diesem Zusammenhang auch die Anordnung über die Rahmenrichtlinie für die Ermittlung, Planung, Kontrolle und Abrechnung der Effektivität der Maßnahmen des wissenschaftlich-technischen Fortschritts vom 5. Februar 1982.[46] Auch große Teile des Vertragsgesetzes und seiner Folgebestimmungen sind hier zu nennen.

Die hier auf der Ebene der Normativakte angeführten Beispiele sind jeweils fortzudenken, d. h. bis zu Entscheidungen mit normativem Charakter in Anweisungen, Mitteilungen, Ordnungen, Richtlinien usw., die innerhalb von Wirtschafts- und Wissenschaftsorganisationen ergehen und die z. B. die Vergütungsregelung, die Fondsbildung, die Prämienbildung betreffen. Ferner gehören Einzelentscheidungen individuellen Cha-

---

[37] Vgl. Gesetzblatt der Deutschen Demokratischen Republik Teil I (im folgenden: GBl. I), 1982 Nr. 3, S. 85.

[38] Vgl. GBl. I 1982 Nr. 16, S. 325.

[39] Vgl. GBl. I 1982 Nr. 36, S. 387; GBl. II 1972 Nr. 53, S. 589.

[40] Vgl. GBl. I 1982 Nr. 34, S. 595.

[41] Vgl. GBl. I 1980 Nr. 7, S. 49.

[42] Vgl. GBl. II 1972 Nr. 1, S. 1.

[43] Vgl. GBl. I 1978 Nr. 15, S. 178.

[44] Vgl. GBl. I 1975 Nr. 23, S. 426.

[45] Vgl. GBl. I 1982, Nr. 1, S. 1.

[46] Vgl. GBl. I 1982 Nr. 8, S. 165.

rakters mit Rechtskraft auf den verschiedenen Leitungsebenen dazu, z. B. innerhalb einer Wirtschafts- oder Wissenschaftsorganisation, die im Rahmen und in Konkretisierung der genannten rechtlichen Regelungen getroffen werden.

1.3. Rechtstheoretische und rechtsmethodologische Voraussetzungen

1.3.1. Wirkungsaspekt Stimulierung und Funktionen des Rechts

Der Beitrag des Rechts zur Stimulierung wissenschaftlich-technischer Leistungen ist Bestandteil der staatlichen Leitung zur Beschleunigung des wissenschaftlich-technischen Fortschritts, mit dem Handlungsaktivitäten und -bereitschaften kollektiver und individueller Rechtssubjekte zur Erarbeitung, Überleitung, Nutzung und zum Schutz wissenschaftlich-technischer Leistungen über die Befriedigung und die Nutzung, die Förderung und die Lenkung von Interessen der Wirtschafts- und Wissenschaftsorganisationen sowie der Werktätigen und ihren unmittelbaren Arbeitskollektiven gesteuert werden.

Rechtliche Stimulierung wissenschaftlich-technischer Leistungen[47] hat zum Ziel, durch die Statuierung entsprechender Rechte und Pflichten die Anwendung solcher materieller und ideeller Stimuli und die Sicherung solcher stimulierender Bedingungen zu gewährleisten, die dazu beitragen, gesellschaftliche, kollektive und individuelle Interessen auf der

---

[47] Wissenschaftlich-technische Leistung wird hier als Oberbegriff sowohl für den Tätigkeitsprozeß, in dem ein wissenschaftlich-technisches Ergebnis mit Neuheitscharakter angezielt, erreicht, erprobt und übergeleitet wird, als auch das wissenschaftlich-technische Ergebnis selbst verstanden. Auf die definitorischen Schwierigkeiten, die unterschiedlichen Inhalte und rechtlichen Bezüge geht u. a. Linden ein — (vgl. ders., Wissenschaftlich-technischer Fortschritt — Sozialistisches Recht, Teil I, a. a. O., S. 39ff.). Es ist Linden und Osterland (vgl. dies., Fragen der Entwicklung des Rechts in Wissenschaft und Technik, in: Staat und Recht, 6/1982, S. 539) darin zuzustimmen, daß es keine Klassifizierung wissenschaftlich-technischer Ergebnisse und wissenschaftlich-technischer Leistungen nach politökonomischen, ökonomischen und wissenschaftlich-technischen Grundlagen gibt. Die Rechtsetzung bzw. Legaldefinitionen sind deshalb auch nicht auf entsprechende Spezifika gestützt, sondern gehen oft von jeweils zweckbestimmten Merkmalen auf unterschiedlicher Verallgemeinerungsebene aus. Das gilt auch für neuere Rechtsbestimmungen wie das Vertragsgesetz und die Erste Durchführungsverordnung (im folgenden: 1. DVO) zum Vertragsgesetz. Immerhin ist auch aus diesen Regelungen erkennbar, daß die wissenschaftlich-technische Leistung als Oberbegriff verwendet wird, der auch das wissenschaftlich-technische Ergebnis einschließt. Im Vertragsgesetz werden im 4. Kapitel gesondert als Überschrift für § 61ff. „Verträge über wissenschaftlich-technische Leistungen" genannt, um darunter auch wissenschaftlich-technische Ergebnisse einzubeziehen. Ebenso ist die 1. DVO zum Vertragsgesetz vom 25. März 1982 „Wirtschaftsverträge über wissenschaftlich-technische Leistungen" benannt und definiert diese in § 2 (1). Innerhalb der einzelnen Bestimmungen werden dann je nach Intention beide Begriffe verwendet.
Auf der in diesem Kapitel erforderlichen Verallgemeinerungsebene ist es u. E. gerechtfertigt, von wissenschaftlich-technischen Leistungen als Oberbegriff auszugehen, ohne die Spezifika in den rechtlichen Voraussetzungen, Inhalten und Folgen zu verkennen. Diese im einzelnen zu berücksichtigen wird in den folgenden Kapiteln erfolgen, soweit dies notwendig ist. — Begriffe wie „rechtliche Stimulierung" oder „Stimulierung durch Recht" sind sprachliche Kurzfassungen der eigentlich treffenden und oben verwendeten Formulierung „Beitrag des Rechts zur Stimulierung".

Grundlage objektiver Erfordernisse so zu verbinden, daß Handlungsaktivitäten und -bereitschaften im obengenannten Sinne erzeugt, gelenkt und gefestigt werden. Das schließt sowohl die Fixierung positiver Handlungsanreize (Nutzen, Vorteil für Zielerreichung) für künftiges Handeln wie auch deren Sicherung bei erbrachten Leistungen ein. Damit ist *ein* Wirkungsaspekt des sozialistischen Rechts, ein immanenter Bestandteil seiner Wirksamkeit neben anderen angesprochen. Für die Einheit der Intensivierung der gesellschaftlichen Produktion und Beschleunigung des wissenschaftlich-technischen Fortschritts sowie Realisierung der ökonomischen Strategie ist dies ein wichtiger und perspektivisch bedeutsamer Wirkungsaspekt des Rechts. Dem wird in der rechtstheoretischen und rechtszweigtheoretischen Problemstellung noch zu wenig Rechnung getragen, wenngleich immer mehr Autoren darauf verweisen.

Alekseev[48] spricht z. B. von der Absonderung des Komplexes stimulierender Rechtsnormen als einer Klassifikation nach einem spezifischen Kriterium, nämlich dem Charakter der sozialen Einwirkung mit der Aufgabe, ein bestimmtes Verhalten zu veranlassen. Baranov verwendet den Terminus Förderungsnormen (poočritel' nye normy) und sieht sie als selbständige Methode der staatlichen Leitung sozialer Prozesse an.[49] Diese Methode sei eine spezifische Art der Einwirkung auf das Verhalten der Rechtssubjekte mit folgenden Besonderheiten: Gegenstand der Regelung sind gesellschaftliche Verhältnisse auf dem Gebiet der Festlegung und der Anwendung der Maßnahmen der staatlichen Förderung. Die Förderungsnormen sind ein willensbildender Stimulator positiven Verhaltens, im Gegensatz zur juristischen Verantwortlichkeit als eine Art „Bremse" der negativen Aktivität. Die Spezifik der durch Förderungsnormen begründeten Rechtsverhältnisse ist, daß sie nicht in Zusammenhang mit Rechtsverletzungen, sondern auf Grund von rechtmäßigen juristischen Fakten entstehen. Die Förderungsnormen werden aber durch Maßnahmen staatlichen Zwanges unterstützt, die in Sanktionen innerhalb anderer Rechtsakte enthalten sind.

Baranov hebt besonders hervor, daß Förderungsnormen nicht den Willen der Person unterwerfen, sondern auf Handlungen orientieren, die für die Interessen des Kollektivs, der Gesellschaft und des Staates nützlich sind. Die Ausklammerung der individuellen Interessen wird dabei nicht begründet und steht im Widerspruch zu anderen Aussagen. So z. B. zu der Feststellung, die durch fördernde Rechtsnormen bestimmten Rechtsverhältnisse seien ein aktives Verhältnis, weil eine Seite das Recht hat, auf die Befriedigung ihres Interesses gerichtet zu handeln. Hier bleibt wiederum die Frage danach offen, inwieweit es dabei auch um Pflichten geht. Es zeigen sich — bei Übereinstimmung mit den Grundthesen des Autors — Unterschiede zu der hier vertretenen Auffassung. Baranov schließt aus den Zielen von Förderungsnormen das obligatorische Verhalten aus, wenn er meint, sie orientierten auf nützliche Handlungen, die gewöhnliche Forderungen überträfen. Damit wird allerdings u. E. die Wirkungsbreite dieser Normengruppe empfindlich eingeengt und auch der reale Eingriffsbereich von geregelten Stimuli nicht berücksichtigt.

Zu den wenigen Autoren, die die rechtliche Stimulierung speziell auf die wissenschaftlich-technische Arbeit beziehen, gehört Linden.[50] Er setzt Stimulierung mit In-

---

[48] Vgl. S. S. Alekseev, Obščaja-teorija prava, a. a. O., S. 80.

[49] Vgl. V. M. Baranov, Poosčitel Poosčitel'nye normy sovetskogo socialističeskogo prava, Saratov 1978, S. 4, 32, 39, 48, 60, 75, 85, 96.

[50] Vgl. W. Linden (Hrsg.), Wissenschaftlich-technischer Fortschritt — Sozialistisches Recht, Teil I, a. a. O., S. 80.

teressierung gleich und versteht sie als aktivierenden Faktor in Wissenschaft und Technik. Die Anerkennung positiver Resultate als Kern wissenschaftlich-technischer Arbeit nimmt, soweit rechtlich geregelt, nach Linden die Form variabel gestalteter Leistungsversprechen der Gesellschaft oder die einer Ermächtigung zur Abgabe solcher Versprechen an. Dieser fruchtbare Ansatz wird differenziert auf viele Einzelprobleme angewandt. Er ist allerdings vor allem für die Stimulianwendung im engeren Sinne, weniger für die Schaffung stimulierender Bedingungen relevant.

Bezüglich der rechtstheoretischen Einordnung vertritt Linden die Auffassung, Stimulierung sei eine Regelungsmethode und ihr sei eine spezielle Rechtsfunktion zuzusprechen. Das führt u. E. zu einer Überfrachtung des Ansatzes, vor allem, was die Zuordnung einer Funktion anbetrifft. Die Begründung, daß Stimulierung über einen spezifisch gestalteten rechtlichen Mechanismus wirksam werde, ist in sich nicht stichhaltig, da es auch hier um die Gestaltung von Rechten und Pflichten für allerdings spezielle Regelungsinhalte und Wirkungsrichtungen geht. Diese sind aber als Wirkungsaspekt des Rechts hinreichend charakterisierbar. Eine Notwendigkeit, diesen außerhalb der Funktion des Rechts zu stellen oder als weitere Funktion hinzuzufügen, besteht nicht.

Wir vertreten bezüglich der Einordnung der Stimulierung wissenschaftlich-technischer Leistungen in das Funktions- und Wirkungsgefüge des Rechts folgende Ansicht: Die Stimulierung realisiert sich in besonderem Maße über die organisierend-regulierende Funktion des sozialistischen Rechts. Deren weitere Ausprägung ist durch die zentrale Bedeutung der ökonomischen Strategie bestimmt. Die Vervollkommnung besonders dieser, aber auch der anderen Funktionen des sozialistischen Rechts erfolgt vor allem innerhalb der Aufgaben der Leitung und Planung der Wirtschaft und der Beschleunigung des wissenschaftlich-technischen Fortschritts. Damit ist gesagt, daß es nicht um die Funktionen des Rechts als starre Ausgangspunkte, sondern um ihre konkret-historischen, gegenwärtigen Wirkungsbedingungen[51] und die aktuellen Anforderungen ihrer Umsetzung in der Leitung und Planung der Wirtschaft und Wissenschaft geht. Die differenziertere Gestaltung all jener Prozesse und Beziehungen, die der Wirkungsaspekt Stimulierung umfaßt, ist ein inhaltlicher und methodologischer Weg in dieser Richtung.

Das Spezifische dieses Wirkungsaspekts in bezug auf den wissenschaftlich-technischen Fortschritt besteht darin, daß es bei wissenschaftlich-technischen Leistungen darum geht, Neues zu erreichen und durchzusetzen, das wissenschaftlich-technische Niveau zu heben, und daß dazu Triebkräfte und Anreize organisiert werden. Hier haben all jene Inhalte und Ziele der Stimulierung, die oben genannt wurden, besonderes Gewicht. In diesem Sinne ist hier die von Heuer[52] getroffene Unterscheidung zwischen Initiativaspekt und Ordnungsaspekt anwendbar. Für die Stimulierung von wissenschaftlich-technischen Leistungen als Neuleistungen hat der Initiativaspekt erhöhte Bedeutung. Initiative als Vorstoß ins Neue, das setzt Unbekanntes voraus und erfordert auch rechtlich fixierte Antriebe und Anreize, mit denen Handlungsspielraum gewährleistet und Triebkräfte freigesetzt werden. Dabei darf die Einheit von Initiativaspekt und Ordnungsaspekt nicht übersehen werden, denn es bleibt z. B. der Ausbau konkreter Rechte innerhalb des

---

51 Das gleiche gilt parallel für die Grundfunktionen des Staates, worauf G. Schüßler und W. Weichelt hinweisen — (vgl. G. Schüßler/W. Weichelt, Entwicklung der Produktivkräfte und wachsende Rolle des sozialistischen Staates, in: Staat und Recht, 6/1980, S. 483).

52 Vgl. U.-J. Heuer, Die gesellschaftliche Wirksamkeit des Wirtschaftsrechts, Berlin 1979, S. 8 (Sitzungsberichte der AdW der DDR Nr. 11 G/1979).

Initiativaspekts wirkungslos, wenn er nicht von Pflichten z. B. bestimmter Leitungsebenen flankiert ist, die diese Rechte garantieren.

Wenn auch das Schwergewicht auf der organisierend-regulierenden Funktion liegt, so ist der Wirkungsaspekt Stimulierung dennoch nicht außerhalb und unabhängig von der fixierend-sichernden und schützenden Funktion des sozialistischen Rechts zu sehen. Das Gewicht der einzelnen Funktionen ist sicher unterschiedlich bei der Erarbeitung, der Überleitung, der Nutzung und dem Schutz wissenschaftlich-technischer Leistungen, auch bei Stimulianwendung und bei Schaffung stimulierender Bedingungen. Letztlich geht es aber um die Nutzung der gesellschaftsgestaltenden Potenz des sozialistischen Rechts auf der Basis der Einheit seiner Funktionen. Insofern kann die Stimulierung als ein übergreifendes Funktionsprinzip angesehen werden, in dessen Zentrum die ideologische Einwirkung auf die Interessennutzung, die Interessenförderung und -lenkung steht und dessen bewußte Umsetzung als ganzheitliche Aufgabe erst am Beginn steht.

Es ist davon auszugehen, daß die Stimulierung als Wirkungsaspekt nicht die einzige wichtige Tendenz in der Beziehung Recht und wissenschaftlich-technischer Fortschritt ist. Wachsende Anforderungen an Ordnung und Disziplin, an spezifische Verantwortlichkeitsregelungen, an Rechtsbewußtseinsbildung sind dem nicht gegenüberzustellen, sondern nur im Zusammenhang mit der Ausprägung solcher Aufgaben ist auch die Stimulierung gestaltbar und durchsetzbar. Das gilt auch für verschiedentlich in der Literatur abgegrenzte Wirkungsrichtungen des Rechts. So etwa für die der Orientierung, der Förderung (die allerdings weitgehend mit Stimulierung identisch ist) und des Schutzes (so bei Poppe[53]) oder der Informierung, der Orientierung von Rechtssubjekten sowie der Verhinderung, der Unterdrückung und Korrigierung von Handlungen, die neben der Stimulierung[54] genannt werden.

Am Beispiel der *Informierung* sei gezeigt, wie sich der Wirkungsaspekt Stimulierung nicht neben, sondern über andere Wirkungsrichtungen realisiert und dabei seine Spezifik zum Tragen bringt. Diese besteht darin, daß sich der Inhalt der Information auf positive Folgen (materielle oder ideelle Vorteile) bei Erfüllung bestimmter Handlungsanforderungen bezieht. Das ist allerdings der Prototyp rechtlicher Regelung unter diesem Aspekt. Stimulierend kann auch die Information über rechtlich geregelte Nachteile, z. B. bei Minderleistung, wirken, weil hier die Bekämpfung von Gleichmacherei als Anreiz wirkt.

Ebenso erfolgt die *Orientierung* auf spezifische Handlungsvarianten durch die Vorgabe erstrebenswerter positiver Folgen. So z. B., wenn es in § 17 Absatz 1 der Verordnung über die weitere Vervollkommnung der wirtschaftlichen Rechnungsführung auf der Grundlage des Planes vom 28. Januar 1982 heißt, daß zur vorfristigen und konzentrierten Fertigstellung und beschleunigten Überleitung von planmäßigen Forschungs- und Entwicklungsaufgaben in die Produktion den Kombinaten und Betrieben Kredite zu Vorzugsbedingungen gewährt werden können. Damit wird Entscheidungsunsicherheit und Unbestimmtheit reduziert.

Bei all dem ist zu betonen, daß das sozialistische Recht weder den wissenschaftlich-technischen Fortschritt insgesamt noch dessen Kern, d. h. schöpferische wissenschaftlich-technische Leistungen, bewirken kann. Das Recht kann – um es noch einmal zu sagen –

[53] Vgl. E. Poppe, Sozialistisches Recht und Wissenschaft, Berlin 1982, S. 7ff. (Sitzungsberichte der AdW der DDR, Nr. 9 G/1981).

[54] Vgl. Autorenkollektiv, Objektive Gesetze – Recht – Handeln, Berlin 1979, S. 187ff.

nur im Zusammenwirken mit anderen Faktoren einen Beitrag leisten, um bestimmte Teilprozesse zu stabilisieren, zu stimulieren und entsprechende Wirkungsbedingungen zu gestalten und zu beeinflussen. Zutreffend hat K. Hager[55] in diesem Sinne bemerkt, daß Maßnahmen der ökonomischen Stimulierung, rechtliche Regelungen und Organisationsformen mit den sich verändernden Bedingungen des wissenschaftlich-technischen Fortschritts Schritt halten sollten, aber für sich allein niemals eine Garantie für perfekte Lösungen sind. Durch die Beziehungen zwischen wissenschaftlichem Fortschritt und sozialistischem Recht ändert sich weder das Wesen des Rechts und seine Stellung bei der Ausnutzung objektiver Gesetze noch der Gegenstand rechtlicher Regelungen.[56] Was sich ändert, sind einmal die Komplexität und Verflechtung jener gesellschaftlichen Verhältnisse innerhalb des wissenschaftlich-technischen Fortschritts, die rechtlich zu regeln sind, und damit die Anforderungen an die Komplexität und Flexibilität rechtlicher Regelungen. Es ändert sich ferner das Relief, die Akzentuierung jener gesellschaftlichen Verhältnisse innerhalb des wissenschaftlich-technischen Fortschritts, die rechtlich regelungsfähig und -notwendig sind, sei es, daß neue Beziehungen z. B. zwischen Leitungsbereichen entstehen, sei es, daß vorhandene Beziehungen sich in Inhalt oder Bedeutsamkeit verändern, wodurch sich die Notwendigkeit oder der Inhalt der Regelung modifiziert. Auf der Theorieebene resultiert daraus: Durch die Beziehungen zwischen wissenschaftlich-technischem Fortschritt und sozialistischem Recht ändert sich nichts an den konzeptionellen Grundaussagen der marxistisch-leninistischen Rechtstheorie. Es erhöhen sich aber die Anforderungen an die Rechtstheorie, auf der Basis dieser Grundaussagen der Spezifik rechtlicher Gestaltung gesellschaftlicher Beziehungen im Rahmen des wissenschaftlich-technischen Fortschritts Rechnung zu tragen.

1.3.2. Integrierender Charakter des Wirkungsaspekts Stimulierung und Differenziertheit des Rechtssystems

Die Wirksamkeit des Rechts im Rahmen des wissenschaftlich-technischen Fortschritts nimmt in dem Maße zu, in dem das Recht als System und von einer einheitlichen Konzeption ausgehend Einfluß nimmt. Ansonsten kann die Komplexität der berührten gesellschaftlichen Verhältnisse nicht übergreifend und integrativ mit rechtlichen Mitteln gestaltet werden. Dem steht entgegen, daß die für den wissenschaftlich-technischen Fortschritt relevanten rechtlichen Regelungen nicht integrativ, auf das Regelungsobjekt bezogen, gewachsen sind, sondern sich recht *heterogen entwickelt* haben. Dies ist teilweise daraus zu erklären, daß infolge der Dynamik des wissenschaftlich-technischen Fortschritts immer neue Regelungsnotwendigkeiten auftreten, die mit Einzelregelungen gelöst werden mußten und müssen. Andererseits bestehen substantielle Unterschiede im Regelungsinhalt und hinsichtlich der Normadressaten, z. B. zwischen Wirtschaftsrecht und Arbeitsrecht, die eine nivellierende Zusammenführung der rechtlichen Regelungen nicht zulassen, aber auch die Forderung nach *einheitlicher Konzeption* nicht beseitigen.

Hier ergeben sich Anforderungen an die Gesetzgebung, Zweiggrenzen da zu überwinden, wo dies möglich und notwendig ist, und Widersprüche zu vermeiden. Dem wird u. U.

---

[55] Vgl. K. Hager, Wissenschaft und Gesellschaft, in. Einheit, 8/1981, S. 756.

[56] Vgl. dazu auch: K. A. Mollnau, Wissenschaftlich-technischer Fortschritt, Recht, Menschenbild, in Mollnau (Hrsg.) Recht als Maßstab Rechtstheorie unter den Bedingungen der wissenschaftlich-technischen Revolution, Berlin 1981 S. 67ff (Konferenzmaterial).

dadurch entsprochen, daß in derselben gesetzlichen Bestimmung (z. B. Verordnung über die Planung, Bildung und Verwendung des Prämienfonds für volkseigene Betriebe vom 9. September 1982; Vertragsgesetz) sowohl wirtschafts- als auch arbeitsrechtliche Regelungen enthalten sind. Dabei geht es um die Berücksichtigung der künftig zunehmenden Komplexität und Verkettung realer Prozesse und Erscheinungen. Dies ist immer weniger mit situativen Anpassungen der Gesetzgebung an erkannte Regelungserfordernisse zu bewältigen. Deshalb geht es hier auch um ein Problem der Gesetzgebungsplanung. Dieses Problem ist um so fundierter lösbar, je mehr (neben differenzierter Gesellschaftsprognose) rechtstheoretische Vorarbeit geleistet ist.

Eine in den letzten Jahren viel diskutierte Frage ist, wie die Eingriffsbereiche (Regelungsmöglichkeiten und Regelungsnotwendigkeiten) des Rechts in bezug auf den wissenschaftlich-technischen Fortschritt zu systematisieren und übergreifende Ansatzpunkte zu finden sind. Die Unterschiedlichkeit der Meinungen speist sich zum einen eben aus der komplexen Natur des wissenschaftlich-technischen Fortschritts, die je nach Intention verschiedenste Aspektierungen erlaubt. Zum anderen können die Strukturierung und der Entwicklungsstand des Rechts selbst als Quellen unterschiedlicher Ansätze betrachtet werden. Die historisch gewachsene Gliederung des Rechts in verschiedene Zweige kanalisiert z. B. Betrachtungsweisen, die — für sich genommen — nachvollziehbare Schwerpunktbildungen vornehmen, zumal alle Rechtszweige direkt oder indirekt Bezug zum wissenschaftlich-technischen Fortschritt haben.

Unter Berücksichtigung jeweils wesentlicher Tendenzen der Beschleunigung des wissenschaftlich-technischen Fortschritts können durchaus berechtigt z. B. einmal das Arbeitsrecht oder das Wirtschaftsrecht, ein andermal der wissenschaftlich-technische Rechtsschutz als der entscheidende Zugang und als Kernfrage betrachtet werden. Entsprechende Auffassungen finden sich denn auch in der Literatur. Je differenzierter aber die konkreten realen Prozesse des wissenschaftlich-technischen Fortschritts als Eingriffsbereiche des Rechts bearbeitet werden, desto deutlicher zeigt sich, wie unzulänglich solche rechtszweigorientierenden Schwerpunkthypothesen sind. Sie orientieren auf Abgrenzungen und vernachlässigen die Zusammenhänge.

Zu den wesentlichen *Forderungen*, die in Kenntnis dieser Ausgangslage aufgestellt wurden, zählen folgende:

— ein neuer Rechtszweig („Recht des wissenschaftlich-technischen Fortschritts", „Innovationsrecht" usw.);

— ein Rechtskomplex als Schnittpunkt von bisherigen Rechtszweigen in einem zentralen Regelungsbereich oder mit Zentrum in einem bisherigen Rechtszweig, auf jeden Fall mit Tendenzen zum selbständigen Rechtszweig;[57]

— grundlegende Gesetze, Basisregelungen innerhalb des auf den wissenschaftlich-technischen Fortschritt bezogenen Rechts,[58] darauf aufbauende funktionale Ver-

---

[57] Vgl. z. B.: W. Linden (Hrsg.), Wissenschaftlich-technischer Fortschritt — Sozialistisches Recht, Teil I, a. a. O., S. 97ff.; W. Linden/R. Osterland, Fragen der Entwicklung des Rechts in Wissenschaft und Technik, in: Staat und Recht, 6/1982, S. 540ff.; S. S. Alekseev, Otrasli sovetskogo prava, problemy, išodnye položenie, in: sovetskoe gosudarstvo i pravo, 9/1979, S. 16ff.

[58] Vgl. M. P. Ring, Pravovoe regulirovanie naučno-techničeskogo progressa, in: Sovetskoe gosudarstvo i pravo, 2/1972, S. 115ff.; M. P. Ring, Chozrasčetnaja sistema sozdanija i vnedrenija novoj, techniki, pravovyje problemy, a. a. O., S. 39ff.

knüpfung vorhandener Regelungen in verschiedenen Rechtszweigen, bezogen auf zu erreichende Regelungsziele, bei Gewährleistung ihrer Rechtszweigintegriertheit;[59]

- Konzentration auf zentrale Kategorien, die aus Prozessen und Erscheinungen des wissenschaftlich-technischen Fortschritts abgeleitet werden und denen ein integrierender Charakter zugesprochen wird („immaterielle Produktion", „Information", „Innovation" usw.);
- Konzentration auf einen begrenzten Kreis von Rechtsfragen innerhalb des wissenschaftlich-technischen Fortschritts (wie z. B. Erfindungs- und Neuererwesen, Überleitung).

Diese Forderungen nehmen in der genannten Reihenfolge an Realisierbarkeit zu, sie nehmen aber an integrierendem, übergreifend konzeptionellem Effekt ab. Der radikale Weg, die Schaffung eines neuen Rechtszweiges, ist gegenwärtig nicht real. Er indiziert aber ebenso wie die Forderungen nach einem Rechtskomplex oder „Grundgesetz" etwas Reales, nämlich Wirkungen des wissenschaftlich-technischen Fortschritts auf die Rechtswissenschaft bzw. das Recht.

So wichtig Reaktionen darauf sind, so wenig können sie aber bei grundlegenden Änderungen im rechtlichen Überbau beginnen, ohne daß die realen Einwirkungsmöglichkeiten des Rechts auf den wissenschaftlich-technischen Fortschritt (Regelungsnotwendigkeiten, Regelungsfähigkeiten) ausreichend analysiert sind und ohne daß als notwendige Ergänzung konkrete Prozesse der realen Wirkung des wissenschaftlich-technischen Fortschritts auf das Recht untersucht werden. Dies ist aber erst in zweiter Linie eine Frage der Rechtszweigeinteilung, sondern betrifft primär das Verhältnis von wissenschaftlich-technischem Fortschritt und Recht als Gesamtsystem.

Den anderen obengenannten Forderungen ist gemeinsam, daß sie Eingriffsbereiche des Rechts aus realen Teilprozessen oder -erscheinungen des wissenschaftlich-technischen Fortschritts ableiten. Die integrative Intention und Potenz aus dem Recht heraus ist meist gering. Unseres Erachtens müssen konzeptionelle Ansätze gefunden werden, die folgende Merkmale aufweisen:

- sie müssen in der Zielsetzung eine Annäherung an übergreifend rechtstheoretische Konzeptionen bzw. komplexes rechtspraktisches Herangehen darstellen, diesen Weg bereiten;
- zwischen integrierender Kraft (Komplexität, umfassend konzeptionelle Sicht) und Realisierbarkeit muß ein sinnvolles Verhältnis bestehen;
- die integrierende Potenz sollte nicht allein aus Prozessen und Erscheinungen des wissenschaftlich-technischen Fortschritts abgeleitet werden, sondern vor allem auch aus den Funktionen, Aufgaben, Möglichkeiten, aber auch den Grenzen des Rechts;
- diese sind zu den maßgeblich wirksamen Triebkräften der an der Beschleunigung des wissenschaftlich-technischen Fortschritts Beteiligten in Bezug zu setzen;
- es darf nicht außer acht gelassen werden, daß an sich notwendige Erkenntnisse sowohl außerhalb der Rechtswissenschaft (Vorleistungen z. B. in Wirtschaftswissenschaft, in der Wissenschaftstheorie, in der Aufdeckung der Gesetzmäßigkeiten wissenschaftlichen Schöpfertums) als auch konzeptionelle Vorleistungen in der marxistischen Rechtstheorie bzw. den Zweigtheorien unzureichend sind.

---

[59] Vgl. R. Streich, Möglichkeiten rechtlicher Ansätze für beschleunigte Durchsetzung des wissenschaftlich-technischen Fortschritts, in: W. Linden (Hrsg.), Wissenschaftlich-technischer Fortschritt — Sozialistisches Recht, Teil II, Halle 1981, D 57/58.

Der beschriebene Wirkungsaspekt — Stimulierung in Richtung wissenschaftlich-technischer Leistungen — ist u. E. ein solcher Ansatz, der diesen Anforderungen entspricht. Er beinhaltet ein gegenwärtig mögliches und notwendiges Ausmaß an konzeptionell-übergreifendem Herangehen in einer Richtung, die wesentlich ist, ohne die einzige zu sein. Fortschritte in dieser Richtung sind nicht nur zur Zeit besonders notwendig. Sie bringen auch Voraussetzungen zu realisierbaren Wegen einheitlicher rechtlicher Gestaltung in anderen Richtungen (z. B. der Verantwortlichkeitsregelung). Mit diesem Ansatz bieten sich über die Interessenproblematik und auf der Grundlage des Leistungsprinzips günstige Voraussetzungen an, um mit den spezifischen Mitteln des Rechts wirksame Triebkräfte zu nutzen und zu mobilisieren. Zugleich liegt hier einer der von Linden[60] gekennzeichneten Querschnittsbereiche vor, der zur Zusammenführung von Rechtszweigen auf höherer Ebene beiträgt, und zwar in einem Brennpunkt, in einem Grenzbereich. Dabei steht allerdings das funktionale Zusammenwirken auf der Grundlage der Rechtszweigspezifik im Vordergrund, nicht aber ein grundsätzliches In-Frage-Stellen der Rechtszweigsystematik.

Die integrierenden Potenzen des Stimulierungsansatzes sind dabei in verschiedene Richtungen zu nutzen. Einige seien als Beispiel genannt:

1. Innerhalb der Probleme zur Förderung, Nutzung und zum Schutz wissenschaftlich-technischer Leistungen bestehen nicht nur Wechselbeziehungen, sondern auch Rangfolge und Hierarchie. Darauf haben insbesondere sowjetische Autoren hingewiesen.[61] Je mehr dies in der rechtlichen Stimulierung berücksichtigt wird, desto geringer ist die Wahrscheinlichkeit, daß mit viel Aufwand Widersprüche nur scheinbar gelöst werden und sich dann sofort die Grenzen solcher Lösungen offenbaren, weil sie nur untergeordnete oder Folgeprobleme betreffen, aber zugrunde liegende Widersprüche immer wieder durchschlagen und bereits „gelöste" Probleme in neuer Form auftreten lassen. Um ein einfaches Beispiel zu nennen: Die Stimulierung von Schöpfertum der Wissenschaftler kann noch so perfekt rechtlich geregelt sein, wenn nicht auch die Nutzung und Überführung stimulierter wissenschaftlich-technischer Leistungen in die Produktion im Rahmen des Möglichen und des Notwendigen rechtlich abgesichert ist. Denn wenn diese Nutzung nicht erfolgt, erlöschen wesentliche Triebkräfte und Motive schöpferischen Handelns,[62] vorher einsetzende Stimuli wirken nicht, da das übergeordnete Problem nicht gelöst ist.

Überhaupt weisen unsere Untersuchungen aus, daß die Lösung einer Reihe von Problemen auch mittels Recht in enger Beziehung dazu steht, auf welchem Niveau der Widerspruch zwischen Wissenschaft und Produktion gelöst ist, inwieweit die Schere zwischen dem tatsächlichen bzw. dem möglichen Entwicklungstempo der Wissenschaft und der

---

[60] Vgl. W. Linden (Hrsg.), Wissenschaftlich-technischer Fortschritt — Sozialistisches Recht, Teil II, a. a. O., S. 98.

[61] Autorenkollektiv, Socialističeskoje pravo i naučnotechničeskoe revoljucija, Moskva 1979, Kap. V.

[62] So teilt F. Adler (Sozialistisches Leistungsprinzip und Leistungsverhalten in der wissenschaftlich-technischen Intelligenz, in: Informationen zur soziologischen Forschung in der DDR, 6/1981, S. 39) als Ergebnis von Untersuchungen in Industriekombinaten als häufigsten Grund für „Ärger in der Arbeit" (unter zehn vorgegebenen) mit: „. . . wenn eine optimale Lösungsvariante praktisch nicht realisiert werden kann". Dies untergrabe die Leistungsbereitschaft der Ingenieure.

Umstelldynamik der Produktion, ihrer Bereitschaft zur raschen Anwendung wissenschaftlich-technischer Ergebnisse minimiert werden kann, inwieweit sich auch in Kennziffern ausdrückt, daß Steigerung der Effektivität der Produktion und dynamische Einführung von wissenschaftlich-technischen Ergebnissen identische Aufgaben sind.

Die Lösung dieses Problems und entsprechende rechtliche Absicherungen eröffnen die Möglichkeit, nachgeordneten Problemen im System der Planung der Produktion, der ökonomischen Stimulierung von Betrieben und Einrichtungen usw. die erforderliche Aufmerksamkeit zu schenken. Erst dies erhöht die Regelungsfähigkeit und den komplexen Eingriff in solche Faktoren wie die Gestaltung von Verantwortlichkeitsbeziehungen, die Koordination und auch die individuelle Stimulierung von Schöpfertum. Je höher die Problematik in der Rangreihe liegt, desto mehr ist der Wirkungsbereich des Rechts eingeordnet in Aufgaben der politischen und ökonomischen Organisation insgesamt. Das schmälert aber nicht die grundsätzliche Funktion des Rechts auf allen Ebenen.

2. Die durch rechtliche Regelungen angesprochenen kollektiven und individuellen Rechtssubjekte beteiligen sich an den Beziehungen, die sie bei der Förderung, Überleitung, Nutzung und beim Schutz wissenschaftlich-technischer Leistungen eingehen, mit unterschiedlichen Teilinteressen, Handlungsbereitschaften und Teilzielen. Rechtliche Regelungen auch im Sinne der Stimulierung sind bisher vor allem auf solche Teilinteressen ausgerichtet und stärken sie teilweise. Die Anforderungen an komplexe rechtliche Regulierung schließen ein, von übergeordneten Erfordernissen her solche Interessen zu nutzen und zu beeinflussen, so z. B. durch die engere Verknüpfung der individuellen Stimulierung (einschließlich der Verteilung von Lohn und Prämie) mit dem Gesamtergebnis und dem Leistungszuwachs des Betriebes.[63]

3. Die Phasen des Zyklus Wissenschaft — Technik — Produktion bieten verschiedene Ansatzpunkte zur Stimulierung, deren Zusammenhang bisher in rechtlichen Regelungen nur ungenügend reflektiert und berücksichtigt ist. Das gilt zunächst für den erkenntnisschaffenden Teilbereich Wissenschaft — Technik. So ist die Beschleunigung des wissenschaftlich-technischen Fortschritts in hohem Maße von der möglichst effektiven und reibungsarmen Koordinierung von erkenntnis- und anwendungsorientierter Forschung und der Überführung von Ergebnissen in die Praxis abhängig. Dabei ist das Zusammenspiel von Grundlagenforschung und Industrieforschung ein wichtiger Knotenpunkt für die Gestaltung von Neuerungsprozessen. Stärker als bisher müssen deshalb statt isolierter Zuweisung von Rechten und Pflichten übergreifende Rechtsverhältnisse fixiert werden. Praktische Fortschritte in dieser Richtung sind durch einige neue gesetzliche Regelungen zu erwarten, z. B. durch die Bestimmungen zu den Koordinierungsverträgen (§ 35) oder zu den Verträgen zu wissenschaftlich-technischen Leistungen (§ 61 ff.) im neuen Vertragsgesetz, die Erste Durchführungsverordnung zum Vertragsgesetz zu Wirtschaftsverträgen über wissenschaftlich-technische Leistungen oder auch die Verordnung über die weitere Vervollkommnung der wirtschaftlichen Rechnungsführung auf der Grundlage des Planes sowie durch die Anordnung über die Anwendung der wirtschaftlichen Rechnungsführung in der Forschung und Entwicklung.

---

63 Vgl. dazu insbesondere: A. Aganbegjan, Stimuli und Reserven, in: Sowjetwissenschaft, Gesellschaftswissenschaftliche Beiträge, 3/1983, S. 385; vgl. hierzu auch: U.-J. Heuer, Intensivierung und Rolle des Rechts, in: Staat und Recht, 6/1980, S. 135ff.

Die Anforderungen an den integrierenden Beitrag des Rechts und auch die Möglichkeiten hierzu erstrecken sich aber nicht nur auf die Forschungsebene, sondern auf den gesamten Zyklus Wissenschaft — Technik — Produktion. Insofern geht es also sowohl um den erkenntnisschaffenden Bereich Wissenschaft und Technik, wo die Hauptansatzpunkte liegen, also auch um den Bereich der materiellen Produktion, in dem wissenschaftliche Erkenntnisse und technische Lösungen materialisiert werden. Vor allem aber geht es um die *Verbindungen* zwischen beiden Bereichen, in deren Zentrum die Aufgabe der Überleitung steht. Dabei ergibt sich das Problem, daß die Methoden der Planung und der Stimulierung materieller Prozesse, wo es um die Erfüllung verbindlicher Kennziffern geht, nicht schematisch auf die Wissenschaft und Technik übertragen werden dürfen, und umgekehrt. Deshalb ist es auch wichtig, die Unterschiede zwischen ideeller und materieller Produktion zu erkennen und zu berücksichtigen.

Die Berücksichtigung dieser Spezifika in rechtlichen Regelungen ist aber nur der erste Schritt, um Stimulierung zu effektieren. Je differenzierter bereits auf dieser Stufe die Wirkung des Rechts gestaltet wird, um so bessere Voraussetzungen sind gegeben, um den zweiten Schritt zu gehen, nämlich objektive Zusammenhänge im Gesamtzyklus Wissenschaft — Technik — Produktion im Recht widerzuspiegeln und in entsprechende Handlungsanforderungen umzusetzen. Es ist u. a. auch ein Ausdruck dieser objektiven Zusammenhänge, daß — wie z. B. Linden[64] feststellt — eine eindeutige Abgrenzung des Rechts in Wissenschaft und Technik von anderen Regelungsbereichen nicht möglich ist. Das gilt ebenso für die Ebene der Stimulierung, die auch hinsichtlich der wissenschaftlich-technischen Leistungen in fast allen Rechtszweigen ihre Regelungssubstanz hat.

Richtig heben Linden und Osterland[65] hervor, die Verbindung von immaterieller und materieller Produktion stoße auf die Schwierigkeit, „daß stochastische und streng determinierte Prozesse miteinander zu verflechten sind, wobei die Überleitung wissenschaftlich-technischer Ergebnisse in den Verwertungsprozeß zusätzlich durch den Widerspruch zwischen immaterieller Produktion, die verändern will, und der materiellen Produktion, die Stabilität erstrebt, behindert wird". Dies darf aber nicht als Grenze der Wirksamkeit des Rechts verstanden werden und kann nicht eine Aufforderung zu separater Stimulierung in zwei Richtungen sein. Die Möglichkeiten und Grenzen des Rechts, diese Schwierigkeiten — auf der Grundlage und in Widerspiegelung ökonomischer Gegebenheiten — abzubauen, sind noch ungenügend ausgelotet. Ein Grund dafür ist, daß integrierte Zielstellungen und faktische Zusammenhänge auf konzeptioneller Ebene noch nicht ausreichend erfaßt sind. Das gilt auch für die rechtstheoretische Annäherung an diese Problematik.

4. Die effektive Realisierung rechtlicher Stimulierung ist — wie bereits erwähnt — mit der Regelung juristischer Verantwortlichkeit eng verbunden. Beide sind jedoch nicht identisch. Ihre Vermengung würde sowohl die oben dargelegte Spezifik des Wirkungsaspekts Stimulierung wie auch die der juristischen Verantwortlichkeit verwischen. Richtig ist allerdings, daß Stimulierung mittels Recht nur auf der Grundlage einer sinnvollen Rechte-Pflichten-Struktur sowie entsprechender Rechtsverhältnisse effektiv sein kann. Denn gerade in der Verbindung von Stimulierung und juristischer Verantwortlichkeit

---

[64] Vgl. W. Linden (Hrsg.), Wissenschaftlich-technischer Fortschritt — Sozialistisches Recht, Teil I, a. a. O., S. 37

[65] Vgl. W. Linden/R. Osterland, Fragen der Entwicklung des Rechts ..., a. a. O., S. 535

liegen Möglichkeiten, sowohl an Interessen insgesamt als auch an den im Plan Wissenschaft und Technik fixierten Verbindlichkeiten als spezifisch staatliche Interessen anzuknüpfen. Hierzu bestehen jedoch noch recht unterschiedliche Auffassungen.

Es ist wohl nicht zu bestreiten, daß schöpferische Leistung bzw. geistige Produktion als Vorstoß ins Unbekannte Entscheidungsraum für sachkundig-eigenverantwortliches Handeln benötigt, daß hier Verpflichtung durch Rechtsnormen und ihre Durchsetzung mit Sanktionen nicht den Kern treffen, daß der Sanktionsmechanismus um so mehr in den Hintergrund tritt, je näher die rechtliche Regelung an den unmittelbaren Erkenntnisprozeß heranreicht usw. Aber ebenso stimmt es, daß konkrete Rechte infolge rechtlich geregelter Ansprüche auf stimulierende Handlungen der Gesellschaft nicht wirksam sind, ohne daß dem Pflichten zu deren Gewährleistung entsprechen, ohne daß den Berechtigten auch Verpflichtete gegenüberstehen. Aber auch die Gewährleistung stimulierender Bedingungen im Arbeitsprozeß, die Gestaltung von Vertragsbeziehungen, die Regelung der Qualifizierung usw. umfassen komplexe Rechtsverhältnisse mit spezifischen Beziehungen zwischen Rechten und Pflichten. Und schließlich können auch Handlungsaktivitäten des Berechtigten nicht ausreichend geregelt werden, ohne daß ihm selbst entsprechende Pflichten auferlegt werden (z. B. Leistungsnachweis in Verteidigungen, Offenbarung des erfinderischen Gedankens bei Patenten usw.).

Aus diesen Überlegungen folgt, daß die mit der Stimulierung wissenschaftlich-technischer Leistungen angestrebten Ziele weder mit der Formulierung von allgemeinen Aufgaben (entsprechend vorhandenen Wunschvorstellungen) noch mit dem Ausbau von Rechten allein (ohne Korrespondenz zu entsprechenden Pflichten) und ebensowenig mit einem schließlich wirkungslos werdenden Überhang von Pflichten und Verantwortlichkeiten zu regeln sind. Diese Zusammenhänge zwischen Stimulierungsaspekt und Rechte-Pflichten-Struktur sind noch ungenügend untersucht. Unseres Erachtens müßten vor allem folgende Fragen gelöst werden:

Welches grundsätzliche Verhältnis zwischen Rechten und Pflichten ist anzustreben? Wie ausgeprägt darf und muß der Bestimmtheitsgrad von Pflichten sein? Woran müssen sie anknüpfen? Welche Eigenschaften sind anzustreben, damit die Rechte-Pflichten-Struktur unmittelbar an das Ziel der Verbindung gesellschaftlicher, kollektiver und individueller Interessen auf der Grundlage der gesamtgesellschaftlichen Interessen der Arbeiterklasse anknüpfen kann? Wie können dabei die unterschiedlichen Ausgangslagen in bezug auf die Unsicherheit von Ergebnissen und eindeutig determinierte Prozesse erfaßt werden (Risikoproblem, Fondsgestaltung, Vertragsgestaltung, Arbeitsaufgabenformulierung, Leistungsbewertung usw.)? Nach welchen Kriterien ist zu erkennen und umzusetzen, in welchen Ausschnitten aus dem Regelungsobjekt einerseits Entscheidungsraum für sachkundig-eigenverantwortliches Handeln zu wahren und nicht durch zu detaillierte Regelung zu beschränken und andererseits, wo durch die Rechtsnorm und nicht durch Intention des Rechtsnormadressaten zu bestimmen ist, welche Handlungen zur Zielerreichung notwendig sind?

Auf einige dieser Fragen wird in den folgenden Abschnitten, insbesondere in Abschnitt 5, näher eingegangen. Sie in ihrem Gesamtzusammenhang befriedigend zu beantworten wird um so besser möglich sein, je mehr sie als Bestandteil systemenhaften Herangehens an rechtliche Anforderungen der Stimulierung verstanden werden.

5. In die effektive Stimulierung wissenschaftlich-technischer Leistungen sind auch solche Probleme integriert wie die demokratische Mitwirkung der Werktätigen und die Rolle der Persönlichkeit. Daß sie erhöhte Beachtung verdienen, ergibt sich weniger daraus,

daß solche Probleme im wissenschaftlich-technischen Fortschritt in besonderem Maße oder in völlig neuer Form auftreten, wenngleich auch das teilweise der Fall sein kann. Vielmehr ist dies deshalb nötig, weil sie innerhalb des wissenschaftlich-technischen Fortschritts noch ungenügend und nicht ausreichend spezifisch berücksichtigt und gelöst werden konnten.

So ist zwar nirgends bestritten, daß die Prinzipien der sozialistischen Demokratie in vollem Maße für alle Beteiligten und in allen Etappen gelten. Wenn es aber z. B. um Prozesse der Überführung wissenschaftlicher Ergebnisse in die Produktion geht, so können u. a. innerbetriebliche Interessen bedingen, daß gesamtgesellschaftlich interessierende Neuerungen allein deshalb nicht eingeführt werden, weil die entsprechenden rechtlichen Rahmenbedingungen dies erlauben. Eine Lösungsvariante zugunsten gesamtgesellschaftlicher Interessen besteht in der weiteren Ausprägung entsprechender Formen demokratischer Entscheidungsfindung. Dies ist jedoch nur eine Seite des Problems. Die andere ist – und ihre Bedeutung für unsere Fragestellung wird noch zu erörtern sein –, daß zur Realisierung der sozialistischen Demokratie auch die *konsequente Wahrnehmung von Rechten* bei der Erarbeitung, Nutzung und Überleitung wissenschaftlich-technischer Leistungen unabdingbar ist. Hier besteht eine enge Verbindung zur Umsetzung der sozialistischen Grundrechte. In diesem Zusammenhang gilt in vollem Maße die von Klenner[66] getroffene Feststellung: „Die mit den grundlegenden Rechten der Individuen ... verfolgten Ziele können nicht erfüllt werden, wenn auf diese Rechte verzichtet wird. Wenn die Werktätigen eines Betriebes ihre Mitbestimmungsrechte nicht beanspruchen ..., kann die Leitung des Betriebes nicht auf sozialistische Weise erfolgen, das dem Betrieb anvertraute Produktionsmitteleigentum ist dann nur formal vergesellschaftet."

Ähnlich ist die Problematik auf der Ebene des einzelnen, der Persönlichkeit. Wenn die Komplexität der zu regelnden gesellschaftlichen Verhältnisse innerhalb des wissenschaftlich-technischen Fortschritts zunimmt, dann müßte dies – auf den ersten Blick – die Überschaubarkeit und damit die Chancen kompetenter Mitwirkung beeinträchtigen. Andererseits erfordert gerade der Vorstoß ins Neue persönliches Engagement, Mitwirkung und Gemeinschaftsarbeit. Die Frage ist, ob sich hier ein Widerspruch zwischen erhöhten Anforderungen und verringerten Möglichkeiten auftut. Aussagen darüber sind aber zuverlässig erst dann zu machen, wenn auf die veränderten und erhöhten Anforderungen mit den erforderlichen Mitteln reagiert wurde. Zu diesen zählt auch die rechtliche Absicherung demokratischer Mitwirkung der Persönlichkeit, und zwar *als* Rechtssubjekt und *innerhalb* von kollektiven Rechtssubjekten, z. B. als Leiter.

Ein spezifisches Problem der Stimulierung der Persönlichkeit, auf das im Detail noch einzugehen sein wird (siehe Abschn. 5), ist folgendes: Prinzipiell kann, wie schon Marx darlegte, das Recht nur Handeln regeln. Schöpfertum als der wesentliche Beitrag der Persönlichkeit zur Erbringung wissenschaftlich-technischer Leistungen ist aber zunächst eine Subjekteigenschaft, die Denkprozesse spezieller Art und Handlungsbereitschaften umfaßt. Ohne deren Stimulierung – sei es über entsprechende Hebel und Anreize, sei es über die Schaffung kreativitätsfördernder Bedingungen – ist entsprechendes Handeln nicht zu determinieren. Das gilt natürlich auch für andere Handlungsbereiche, ist aber in

[66] Vgl. H. Klenner, Marxismus und Menschenrechte. Studien zur Rechtsphilosophie, a. a. O., S. 134.

bezug auf schöpferisches Handeln innerhalb des wissenschaftlich-technischen Fortschritts besonders ausgeprägt. Dies verweist zwar auf Grenzen des Rechts, aber auch auf die Notwendigkeit, immer neue Möglichkeiten der Lösung dieses Widerspruchs zu suchen.

1.3.3. *Schwerpunkte und Ebenen der Stimulierung wissenschaftlich-technischer Leistungen durch Recht*

Um zusammenfassend die Schwerpunkte und den Umfang unseres Vorgehens darzustellen, sollen zunächst drei der o. g. Fragen kurz beantwortet werden.

a) *Wer* soll stimuliert werden?

Unseres Erachtens sind hierbei zwei Ebenen zu unterscheiden:

- einmal kollektive Rechtssubjekte (Wirtschafts- und Wissenschaftsorganisationen);
- zum anderen individuelle Rechtssubjekte, d. h. an wissenschaftlich-technischen Leistungen beteiligte Werktätige mit und ohne Leitungsfunktion, einzeln und innerhalb ihrer unmittelbaren Arbeitskollektive.

Die Ebene der *Stimulierung kollektiver Rechtssubjekte* betrifft solche rechtlichen Regelungen, die vor allem über die ökonomischen Interessen und auf der Basis der materiellen Interessiertheit wirken. Sie sollen zu solchen Handlungen und Entscheidungen innerhalb von Rechtsverhältnissen anregen, die dazu beitragen, Umfang und Niveau von Neuleistungen zu erhöhen und ihre Nutzung mit geringstem Aufwand, in kurzem Zeitraum sowie in der möglichen und notwendigen Anwendungsbreite zu sichern. Dabei spielen sowohl die direkte Anwendung von Stimuli wie auch die indirekte Einflußnahme über die Schaffung stimulierender Bedingungen eine Rolle. Die Ebene der Stimulierung kollektiver Rechtssubjekte ist in sich stark differenziert:

Die *Stimulierung der Wirtschaftsorganisationen, also der Betriebe und Kombinate*, betrifft (unter dem Aspekt wissenschaftlich-technischer Leistungen) z. B. Anreize zur Umstellfreudigkeit der Produktion, die stärker auf Überführung orientierte wirtschaftliche Rechnungsführung, die Anwendung spezieller Stimuli für Überführungsleistungen, die Berücksichtigung solcher Leistungen in den Kennziffern und Beurteilungskriterien für die Betriebe, Kreditmodalitäten, Gewinnplanung und -verwendung, die Gestaltung von Preisen sowie des Umsatzerlöses als Anreize, die Finanzierung von Anlaufkosten, die Absicherung von Risiko usw., aber auch die Gewährleistung der materiell-technischen Versorgung im Sinne der Schaffung stimulierender Bedingungen.

Die Stimulierung auf dieser Ebene umfaßt wirtschaftliche Beziehungen innerhalb größerer Wirtschaftsorganisationen, vor allem der Kombinate, Beziehungen zwischen den Wirtschaftsorganisationen und Beziehungen zwischen Organen der staatlichen Wirtschaftsleitung (wie z. B. Industrieministerien) und Kombinaten, Kombinatsbetrieben und Betrieben. Sie ist damit im wesentlichen ein Bestandteil jener vertikalen und horizontalen Beziehungen, die den Regelungsgegenstand des Wirtschaftsrechts bilden, wie er z. B. bei Pflicke[67] beschrieben wird. (Auf diese Teilebene wird ausführlich in Abschn. 2 eingegangen.)

Die *Stimulierung der Wissenschaftsorganisationen*, also der Akademie der Wissenschaften der DDR, der Universitäten, der Hoch- und Fachschulen, weist demgegenüber eine

---

[67] Vgl. G. Pflicke, Zusammenhänge zwischen Notwendigkeit und Inhalt rechtlicher Regelung, dargestellt an Problemen des Wirtschaftsrechts, in K. A. Mollnau (Hrsg.), Probleme einer Rechtsbildungstheorie, a. a. O., S. 52.

Reihe von speziellen Wirkungsrichtungen auf, die z. B. die Bereitstellung von Mitteln aus dem Staatshaushalt, die Finanzierung durch Auftraggeber, Besonderheiten der Bildung und Zuführung der Fonds usw. betreffen. (Auf die Probleme dieser Teilebene wird in Abschn. 3 eingegangen.)

Von diesen beiden Teilebenen kann man bedingt noch einmal den *rechtlichen Beitrag zur Stimulierung der Kooperationsbeziehungen*, insbesondere der zwischen Wissenschaft und Produktion, abheben. Gerade in diesen Beziehungen drückt sich neben übereinstimmenden Grundinteressen auch jener Widerspruch aus, der zwischen dem Interesse der Wissenschaft an Veränderung und Neuerung und dem Interesse der Produktion an stabilen und langfristig ausgerichteten Abläufen sowie der Orientierung auf mengenmäßige Kennziffern besteht. Andererseits ist die effektive und reibungsarme Kooperation eine der wesentlichen Voraussetzungen für die Beschleunigung des wissenschaftlich-technischen Fortschritts. Das Recht hat hier u. a. zu folgenden Aufgaben beizutragen: Schaffung rechtlicher Grundlagen für effektive Vertragsbeziehungen, rechtliche Voraussetzungen für bestimmte Formen der Zusammenarbeit, z. B. für die Organisierung des Komplexwettbewerbs, für die Bildung und Arbeit von Kooperationsgemeinschaften, z. B. die Akademie-Industrie-Komplexe.

Auch bei der zweiten der o. g. Ebenen, nämlich der rechtlichen Stimulierung individueller Rechtssubjekte, ist zwischen Stimulianwendung und Schaffung stimulierender Bedingungen zu unterscheiden. Die Stimulianwendung betrifft die vom Recht geregelten Möglichkeiten, im Rahmen des Leistungsprinzips über spezielle Formen der Bewertung und Anerkennung schöpferischer wissenschaftlich-technischer Leistungen (Lohnformen, Prämienformen, Auszeichnungen usw.) materielle und ideelle Interessen zu befriedigen und zu beeinflussen. Entsprechende Regelungen sind z. B. im Arbeitsgesetzbuch (§§ 116 bis 120) fixiert und in speziellen Rechtsvorschriften und Vereinbarungen wie den Prämienordnungen oder den Betriebskollektivverträgen ergänzt.

Rechtlich regulierte Stimuli sind Reaktionen auf erbrachte Leistungen und Handlungsorientierung mit Anreizcharakter für künftige Leistungen. Sie sind sowohl auf die Persönlichkeitsentwicklung als auch auf das Handeln im Sinne der Beschleunigung des wissenschaftlich-technischen Fortschritts gerichtet. Der zweite Bereich der individuellen Stimulierung betrifft u. a. die Gewährleistung materiell-technischer sowie leitungsmäßiger und organisatorischer *Bedingungen*, einschließlich notwendiger Hilfsfunktionen und einer Arbeitsteilungsstruktur, die eine effektive wissenschaftliche Forschung fördert. (Die Probleme der individuellen Stimulierung mittels Recht werden im Detail in Abschn. 4 behandelt.)

Bei der Behandlung der einzelnen Stimulierungsebenen wird sich zeigen, daß es eben nicht nur um die jeweiligen Spezifika geht, sondern auch um die wesentlichen Zusammenhänge, um Wirkungsketten. Es gibt durchgängig bedeutsame Beziehungen, auf die das Recht in bestimmtem Maße einwirken kann, so z. B. auf die Wettbewerbsführung, die Gestaltung effektiver Leitungs- und Informationsbeziehungen und die Durchsetzung der sozialistischen Demokratie. Zugleich gibt es in dieser Komplexität der Stimulierungsebenen Nahtstellen, Übergänge, Brüche. Sie sind u. a. mitbedingt durch ebensolche Nahtstellen und Brüche zwischen vertikalen und horizontalen Beziehungen, z. B. innerhalb des Wirtschaftsrechts, zwischen institutionsbezogenen Bestimmungen und Koordinierungsvereinbarungen oder zwischen verschiedenen Rechtszweigen, z. B. den auf gesamtgesellschaftliche Abläufe und Zusammenhänge orientierten Wirtschaftsrechtsnormen und den mehr auf individuelles Handeln zentrierten Arbeitsrechtsnormen.

Damit hängt u. a. auch zusammen, daß die Beziehung zwischen der Effektivität des Betriebes und der Stimulierung der Werktätigen rechtlich noch ungenügend beherrscht wird.

b) *Was* soll stimuliert werden?

Das kann — stark vergröbert — in folgender Kette ausgedrückt werden[68]: Interesse → Handlungsbereitschaft (Einstellungen, Motive) und Handlungskompetenz (Fähigkeiten) → Handlungsaktivität → wissenschaftlich-technische Leistung. Es versteht sich, daß sich dabei die Art der berührten Interessen, der Inhalt von Handlungsbereitschaften, die Richtung von Handlungsaktivitäten bei kollektiven und bei individuellen Rechtssubjekten sowie innerhalb der einzelnen Etappen der Erarbeitung, der Nutzung und des Schutzes wissenschaftlich-technischer Leistungen unterscheiden. So steht im Mittelpunkt der Stimulierung individueller Rechtssubjekte das Schöpfertum in der Etappe der Erarbeitung solcher Leistungen. Hier ist wiederum auf das für diesen Bereich geltende Spezifikum hinzuweisen, das Schöpfertum zunächst interne Handlungsvoraussetzung und Subjekteigenschaft ist, Recht aber Handeln regelt und dennoch Schöpfertum stimulieren will und soll. Bei kollektiven Rechtssubjekten treten Aktivitäten zur Förderung des Erarbeitungsprozesses als Leitungsaufgabe, zur Gewährleistung effektiver Überführung und Nutzung, d. h. komplexe Neuerungsprozesse in den Vordergrund.

c) *Wie* soll stimuliert werden?

Hier kann auf bereits behandelte Aussagen verwiesen werden: Interessenausnutzung, Interessenförderung und -lenkung durch Statuierung von Rechten und Pflichten zur Anwendung von materiellen und ideellen Stimuli und die Schaffung stimulierender Bedingungen im Sinne der Verbindung gesellschaftlicher, kollektiver und individueller Interessen auf der Grundlage der in den Rechtsnormen fixierten gesamtgesellschaftlichen Interessen der Arbeiterklasse und des sozialistischen Leistungsprinzips; das schließt sowohl die Fixierung und Ausgestaltung positiver Handlungsanreize (Nutzen, Vorteil für Zielerreichung) für künftiges Handeln als auch deren Sicherung bei erbrachten Leistungen ein. Da das Interessenproblem von fundamentaler Bedeutung für alle drei der hier behandelten Fragen und für das Verständnis der Gesamtproblematik ist, wird darauf im folgenden gesondert eingegangen.

1.3.4. Beitrag des Rechts zur Stimulierung und Interessenproblematik

Interessen sind für die rechtstheoretische Forschung wie für das rechtspraktische Herangehen als wesentliche Wirkungsbedingungen des Rechts anzusehen. Sie sind Merkmal jener Beziehungen innerhalb des wissenschaftlich-technischen Fortschritts, auf die mittels Recht und anhand der in ihm normierten Klasseninteressen Einfluß zu nehmen ist. Auch für den schöpferischen Leistungsprozeß gilt die Feststellung von Marx, daß alles, wofür der Mensch kämpft, Sache seines Interesses ist.[69] Und gerade für die Stimulierung wissen-

[68] Es wird davon ausgegangen, daß zwei Arten von Folgen des wissenschaftlich-technischen Fortschritts zu verzeichnen sind: 1. angezielte Wirkungen, d. h. vor allem wissenschaftlich-technische Leistungen mit positiven ökonomischen sowie sozialen Konsequenzen, 2. unerwünschte Folgen (Umweltgefährdung, vorübergehend negative Veränderung von Arbeitsinhalten und -belastungen usw.). Der Stimulierungsaspekt richtet sich auf den Kern der angezielten Wirkungen, auf wissenschaftlich-technische Neuleistungen.

[69] Vgl. K. Marx, Die Verhandlungen des 6. rheinischen Landtags, in: MEW, Bd. 1, Berlin 1972, S. 67.

schaftlich-technischer Leistungen ist es wohl angebracht, Lenins Hinweis zu beachten, daß die höchsten Ideale nichts wert sind, „solange man es nicht versteht, sie unlöslich mit den Interessen derer zu verschmelzen, die den ... Kampf austragen“[70]. Dabei ist zu berücksichtigen, daß Interessen immer nur im Rahmen bestimmter materieller Bedingungen und Tätigkeiten innerhalb der Gesamtheit gesellschaftlicher Verhältnisse als Triebkräfte wirken. Das heißt, Interessen sind objektiv bedingt und durch die Besonderheiten des jeweiligen Interessenträgers bzw. Rechtssubjekts gebrochen und modifiziert. Sie drücken sich in spezifischen Motiven des Handelns aus.

Als entscheidende Triebkraft für die Produktion und die Nutzung schöpferischer Leistungen liegt den Interessen die konkret-historische gesellschaftliche Praxis mit ihrem Widerspruch zwischen real erreichtem Niveau und vorhandenen Erfordernissen bzw. zwischen diesen und den Möglichkeiten ihrer Realisierung zugrunde. In der aktiven Auseinandersetzung damit werden objektive und subjektive Faktoren über Interessen vermittelt und ideelle Triebkräfte erzeugt. Hier hat das Recht mit seinen Möglichkeiten anzusetzen, um zu effektiver Stimulierung beizutragen.

Zwei Aufgaben heben sich dabei heraus: Die *erste* Aufgabe liegt zwar im Vorfeld der Stimulierung, bildet jedoch wesentliche Voraussetzungen. Sie besteht darin, zur Ermittlung und Fixierung jener *gesellschaftlichen Interessen* beizutragen, die sich aus objektiven Erfordernissen ergeben und die für bestimmte Entscheidungssituationen innerhalb der Beschleunigung des wissenschaftlich-technischen Fortschritts als dominant anzusehen und vorrangig durchzusetzen sind. Dabei liegt das Problem oft schon darin, daß verschiedene gesellschaftliche Interessen Aspekte desselben objektiven Erfordernisses sein können und daß sich in einem gesellschaftlichen Interesse mehrere objektive Erfordernisse schneiden können. Auf jeden Fall gilt es, aus der Vielgestaltigkeit gesellschaftlicher Interessen auch in bezug auf die Erarbeitung, Überführung und Nutzung wissenschaftlich-technischer Leistungen Hierarchien zu bilden und in *Maßstäbe* des Entscheidens und Handelns zu transformieren. Diese Notwendigkeit verlangt nach rechtlicher Regelung. Dabei wird nicht zuletzt jene kollektive Interessiertheit ermöglicht und verwirklicht, die gesellschaftlichen Interessen bzw. objektiven Erfordernissen entspricht.

In Betracht zu ziehen ist aber auch, daß die Bestimmung von Inhalten und Präferenzen gesellschaftlicher Interessen für die Entscheidungsfindung nur effektiv sein kann, wenn in erforderlichem Maße die aus den Reproduktionsbedürfnissen erwachsenden Interessen der beteiligten *kollektiven* Rechtssubjekte (z. B. hinsichtlich Risikoabsicherung) und der *individuellen* Rechtssubjekte (z. B. hinsichtlich Mitwirkung) berücksichtigt werden. Dies ist nicht nur so, weil die Befriedigung solcher Interessen und zugrunde liegender Bedürfnisse von gesellschaftlichem Interesse sein kann, sondern weil solche Teilinteressen häufig selbst objektiv Aspekte oder Erscheinungsformen gesellschaftlicher Interessen sind. So geht es bei dem Verhältnis zwischen Intensivierung der Produktion und Persönlichkeitsentwicklung bzw. Mitwirkung oder bei dem Verhältnis zwischen Rentabilität von Neuleistungen und Risikoabsicherung nicht um Widersprüche zwischen gesellschaftlichen und Teilinteressen einzelner Rechtssubjekte, sondern um Widersprüche innerhalb gesellschaftlicher Interessen.[71]

---

[70] W. I. Lenin, Der ökonomische Inhalt der Volkstümlerrichtung und die Kritik an ihr in dem Buch des Herrn Struve, in: W. I. Lenin, Werke, Bd. 1, Berlin 1972, S. 403.

[71] Vgl. dazu auch: U.-J. Heuer, Recht und Wirtschaftsleitung im Sozialismus, a. a. O., S. 41.

Mit der Betonung der Notwendigkeit, die innere Widersprüchlichkeit der Interessenstruktur zu berücksichtigen, ist bereits die *zweite* Aufgabe des Rechts angesprochen. Hierbei geht es darum, mittels rechtlich geregelter Stimulierung individuelle, kollektive und gesellschaftliche Interessen notwendig in der Weise zu verbinden, daß das Handeln zur Einbringung, Überführung und Nutzung wissenschaftlich-technischer Leistungen aktiviert wird. Damit wird gesichert, daß die aus objektiven Erfordernissen abgeleiteten dominanten gesellschaftlichen Interessen und die daraus entstandenen rechtlich fixierten Handlungsziele und Handlungsanforderungen durch Handeln in erwünschte Ergebnisse umgesetzt werden.

Von konzeptioneller Bedeutung ist, daß innerhalb der widersprüchlichen Interessenstruktur Träger unterschiedlicher Interessen zusammenwirken müssen. Kombinate und Betriebe als Wirtschaftsorganisation, Akademien, Hoch- und Fachschulen usw. als Wissenschaftsorganisation, Kooperationsformen wie Akademie-Industrie-Komplexe, staatliche Organe, Arbeitskollektive, einzelne Werktätige stehen in jenen konkreten Beziehungen, die zu unterscheidbaren Teilinteressen führen.[72] Das Recht hat dieser Komplexität durch *komplexe Regelungsziele* zu entsprechen. Diese Ziele sind nicht mehr nur von den Interessen der kooperierenden Rechtssubjekte, sondern auch von übergeordneten Erfordernissen der Beschleunigung des wissenschaftlich-technischen Fortschritts und den entsprechenden Interessen der Arbeiterklasse bestimmt. Deshalb steht die Aufgabe immer wieder neu, Rechtssubjekte mit spezifischen Teilinteressen zu verbinden, dabei real auftretende Interessen zu den objektiven Erfordernissen der staatlich-rechtlichen Leitung des wissenschaftlich-technischen Fortschritts ins Verhältnis zu setzen und die Potenzen des politischen Systems des Sozialismus zur Herstellung von Interessenübereinstimmung zu nutzen.[73]

Das ist u. a. deshalb so wichtig, weil potentielle Übereinstimmung von Grundinteressen nicht mit zwangsläufiger automatischer Kopplung oder „abstrakter Identität“[74] der Interessen gleichzusetzen ist. Die fast ausschließlich materiellen bzw. ökonomischen Interessen der Wirtschaftseinheit zu stimulieren, das ist nicht von vornherein die gleiche Aufgabe wie die materielle und ideelle Stimulierung von Werktätigen. Letzteres ist nicht automatisch aus der wirtschaftlichen Rechnungsführung des Betriebes herzuleiten.

---

[72] Dazu zählt auch, was U.-J. Heuer folgenderweise kennzeichnet: „Werden durch gestgelegte Kennziffern die Interessen der Wirtschaftseinheiten auf die industrielle Warenproduktion gerichtet, so wirkt dieses Interesse objektiv, geht es ein in den Prozeß der Ermittlung gesellschaftlicher Interessen.“

[73] Einer der wenigen Gesetzestexte, in dem dieses Anliegen direkt ausgedrückt wird, ist im § 18 Abs. 1 der Anordnung (im folgenden: AO) über die Anwendung der wirtschaftlichen Rechnungsführung in Forschung und Entwicklung: „Das gemeinsame Interesse von Forschung und Produktion an hohen ökonomischen Ergebnissen aus Wissenschaft und Technik ist durch den Kauf und Verkauf wissenschaftlich-technischer Leistungen spürbar zu erhöhen.“

[74] Vgl. K. Hager, Gesetzmäßigkeiten unserer Epoche — Triebkräfte und Werte des Sozialismus, a. a. O.; „Ein auf Qualität orientierter Lohn bringt bestimmte Interessen hervor, ein dieses Erfordernis außer acht lassender Lohn andersgeartete.“ (U.-J. Heuer, Recht und Wirtschaftsleitung im Sozialismus, a. a. O., S. 33; A. Batschurin verweist auf eine Vielfalt solcher Zusammenhänge und die Ausmaße ihrer Folgen (A. Batschurin, Plan und Stimuli, in: Sowjetwissenschaft, Gesellschaftswissenschaftliche Beiträge, 1/1983, S. 32ff.).

Die Gestaltung der Arbeits- und Lebensbedingungen, die leistungsunabhängig gebildeten und für Sozialmaßnahmen verwendeten Fonds der gesellschaftlichen Konsumtion u. a. m., sie entsprechen dem viel breiteren Interessenspektrum dieser Ebene, ohne in jedem Falle eine direkte Verknüpfung mit den unmittelbar ökonomischen Interessen des Betriebes herstellen zu können. Aber selbst da, wo ein direkter Bezug zur Arbeitsaufgabe gegeben ist, wie z. B. beim Arbeitslohn als Hauptform des Einkommens der Werktätigen, sind die Beziehungen allenfalls vermittelt. In den Wirtschaftseinheiten ist der Lohn an Quantität und Qualität der als betriebliche Arbeit anerkannten verausgabten Arbeitsleistung gebunden. Es gibt keine zwangsläufige Beziehung zum Wirtschaftsergebnis allgemein und zur Erarbeitung, Überleitung oder Nutzung wissenschaftlich-technischer Leistungen speziell.[75] Nicht viel anders liegen diese Dinge innerhalb von Wissenschaftseinheiten, wo wirtschaftliche Rechnungsführung nicht dominiert.

Gerade weil hier keine automatischen Interessenkopplungen im Selbstlauf entstehen, gerade Teilinteressen oder Teilaspekte gesellschaftlicher Interessen unterschieden und sogar durch Recht jeweils gefördert werden müssen, kommt andererseits der rechtlichen Vermittlung und Koordinierung der Interessen so große Bedeutung zu. Ein Weg dahin ist z. B. die Schaffung solcher Stimuli, die auf der Grundlage des Leistungsprinzips und unter Beachtung berechtigter eigener Teilinteressen bei den Werktätigen Interessiertheit an der Erfüllung der Aufgaben ihrer Wirtschaftseinheit oder Wissenschaftsorganisation aktivieren.

Ging es bei der erstgenannten Aufgabe des Rechts vor allem darum, eine den gesellschaftlichen Interessen bzw. objektiven Erfordernissen entsprechende kollektive Interessiertheit der Wirtschafts- und Wissenschaftsorganisationen zu sichern, so geht es hier vor allem darum, eine daran orientierte Interessiertheit (Motiviertheit) bei den in diesen Organisationen beschäftigten Werktätigen (als einzelne und in ihren Organisationsformen, vor allem dem Arbeitskollektiv) zu schaffen. Die Trennung dieser beiden Ebenen ist letztlich relativ. Sie soll aber Kernforderungen sichtbar machen, von denen sich jene Aufgaben und Ziele des Rechts bei der Stimulierung wissenschaftlich-technischer Leistungen insgesamt und in den einzelnen Ebenen und Bereichen ableiten. Noch einmal soll damit im Zusammenhang betont werden: Auch in dem hier behandelten Bereich sind ohne Zweifel Widersprüche zwischen unterscheidbaren Teilinteressen zu berücksichtigen, „denn die Interessen jedes einzelnen beschränken sich nicht auf seine Interessen als Mitglied der sozialistischen Gesellschaft, seine vielfältigen Bedürfnisse erschöpfen sich nicht in seinen Bedürfnissen als Mitbesitzer sozialistischen Eigentums, und seine tagtäglichen Belange und Ziele lassen sich nicht auf jene Perspektivziele reduzieren, die er auch als Teilnehmer am Aufbau des Kommunismus hat“[76]. Das ist das eine. Aber nicht immer geht es dabei einfach um unterschiedliche Teilinteressen schlechthin. Es geht zugleich — wie gesagt — auch um verschiedene Aspekte gesellschaftlicher Interessen bzw. objektiver Erfordernisse, die jeweils auch durch rechtliche Regelungen entsprechend erzeugt oder gefördert und mit Vorteilen für das Kombinat oder den Betrieb, für die Belegschaft und den einzelnen verbunden werden müssen. Aus der gesellschaftlichen Natur und Determiniertheit solcher Interessen und aus dem gesellschaftlichen Interesse ihrer Befrie-

[75] Vgl. R. Streich, Stimulierende Rolle des Rechts bei der Leitung und Planung wissenschaftlich-rechtlicher Leistungen in der Volkswirtschaft, unveröffentl. Manuskript, 1982, S. 6.

[76] A. P. Butenko, Widersprüche der Entwicklung des Sozialismus als Gesellschaftsordnung, in: Sowjetwissenschaft, Gesellschaftswissenschaftliche Beiträge, 2/1983, S. 236.

digung ergibt sich, daß das Wesen der Stimulierung unzureichend charakterisiert ist, wenn Betriebe oder Individuen einfach als Objekte der Stimulierung verstanden werden.

Diese Zusammenhänge verweisen ferner auf die Tatsache, daß vor aller Stimulierung durch Recht bestimmte Bewertungsmaßstäbe und -kriterien für Schwerpunkte, Entwicklungslinien, Prioritäten geklärt sein müssen. Das sozialistische Recht kann — gestützt auf politisch-ideologische, ökonomische, ethische und andere Prinzipien — dazu beitragen, solche Bewertungsmaßstäbe abzubilden und durch verbindliche Fixierung zu verkörpern. Es schafft sich damit selbst Wirkungsbedingungen für die Stimulierung. Diese ist dann Durchsetzung solcher Bewertungsmaßstäbe. Das schließt ein, daß rechtliche Stimulierung auch Bewertung anhand der im sozialistischen Recht normierten Klasseninteressen ist. Indem gesellschaftliche Wertmaßstäbe zum Norminhalt werden, wird die Rechtsnorm zum rechtlichen Wertmaßstab. Dies stellt den Gesetzgebungs- und Rechtsverwirklichungsprozeß vor komplizierte Probleme. Gerade in ihrer Lösung besteht aber der Beitrag des Rechts dazu, „im Prozeß der unaufhörlichen Veränderung der Reproduktionsbedingungen jene Bedingungen stets aufs neue zu reproduzieren, die bewirken, daß das volkswirtschaftlich Notwendige und Nützliche, das wissenschaftlich-technisch und ökonomisch Progressive auch für die Kombinate, ihre Betriebe, und jeden Werktätigen vorteilhaft ist“[77]. Dabei geht es nicht schlechthin um Prioritäten, Verflechtung und Abgestimmtheit. Es geht darum, die ökonomische Strategie in der Leitung und Planung des wissenschaftlich-technischen Fortschritts auch im rechtspolitischen Herangehen umzusetzen.

Aus den genannten Gründen ist auch die Aussage zu einfach, daß der sozialistische Staat die gesamtgesellschaftlichen Interessen und die Interessen der Werktätigen schützt und verwirklicht, indem er die Interessen der Wirtschafts- und Wissenschaftsorganisationen anerkennt und schützt.[78] Es sind offenbar auch Interessen noch existent oder neu entstanden und mittels Recht gestärkt worden,[79] die *nicht mehr* ohne weiteres anerkannt und gefördert werden können, weil sie nicht mehr den neuen Anforderungen entsprechen. Anders ist die Lösung verschiedener Widersprüche nicht denkbar.

Um zu zeigen, was gemeint ist, werden hier einige solcher Widersprüche angeführt. So geht es z. B. auf der Ebene *kollektiver Rechtssubjekte* um die Widersprüche zwischen tatsächlichem bzw. möglichem Entwicklungstempo wissenschaftlich-technischer Erkenntnis und der Umstelldynamik der Produktion; zwischen der Notwendigkeit sich am Welthöchststand zu orientieren und der oft mangelnden Umsetzung (u. a. infolge des geringen ökonomischen und rechtlichen Zwanges dazu); zwischen der Notwendigkeit, aber auch Möglichkeit multivalenter Nutzung von Ergebnissen und der oft geringen wirklich multivalenten Nutzung und auch dem Fehlen entsprechender Verantwortlichkeiten; zwischen Notwendigkeit des Informationsaustausches und der realen Organisation und Nutzung des Informationswesens; zwischen Spezialisierung bzw. Differenzierung in Wissenschaft und Technik und der ungenügenden Kommunikation; zwischen der

77 A. Bauer, Aktuelle Probleme der Vergesellschaftung der Produktion im Sozialismus, in: Deutsche Zeitschrift für Philosophie (im folgenden: DZfPh), 2/1982, S. 158.

78 Vgl. dazu z. B. bei: W. Linden (Hrsg.), Wissenschaftlich-technischer Fortschritt — Sozialistisches Recht, Teil I, a. a. O., S. 82.

79 Hier wird u. a. auch deutlich, wie vielschichtig das Problem der Effektivität einer Rechtsnorm ist. In welchem Sinne ist eine Rechtsnorm effektiv bzw. ineffektiv, die z. B. über die Einhaltung bestimmter Kennziffern zur Aufstellung oder Einhaltung von Plangrößen führt, aber die Einführung neuester Technik behindert?

verstärkten Abhängigkeit von Partnern und mangelnder Koordinierung mittels rechtlicher Regelungen bzw. zwischen Komplexität der Prozesse und Heterogenität der Regelungen; zwischen dem unterschiedlichen Ausmaß an Unsicherheit in den Phasen wissenschaftlich-technischer Leistungen und mangelnder Flexibilität von Regelungen; zwischen zunehmender Notwendigkeit prognostischer Ausrichtung rechtlicher Regelungen und dem Nachlaufen hinter aktuellen Forderungen; zwischen notwendig einzugehenden Risiken und ihrer Meidung (z. B. in Plänen, aber auch ihrer lückenhaften Absicherung); zwischen Auftrag der Grundlagenforschung, wissenschaftlichen Vorlauf und neue technologische und Wirkprinzipien zu schaffen, und ihrer Konfrontation mit aktuellen Anforderungen der Industrie; zwischen der notwendigen Konzentration bzw. maximalen Nutzung des vorhandenen wissenschaftlichen Potentials, der materiellen und finanziellen Ressourcen, der Kader und Spezialisten und dem oft unkontrollierten Nebeneinander usw.

Auf der Ebene *individueller Rechtssubjekte* sind z. B. zu nennen: der Widerspruch zwischen Leistungsvermögen und Leistungserwartung; zwischen Notwendigkeit differenzierter und regelmäßiger Leistungsbewertung und zuweilen geringer Bereitschaft von Leitern, entsprechende methodische und rechtliche Möglichkeiten zu nutzen; zwischen erforderlicher Gemeinschaftsarbeit und veralteten Denkweisen und Gewohnheiten; zwischen Motivvielfalt schöpferischen Leistens und Undifferenziertheit der Stimuli; zwischen Stimulierung von Prozeßqualität und Ergebnisqualität; zwischen Aufwand an schöpferischer Arbeit bzw. Neuheitswert eines Ergebnisses und seiner Praktikabilität bzw. produktionsmäßigen Orientiertheit; zwischen vergrößertem Entscheidungsraum für Leiter zur Stimulierung über flexible Verwendbarkeit von Lohn und Prämie und der oft geringen Wahrnahme entsprechender Rechte und Pflichten; zwischen hoher Bedeutung schöpferischer Fähigkeiten und dem Fehlen von Qualifizierung und Weiterbildung in diesem Fähigkeitsbereich; zwischen Wichtigkeit des Kriteriums Aufgabenbezogenheit bei der Leistungsbewertung und oft mangelhaft konkretisierten Aufgabenstellungen; zwischen schwieriger Normierbarkeit, Vergleichbarkeit schöpferischer Leistungen und deren Notwendigkeit für die Gestaltung von Arbeitsprozessen und Leistungsbewertung.

Es zeigt sich, daß es über die bloße Anerkennung vorhandener Interessen hinaus vor allem um zwei Dinge geht:

1. Auf allen Ebenen der rechtlichen Stimulierung muß dazu beigetragen werden, bestimmte *objektive Determinanten von Interessen* zu gestalten und so auf Interessen Einfluß zu nehmen. Dazu gehört auf der Ebene kollektiver Rechtssubjekte z. B. die entsprechende Gestaltung von relevanten Kennziffern,[80] Finanzierungshilfen, Risikoregelungen, Fondsbildungen, Preisen, Abschreibungsnormativen, Ressortzuständigkeiten usw. Dazu gehört auf der Ebene der Stimulierung individueller Rechtssubjekte der Ausbau von demokratischen Mitwirkungsmöglichkeiten in allen Phasen der Entstehung und Anwendung von wissenschaftlich-technischen Leistungen, die Vervollkommnung der

[80] Dabei ist zu betonen, worauf Heuer hinweist: „Nicht die einzelne Kennziffer, die einzelne Produktionsaufgabe, der einzelne Preis, wohl aber die Prinzipien ihrer Bildung und die Zusammenhänge zwischen der Effektivitätsentwicklung einerseits und den Reproduktionsmöglichkeiten andererseits durch entsprechende Fondsbildung und -verwendung müssen rechtlich ausgestattet werden" (U.-J. Heuer, Recht und Wirtschaftsleitung im Sozialismus, a. a. O., S. 184 bis 185).

Inhalte und Methoden der Leistungsbewertung in bezug auf Prozeß *und* Ergebnis schöpferischer Leistungen, Organisation des Informationswesens, Gewährleistung erforderlicher materiell-technischer und organisatorischer Arbeitsbedingungen, Differenzierung der Aufgabenstellung und Zielbestimmung usw.

2. Es geht darum, über rechtliche Stimulierung konkret vorhandene Interesseninhalte zum Ausgangspunkt zu nehmen, um sie zu berücksichtigen und zu nutzen oder um sie zu beeinflussen, zu verändern, auch zu korrigieren. Um die Rolle des Rechts dabei realistisch zu beurteilen, gilt es, zu beachten: Nicht die Rechtsnormen, sondern die Befriedigung materieller und ideeller Interessen sind primärer Handlungsantrieb zur Erbringung, Überführung und Nutzung wissenschaftlich-technischer Leistungen. Mit diesen Interessen wird auch dem sozialistischen Recht begegnet, aus ihnen werden Erwartungen an das Recht erzeugt und Fragen gestellt, z. B.: „Was nutzt uns Stabilität oder Veränderung und Neuerung im Produktionsprozeß?“, „Was hat Engagement und Leistungsstreben für Folgen?“.

Deshalb ist eine Seite der Interessierung von Rechtssubjekten durch Stimulierung, vorhandene Interessen auf der Grundlage des sozialistischen Leistungsprinzips zu nutzen und zu befriedigen. Auch hier ist aber zu betonen, daß es nicht um mechanische, starre Abhängigkeiten etwa in dem Sinne gehen kann: Je besser Interessen befriedigt werden, desto effektiver werden wissenschaftlich-technische Leistungen erbracht, übergeführt und genutzt. Dies wäre eine unzulässige Vereinfachung, die die Dialektik rechtlicher und außerrechtlicher Faktoren sowie der verschiedenen Wirkungsrichtungen des Rechts übersieht. Vor allem aber würde dies nicht der Widersprüchlichkeit der Interessen gerecht. Deshalb ist die andere Seite der Intensivierung von Rechtssubjekten durch Stimulierung die Berücksichtigung der Tatsache, daß die Interessenentwicklung nicht dem Selbstlauf überlassen werden kann, daß Interessen determinierbar sind. Dazu kann in bestimmten Grenzen auch das sozialistische Recht beitragen, indem es auf der Grundlage ökonomischer, politischer, sozialer Gegebenheiten Einflüsse setzt. Anders ausgedrückt: Indem die rechtliche Stimulierung Interessen befriedigt, fördert, orientiert und korrigiert, ist sie auch ein Mittel der Widerspruchslösung und des Setzens von Widersprüchen. Es werden Widersprüche gelöst zwischen dem Vorhandensein gesellschaftlich zu stärkender oder zumindest zu akzeptierender Interessen und ihrer mangelnden Befriedigung durch Stimulierung mittels Recht. Es werden Widersprüche gesetzt zwischen Interessen, die nicht mehr objektiven Erfordernissen entsprechen oder ihnen gar entgegenstehen, und der erfordernisgerechten Wirkungsrichtung rechtlicher Stimulierung. Dies stellt Anforderungen sowohl an die Rechtsbildung wie auch an die Qualifizierung der Rechtsverwirklichung auf der Grundlage konzeptionell-wirkungstheoretischer Aussagen.

2. Stimulierende Rolle des Rechts bei der Leitung und Planung wissenschaftlich-technischer Leistungen in der Volkswirtschaft

2.1. Kombinate — entscheidende Stimulierungsebene in der Volkswirtschaft

Für die Leitung und Planung der Volkswirtschaft bilden konkrete wissenschaftlich-technische Leistungen und in ihrem Gefolge erzielte wissenschaftlich-technische Ergebnisse den entscheidenden Anknüpfungspunkt. Die daran beteiligten Wirtschaftseinheiten sind als sozialistische Warenproduzenten organisiert und arbeiten nach der wirtschaftlichen Rechnungsführung auf Grund staatlicher Pläne. Sozialistische Produktion bedarf zentraler staatlicher Leitung und Planung.[1] Bei der Realisierung gesellschaftlicher Interessen nimmt unter den Gliedern des sozialistischen Wirtschaftsorganismus das *Kombinat* einen besonderen Platz ein. Es stellt eine in eingeordnete Kombinatsbetriebe strukturierte Wirtschaftseinheit dar, die tendenziell zum Grundglied der Volkswirtschaft wird.

Auf Grund der prinzipiell gleichen Stellung aller Werktätigen zu den vergesellschafteten Produktionsmitteln existiert zwar ein von allen getragenes Ziel der Produktion. Aber das daraus erwachsende gesellschaftliche Interesse ist nicht homogen und undifferenziert, es setzt sich aus einem Zielbaum sehr unterschiedlicher und teilweise widersprüchlicher ökonomischer und außerökonomischer Interessen zusammen, die es jeweils für eine bestimmte Periode, ausgehend von den Gegebenheiten, zu optimieren gilt. Die gesamtgesellschaftlichen Interessen selbst werden arbeitsteilig von allen Gliedern des staatlichen Leitungssystems unter Führung der Partei ermittelt. Dabei repräsentieren Organe wie der Ministerrat jeweils unmittelbar und direkt *gesamt*gesellschaftliche Interessen (auch in der Einordnung ökonomischer und außerökonomischer Interessen), während Leitungsorgane mit einer abgegrenzten Leitungskompetenz jeweils bestimmte Aspekte der gesellschaftlichen Interessen repräsentieren. In der Tätigkeit der wirtschaftsleitenden Organe – z. B. der Industrieministerien – gilt es, sowohl die vielfältigen Teilaspekte gesellschaftlicher Interessen, bezogen auf die Durchsetzung des wissenschaftlich-technischen Fortschritts, in ihrem Leitungsbereich zu koordinieren, als auch den Rahmen für die Einordnung der Interessen der unterstellten Wirtschaftseinheiten zu schaffen.

Gesellschaftliche Interessen existieren nicht losgelöst und unabhängig, sondern vielfältig verbunden mit und in den ökonomischen Interessen der Wirtschaftseinheiten,

---

[1] Vgl. W. I. Lenin, Sechs Thesen über die nächsten Aufgaben der Sowjetmacht, in: W. I. Lenin, Werke, Bd. 27, Berlin 1960, S. 307f., vgl. W. I. Lenin, Ursprünglicher Entwurf des Artikels „Die nächsten Aufgaben der Sowjetmacht", in: W. I. Lenin, Werke, Bd. 27, a. a. O., S. 197, 231

hier treten diese als *kollektive ökonomische Interessen* zutage. Damit bestimmte Interessen dieses Gefüges rechtlich stimuliert werden können, müssen die Interessenträger als Rechtssubjekte anerkannt werden. Die Rechtsstellung der Kombinate und der Kombinatsbetriebe gewährleistet, daß gesellschaftliche Interessen wesentlich auch durch kollektive und individuelle Interessen vermittelt und durch die Wirtschaftseinheiten artikuliert werden. In ihrem Handeln müssen sie letztlich realisiert werden. Aber Widersprüche zwischen diesen Interessen sind eben nicht ausgeschlossen. Die rechtliche Regelung auch in bezug auf die Stimulierung muß sowohl optimale Widerspruchslösung *innerhalb* der gesamtgesellschaftlichen Interessen (z. B. vorrangige Nutzung der Rohbraunkohle als Energieträger in Wärmekraftwerken, Abbau und Verhinderung dadurch ausgelöster Umweltbelastungen) als auch *harmonische Einordnung* der *kollektiven ökonomischen Interessen* der Wirtschaftseinheiten in die gesamtgesellschaftlichen Interessen bewirken.

Weiterhin stellt das Kombinat zwar selbst ein Wirtschaftssystem dar, doch beide, Kombinat und Kombinatsbetrieb, haben durchaus auch selbständige Interessen, die es in die gesamtgesellschaftlichen einzuordnen gilt. Das Kombinat entspricht gesamtgesellschaftlichen Interessen, wenn es vermittels beschleunigter Realisierung und Nutzung des wissenschaftlich-technischen Fortschritts seinen Beitrag zur Bereitstellung verfügbarer Endprodukte plangemäß und womöglich darüber hinaus erhöht, die vorgesehenen Ressourcen nicht überzieht und möglichst noch unterschreitet. Gleichzeitig sind dies aber auch übereinstimmende globale Interessen des ganzen Kombinats *als Wirtschaftssystem*.

Die Nutzung des wissenschaftlich-technischen Fortschritts ermöglicht die Erfüllung hochgesteckter Planziele, höhere Effektivität des Wirtschaftens und damit eine erfolgreiche Eigenwirtschaftlichkeit im Rahmen der wirtschaftlichen Rechnungsführung. Dabei sind die Interessen *innerhalb* des Wirtschaftssystems Kombinat differenziert: Das Kombinat ist in seiner Strategie vor allem auf die Minimierung des einmaligen Aufwandes, der Kombinatsbetrieb auf die Minimierung der laufenden Aufwendungen orientiert. Das schließt unter Umständen Interessenwidersprüche zwischen diesen beiden Ebenen ein. Insbesondere muß die Leitung innerhalb des Kombinats darauf gerichtet sein, den Gesamtprozeß der wissenschaftlich-technischen Arbeit von der Forschung über den Musterbau und die Versuchsproduktion, die Sicherung der Serienproduktion und des Absatzes bis zur Applikation und den Kundendienst synchron und planmäßig zu gestalten. Das erfordert eine einheitliche Gestaltung der kombinatsinternen wie der externen Kooperationsbeziehungen und stellt höhere Ansprüche an die Gestaltung der Einheit von Plan, Bilanz und Vertrag.

Auch wenn sich wirtschaftsrechtliche Regelungen immer an Organisationen als Subjekte richten, werden sie durch menschliches Verhalten realisiert. Im Prozeß der Rechtsverwirklichung sind deshalb auch psychologische Aspekte bedeutsam. Aus der Doppelbedeutung des Kombinats als nach wirtschaftlicher Rechnungsführung arbeitendem Wirtschaftssystem und zugleich wichtigem Vermittlungsglied zur Stimulierung der Werktätigen — also aus der Verbindung von ökonomischer Stimulierung und Leistungsprinzip — leiten sich prinzipielle Überlegungen für die weitere Ausgestaltung des sozialistischen Wirtschaftsmechanismus ab.

In den Kombinatsbetrieben verausgaben die Werktätigen ihre Arbeit und werden unter Nutzung des Leistungsprinzips nach Quantität und Qualität der Arbeitsleistung bezahlt. Durch geeignete Wahl der Leistungskennziffern kann ein Zusammenhang zwischen Effektivität der Wirtschaftstätigkeit und Einkommen der Werktätigen vermittelt werden, der durch Verteilung aus dem leistungsabhängigen Stimulierungsfonds des Kombinats noch verstärkt wird. Zusätzliche Verbindungen gestalten sich für die Interessen der Neuerer und Erfinder in ihrem Anspruch auf Vergütung und Ersatz notwendiger Aufwendungen in mehr oder minder intensiver Abhängigkeit vom gesellschaftlichen Nutzen ihrer Leistung. In diese materiellen Interessen sind aber auch jene der Arbeits- und Lebensbedingungen im weiteren Sinne einzubeziehen, durch die das Kollektiv der Wirtschaftseinheit an der Durchsetzung des wissenschaftlich-technischen Fortschritts interessiert sein sollte, weil dann auch eine entsprechende Bildung und Verwendung solcher Fonds wie z. B. Leistungs-, Kultur- und Sozial- und Investitionsfonds ermöglicht werden.[2] Schließlich ist die durch die relative ökonomische Selbständigkeit der Betriebe mögliche Identifizierung der Werktätigen mit den Ergebnissen ihrer Wirtschaftseinheit eine wichtige Grundlage für die Nutzbarmachung der an ihre ökonomische Interessen anknüpfenden Stimulierung. Schwierigkeiten für die rechtliche Stimulierung ergeben sich daraus, daß hier Regelungen verschiedener Rechtszweige aufeinandertreffen, wenigstens Wirtschafts-, Verwaltungs-, Arbeitsrecht und wissenschaftlich-technischer Rechtsschutz. Es gilt daher, eine möglichst synchrone Wirkung durch zweckdienliche Abstimmung der Regelung und funktionale Verknüpfung der Rechtsverhältnisse und Rechtsformen zu erreichen. Dabei sollte davon ausgegangen werden, daß innerhalb des differenzierten Interessengefüges das Kombinat als entscheidender Interessenträger im Wirtschaftsorganismus ein wichtiges Vermittlungsglied ist, wenn es darum geht, gesellschaftliche Interessen in bezug auf den wissenschaftlich-technischen Fortschritt zu befriedigen.

2.2. Stimulierung durch Gestaltung der wirtschaftlichen Rechnungsführung

2.2.1. Allgemeine Stimulierungsfunktion der wirtschaftlichen Rechnungsführung

Die wirtschaftliche Rechnungsführung ist Konsequenz der spezifischen Existenzform sozialistischer Wirtschaftseinheiten. Sie ist Ausdruck der durch den Wert geprägten gesellschaftlichen Verhältnisse und reflektiert in spezifischer Weise das Verhältnis von unmittelbarem Volkseigentum und relativer ökonomischer Selbständigkeit der Betriebe. Wirtschaftliche Rechnungsführung ist zugleich konkrete Verwirklichung des demokratischen Zentralismus in der Wirtschaftsleitung, sie ist Methode (Prinzip) der staatlichen Leitung. Neben ihrer Meß- und Verteilungsfunktion interessiert in unserem Untersuchungsfeld vor allem ihre Stimulierungsfunktion, die durch die jüngsten Maßnahmen zur Vervollkommnung von Leitung, Planung und ökonomischer Stimulierung wieder stärker in den Vordergrund getreten ist. In diesem Zusammenhang ist hervorzuheben, daß die wirtschaftliche Rechnungsführung der Anerkennung der Wirtschaftseinheiten als Interessenträger, als ökonomisch relativ selbständige Betriebe entspringt, in denen sich notwendigerweise die Bewegung des Volkseigentums im Aneignungsprozeß vollzieht.[3]

Als Glieder des einheitlichen Volkseigentums sind den Wirtschaftseinheiten bestimmte betriebliche Fonds zweckgebunden und abgegrenzt zugeordnet. Durch die wirtschaftliche Rechnungsführung wird die Reduktion der tatsächlichen betrieblichen Auf-

---

[2] Diese Fonds sind z. Z. nur teilweise, am stärksten der Leistungsfonds, einer leistungsabhängigen Bildung zugänglich.

[3] Vgl. R. Möbius, Das rechtliche Regime der finanziellen Fonds der Kombinate, Diss. A, Berlin 1982, S. 55ff.

wendungen für die Produktion auf den gesellschaftlichen Wert vermittels Äquivalenzaustausch vorgenommen, wobei die tatsächliche Bewegung der betrieblichen Fonds den Beitrag der Kollektive für die wirtschaftliche Effektivität widerspiegelt. Gleichzeitig erlaubt die Bindung der kollektiven ökonomischen Interessen der Wirtschaftseinheiten an ihre Ergebnisse eine Stimulierung effektiven Wirtschaftens und eine spürbare zusätzliche Bedürfnisbefriedigung abhängig von Planerfüllung und -überbietung. Das ermöglicht, daß die volkseigenen Wirtschaftseinheiten auf Grund zentraler Orientierungen und der staatlichen Planentscheidungen eigenverantwortlich über die rationelle Nutzung der ihnen anvertrauten Fonds entscheiden, Verantwortung für bedarfsgerechte absatzfähige Produktion, die Eigenwirtschaftlichkeit ihrer Mittel tragen und am gesellschaftlichen Aneignungsprozeß partizipieren. Gleichzeitig entfaltet sich in diesen Prozessen die Initiative der in ihnen organisierten Kollektive, organisieren sie die kooperative Zusammenarbeit mit anderen Wirtschaftseinheiten und staatlichen Leitungsorganen. All das vollzieht sich aber wesentlich *in Rechtsverhältnissen.*

In bestimmtem Umfange kann für strukturbestimmende wissenschaftlich-technische Leistungen die Durchsetzung der gesellschaftlichen Interessen direkt durch ihre Präferierung mittels Recht erfolgen, in vielen anderen Fällen werden auftretende Interessenwidersprüche durch gebrauchswertorientierte Einzelentscheidungen gelöst. Aber die gebrauchswertmäßige Leitung selbst muß die Einheit mit den Wertbeziehungen, mithin die wirtschaftliche Rechnungsführung, in Rechnung stellen und beachten. Das erlaubt wiederum, über deren Wirkungen die Adressaten auch dort zu einem solchen ökonomischen Handeln zu veranlassen bzw. indirekt zu stimulieren, das gesellschaftlichen Interessen entspricht, wo auf Grund des notwendigen Abstraktionsgrades von Rechtsnormen keine konkreten Verhaltensweisen vorgegeben werden.

Wenn auch nicht alle wissenschaftlich-technischen Leistungen unmittelbar zum Objekt direkter Stimulierung durch zentrale Planung gemacht werden können, kann doch an den System- und Wirkungszusammenhang der ökonomischen Gesetze angeknüpft werden. Stellt man vermittels der wirtschaftlichen Rechnungsführung die Wirtschafts- und Wissenschaftsorganisationen unter solche ökonomischen Bedingungen, die zu einem wirtschaftlich vernünftigen Aufwand-Nutzen-Denken veranlassen,[4] dann werden sie angehalten, in diesem Rahmen gesellschaftliche Interessen zu erkennen und zu berücksichtigen. Gleichzeitig muß im Leitungsverhalten der zentralen Organe den durch die wirtschaftliche Rechnungsführung ausgedrückten Erfordernissen möglichst weitgehend Rechnung getragen werden.

Freilich bleibt der Widerspruch zwischen gebrauchswert- und wertmäßigen Beziehungen existent; beide Seiten der sozialistischen Produktion bilden eine widersprüchliche Einheit. Welcher Aspekt sich beim Treffen einer bestimmten konkreten Entscheidung durchsetzt, ist nicht a priori gegeben.

Obgleich über den Gegenstand der wissenschaftlich-technischen Leistungen hinausreichend, sind in diesem Zusammenhang doch einige grundsätzliche Bemerkungen zur rechtlichen *Stimulierung vermittels wirtschaftlicher Rechnungsführung* angebracht, weil nur vor diesem Hintergrund — quasi darin eingebettet — die spezifische Stimulierung

---

[4] Dies wird in den jüngsten Regelungen zur ökonomischen Gesamtrechnung von Wissenschaft und Technik nachdrücklich gefordert; vgl. Anordnung (im folgenden: AO) vom 23. 11. 1983 über die ökonomische Gesamtrechnung für Forschungs- und Entwicklungsaufgaben und die Jahresabschlußrechnung Wissenschaft und Technik (GBl. I Nr. 36, S. 395).

von wissenschaftlich-technischen Leistungen sowie die im Rahmen des komplexen Volkswirtschafts- und Staatshaushaltplanes zu gestaltende Einheit von Plan, Bilanz und Vertrag in ihrer stimulierenden Funktion für den wissenschaftlich-technischen Fortschritt verständlich sind.

Gerade durch die Maßnahmen im Ergebnis der Beschlüsse vom Februar 1983 zur Vervollkommnung des Systems von Leitung, Planung und ökonomischer Stimulierung und die nachfolgenden rechtlichen Regelungen, wie die Anordnung über die Anwendung der wirtschaftlichen Rechnungsführung in Forschung und Entwicklung vom 23. 11. 1983,[5] sind weitreichende Prozesse der effektiven Ausnutzung des sozialistischen Wirtschaftsmechanismus in Gang gekommen, von denen auch mit Sicherheit günstige stimulierende Einflüsse für den wissenschaftlich-technischen Fortschritt zu erwarten sind, die sich heute teilweise erst in Konturen abzeichnen.

Bei der rechtlichen Regelung der wirtschaftlichen Rechnungsführung spielen die üblichen juristischen Entscheidungsvorgänge und Verfahren für das Treffen von rechtsverbindlichen Einzelentscheidungen nicht die gleiche Rolle wie in anderen Bereichen. Hier werden vielmehr – überwiegend normativ, ergänzt durch die finanzielle Kategorien betreffenden Planentscheidungen – generalisierende Wirkungszusammenhänge geregelt, und zwar:

– Wirtschaftstätigkeit wird unter vergleichbare *einheitliche Maßstäbe* gestellt. Das betrifft z. B. die Preiskalkulation, die Erfassung möglichst des vollständigen gesellschaftlichen Aufwands[6], die Vorgabe der normativen Reineinkommensrate, die staatliche Tarifpolitik u. ä. Faktoren.

– Es wird ein starker *Druck auf die Kostensenkung* und *Verbesserung* der *Aufwand-Ergebnis-Relation* ausgeübt. Durch die Produktionsfondsabgabe[7] wird auf die effektive Auslastung hochproduktiver Anlagen, auf Verminderung und Abbau unvollendeter Investitionen, unfertige bzw. nicht abgesetzte Produktion und nicht benötigte Bestände eingewirkt. Das findet in der weiteren Preisbildung durch längerfristige Kosten- und Preisvorgaben[8] seine Fortsetzung.

– Es wird die *Bestätigungsfunktion des sozialistischen Marktes* für die betriebsindividuell verausgabte gesellschaftliche Arbeit erhöht, indem der *Umsatzerlös* eine ganz wesentliche Aufwertung erfährt: Abführungen an den Staatshaushalt, insbesondere die Nettogewinnabführung, sind ohne Rücksicht auf die tatsächliche Erwirtschaftung zu tätigen. Sind die Ergebnisse der Wirtschaftstätigkeit nicht termingemäß, mangelbehaftet oder überhaupt nicht abgesetzt, so werden damit dem Betrieb die für die Fortsetzung der Produktion erforderlichen Mittel entzogen. Er gerät in Zahlungsschwierigkeit, und mit wachsender „Verschuldung" bei der Bank kann diese durch Kreditbedingungen und Zinsauflagen bzw. über die zu fordernde Rechenschaftslegung als staatliches Kontrollorgan

---

[5] Vgl. GBl. I 1983 Nr. 36, S. 387.

[6] So wird durch die Verordnung (im folgenden: VO) vom 14. 4. 1983 über den Beitrag für gesellschaftliche Fonds (GBl. I Nr. 11, S. 105) vollständiger der volle Aufwand des gesellschaftlichen Arbeitsvermögens in die Preisbildung einbezogen; vgl. auch AO vom 17. 11. 1983 über die zentrale staatliche Kalkulationsrichtlinie zur Bildung von Industriepreisen (GBl. I Nr. 35, S. 341).

[7] Vgl. VO vom 14. 4. 1983 über die Produktionsfondsabgabe (GBl. I Nr 11, S. 106, § 3 [2]).

[8] Vgl. AO vom 14. 4. 1983 Nr. Pr. 475 über Kosten- und Preisobergrenzen (GBl. I Nr. 12, S. 131) i. d. F. der AO vom 5. 12. 1985 (GBl. I, Nr. 31, S. 383).

eine Analyse der Ursachen und die Auslösung der erforderlichen Maßnahmen in Gang setzen.[9]

— Es werden die *Kriterien der Leistungsbewertung* fixiert. Die bislang vorherrschende Dominanz der industriellen Warenproduktion ist beseitigt. In jedem Fall sind Nettoproduktion (hierin spiegeln sich alle Bemühungen um ein den Erfordernissen gerecht werdendes wissenschaftlich-technisches Niveau wider, auch der Saldo der gezahlten Sanktionen wirkt hier als Abzug) und Gewinn (über diesen spiegeln sich alle Kosten und Erlöseinflüsse!) Hauptkennziffern der Leistungsbewertung und wesentliche Kennziffern der Bildung des Prämienfonds.[10] Für den Leistungsfonds[11] ist dieser Mechanismus der Eigenwirtschaftlichkeit noch intensiver ausgeprägt.

Insgesamt zwingt dieses kurz skizzierte System der wirtschaftlichen Rechnungsführung zu einem „vernünftigen" ökonomischen Verhalten im Bereich der Wirtschaftstätigkeit, motiviert die Bereitschaft, sich selbst erforderliche Aufgaben zur Realisierung von wissenschaftlich-technischen Leistungen zu stellen und Aufgaben im komplexen Neuerungsprozeß planmäßig zu realisieren. Zwar wirkt das System der wirtschaftlichen Rechnungsführung z. Z. im wesentlichen jahresbezogen.[12] Doch ungeachtet des in der Regel darüber hinausreichenden Zeitraums vom Vorschuß für wissenschaftlich-technische Leistungen bis zum Rückfluß als Extragewinn sollten auch von da her bestimmte stimulierende Wirkungen auf die konsequentere Durchsetzung des wissenschaftlich-technischen Fortschritts ausgehen. Dafür sind folgende *Wirkungszusammenhänge* in Rechnung zu stellen:

— *erstens* der Ausbau der grundlegende und qualitative Entwicklungsziele bestimmenden Fünfjahresplanung sowie der häufig sogar noch über diesen Zeithorizont hinausreichenden Planung komplexer Neuerungsprozesse. Dies findet seine Fortsetzung in der Orientierung für den Plan Wissenschaft und Technik (vgl. dazu Abschn. 2.4.) als eine Art gleitender Zweijahresplanung;

— *zweitens* die Beschleunigung des wissenschaftlich-technischen Fortschritts. Sie spielt für jedes Kombinat die Rolle einer conditio sine qua non. Quantitative Wachstumsreserven sind aufgezehrt. Bestehen kann künftig nur, wer sich auf Erfordernisse des wissenschaftlich-technischen Fortschritts einstellt;

— *drittens* die Jahresrechenschaftslegung nach § 20 der Verordnung über die wirtschaftliche Rechnungsführung. Sie läßt endgültige Entscheidungen des wirtschaftsleitenden Organs zu, die unter Umständen auch die Übertragung einer quasi-Finanzschuld in die folgende Planperiode bedeuten und die Leitungskader zu einer über den Jahresabschnitt hinausreichenden Strategie nachdrücklich veranlassen können. In gleicher Rich-

---

9 Vgl. VO vom 23. 6. 1983 über die Jahresrechenschaftslegung in der volkseigenen Wirtschaft (GBl. I Nr. 19, S. 193, §§ 2 (2), 14, 19). i. d. F. d. VO vom 2. 5. 85 GBl. I Nr. 13, S. 163.

10 Vgl. VO vom 9. 9. 1982 über die Planung, Bildung und Verwendung des Prämienfonds für die volkseigenen Betriebe (GBl. I Nr. 34, S. 595).

11 Vgl. AO vom 14. 4. 1983 über die Planung, Bildung und Verwendung des Leistungsfonds der volkseigenen Betriebe (GBl. I Nr. 11, S. 121).

12 Die AO vom 23. 11. 1983 über die ökonomische Gesamtrechnung für Forschungs- und Entwicklungsaufgaben und die Jahresabschlußrechnung Wissenschaft und Technik (GBl. I Nr. 36, bezieht insoweit nicht bloß Effekte des Einführungsjahres, sondern auch des Folgejahres ein, und über die Wiedererwirtschaftungsdauer der verausgabten Mittel wird der Zeithorizont geweitet.

tung kann die Bank in Ausübung ihrer Kontrollrechte Maßnahmen für die Durchsetzung des wissenschaftlich-technischen Fortschritts auslösen.

Es sind also mit der Stärkung der wirtschaftlichen Rechnungsführung insgesamt zweifellos auch stimulierende Wirkungen für die prinzipielle Beschleunigung des wissenschaftlich-technischen Fortschritts und die zügige Realisierung der wissenschaftlich-technischen Leistungen in den Kombinaten verbunden. Das kann aber die Stimulierung des wissenschaftlich-technischen Fortschritts im speziellen keinesfalls überflüssig machen. Das hängt mit der allgemein unscharfen Stimulierungswirkung der wirtschaftlichen Rechnungsführung bezüglich des wissenschaftlich-technischen Fortschritts zusammen, ebenso mit dem für verschiedene Interessenträger eines aus konkreter wissenschaftlich-technischer Leistung resultierenden Beziehungszusammenhangs sehr unterschiedlichen Gewicht ihrer konkreten Teilaufgabe. So kann u. U. eine für einen Nachauftragsnehmer völlig untergeordnete Teilaufgabe für einen konkreten Neuerungsprozeß aber durchaus entscheidende Bedeutung haben. Deshalb bedarf es spezifischer und differenziert ansetzender stimulierender Regelungen des wissenschaftlich-technischen Fortschritts.

2.2.2. Risiko und Stimulierung bei wissenschaftlich-technischen Leistungen

Für die Wirtschaftstätigkeit generell ist eine bestimmte „Unschärfe" der Relation zwischen einem angestrebten Ergebnis oder Verhalten und dem Eintritt bestimmter materieller und/oder ideeller Anreize bzw. Vorteile in Rechnung zu stellen. Schon dadurch ist die Gestaltung stabiler, reproduzierbarer, in Entscheidungen planmäßig kalkulierbarer Zusammenhänge zwischen beiden erschwert. Für die wissenschaftlich-technische Leistung ergeben sich aber noch einige zusätzliche Aspekte aus dem ihr innewohnenden Risiko.[13]

Risiko ist allgemein die Unsicherheit, ob ein angestrebtes Ergebnis in der beabsichtigten Weise realisiert wird, und drückt bestimmte Schranken der menschlichen Erkenntnis bzw. der Beherrschbarkeit von Prozessen aus. Es besteht im einzelnen in der Unsicherheit

– über die Form und Struktur des angestrebten Ergebnisses und dessen ökonomische Verwertbarkeit;
– über den Zeitraum und die notwendigen Materialisierungsbedingungen der wissenschaftlich-technischen Leistungen;
– über den moralischen Verschleiß des wissenschaftlich-technischen Ergebnisses und daraus resultierende ökonomische Konsequenzen.

Im Prozeß der Erbringung wissenschaftlich-technischer Leistungen verändert sich dieses Risiko. Anfangs liegt es überwiegend beim Erarbeiter (hinsichtlich der Realisierbarkeit der Aufgabe), es verlagert sich auf den Anwender (hinsichtlich der ökonomischen Verwertbarkeit und der dabei gewollten Effekte). Das Risiko ist zugleich in den einzelnen Phasen der wissenschaftlich-technischen Leistung differenziert. Es ist zwar hinsichtlich des Erkenntnisprozesses in der Grundlagenforschung besonders hoch und nimmt in Richtung Produktion ab; das ökonomische Gewicht des Risikos (Aufwendungen für die wissenschaftlich-technische Leistung und Kosten eines erforderlichen Strukturwandels) gewinnt aber in dieser Richtung sprunghaft an Bedeutung.

---

[13] Vgl. auch: G. Grützner, Rechtliche Aspekte des Entwicklungsrisikos der Kombinate, in: Wirtschaftsrecht, 3/1983, S. 159ff.

Das Risiko ist bei wissenschaftlich-technischen Leistungen – und zwar ihrem schöpferischen Charakter proportional – signifikant höher als in jeder anderen Wirtschaftstätigkeit. Dieser Umstand muß von der rechtlichen Regelung der Stimulierung unbedingt beachtet werden. Hierbei kommt der rechtlichen Regelung vorrangig eine bewertende Rolle zu, gilt es doch, das *gesellschaftlich gerechtfertigte Risiko* zu bestimmen und von jeder anderen Verhaltensweise abzugrenzen und solcherart riskantes Verhalten nicht nur zu rechtfertigen, sondern ausdrücklich zu fordern und zu fördern. Das betrifft beide Stimulierungsebenen, und zwar sowohl die individuelle und kollektive Leistungsbewertung der Werktätigen als auch die Leistungsmessung der Wirtschafts- und Wissenschaftsorganisationen. Hier wäre eine Stimulierung nur in Abhängigkeit vom Ergebnis unter Umständen verhängnisvoll: Ein möglicher Fehlschlag – trotz verantwortungsbewußter Abwägung aller Faktoren mit dem Ziel, der sozialistischen Gesellschaft größtmöglichen Nutzen aus dem wissenschaftlich-technischen Fortschritt zu bringen – darf weder dem Forscher oder Leiter zur Unehre noch seiner Wirtschaftsorganisation oder Wirtschaftseinheit zum empfindlichen Nachteil in der wirtschaftlichen Rechnungsführung gereichen. Umgekehrt darf leichtfertiges Verhalten natürlich nicht belohnt werden.

Die Bestimmung der Qualität „gesellschaftlich (ökonomisch) gerechtfertigtes Risiko“ ist aber nur eine Seite der Problemstellung. Es gilt auch, die Beziehung zwischen Verhalten-Ergebnis-Stimuli zu quantifizieren, um sie von vornherein transparenter zu machen und nicht in eine mehr oder minder subjektive Bewertung am Ende des Leistungsprozesses zu verweisen. Das stößt aber auf Schwierigkeiten infolge solcher Besonderheiten wissenschaftlich-technischer Ergebnisse wie z. B. fehlender Vergleichsmöglichkeiten auf Grund der Originalität, mangelnder Kriterien zur Ermittlung des erforderlichen Durchschnittsaufwandes. Hierzu zählt auch, daß infolge der Unstofflichkeit, der multivalenten vielseitigen und gleichzeitigen Nutzung der Resultate unter Beachtung des moralischen Verschleißes der Prozeß der Wertübertragung auf die damit geschaffenen Produkte nur näherungsweise bestimmbar ist. Es besteht *keine zwangsläufige* Korrelation von Aufwand zur Hervorbringung eines wissenschaftlich-technischen Ergebnisses und seinem möglichen Nutzen aus der produktiven Verwertung.

Damit ist die Frage aufgeworfen, die in der Literatur durchaus diametral beantwortet wird,[14] ob wissenschaftlich-technische Leistungen und deren Resultate Warencharakter haben. Für die ersteren scheint das unbestritten Soweit zur Befriedigung gesellschaftlicher Bedürfnisse Arbeit als wissenschaftlich-technische Leistung aufgewendet wird, nimmt diese in Kooperationsbeziehungen Warencharakter an. Es wird ein Preis gebildet und bezahlt, ob aus Selbstkosten, speziellen Fonds oder dem Staatshaushalt, hat dabei nur sekundäre Bedeutung.[15] Komplizierter ist die Antwort hinsichtlich der wissenschaftlich-technischen Ergebnisse. Unbestritten nehmen nicht alle derartigen Resultate Warencharakter an. Handelt es sich um rein theoretische Ideen und Theorien, die zwar nützlich für den wissenschaftlichen Erkenntnisfortschritt sind und daher auch das Interesse entsprechender Wissenschaftler herausfordern, an denen aber (noch) kein allgemeines Bedürfnis nach unmittelbar produktiver Verwertung besteht, d. h., wenn diese Resultate (noch) nicht geeignet sind, den Wertbildungsprozeß in der Produktion zu beeinflussen, dann

[14] Vgl. W Linden, Wissenschaftlich-technisches Ergebnis – Information – Ware – Warenaustausch, in Wissenschaftliche Zeitschrift der Martin-Luther-Universität Halle, 1/1982, S. 71 ff.

[15] Vgl. §§ 2, 9ff., 13ff. AO vom 23. 11 1983 über die Anwendung der wirtschaftlichen Rechnungsführung in Forschung und Entwicklung (GBl. I Nr. 36, S. 387).

wird übereinstimmend der Warencharakter verneint. In der DDR zunehmend bejaht wird er dann, wenn solche Resultate sich als Ergebnis produktiver Arbeit erweisen und geeignet sind, durch ihre Anwendung den Wertbildungsprozeß der damit hergestellten Leistungen, Güter etc. positiv zu beeinflussen.

Dieser theoretischen Position folgt aber die gegenwärtige Gesetzgebung nur zum Teil: In der Erstnutzung wird für solche Resultate ein Preis nach den Prinzipien der Preisbildung wissenschaftlich-technischer Leistungen (Kostensatz + normativer Gewinn, ggf. Extragewinn)[16] gebildet. Bei der Nachnutzung haben solche Resultate offenbar keinen Wert (das heißt, Warencharakter und Preis werden nicht anerkannt), wenn sie ohne weitere zusätzliche Offenbarung von Kenntnissen, Übertragung von speziellem know-how oder ohne besondere Applikationshilfe von jedermann erfolgreich anwendbar sind. Ihre Aneignung erfolgt dann unentgeltlich, d. h. ohne Zahlung eines Entgelts an den Ursprungsbetrieb. Es entstehen lediglich Vergütungsansprüche des Urhebers, soweit das Resultat eine vergütungspflichtige Neuererleistung oder eine rechtlich geschützte Neuerung darstellt.[17] Dieses Konzept ist praktisch unbefriedigend, aber auch der zugrunde liegende theoretische Ansatz bedarf kritischer Beleuchtung.

Eine Ware wird nach der Marxschen Arbeitswertlehre dadurch charakterisiert, daß sie für den Markt, zur Befriedigung eines gesellschaftlichen Bedürfnisses produziert wird und für den Käufer einen spezifischen Gebrauchswert bezüglich der Produktion oder Konsumtion hat. Es findet beim Verkauf ein Handwechsel gegen Geld statt. Hier aber ist der springende Punkt bezüglich der immateriellen wissenschaftlich-technischen Resultate! Da sie multivalent mehrfach und gleichzeitig benutzbar sind, kann *nicht* das wissenschaftlich-technische Ergebnis selbst die Ware sein, denn hier findet kein Handwechsel statt. Sowohl der Ursprungsbetrieb als auch der Erwerber (u. U. mehrere) können den spezifischen Gebrauchswert nutzen. Als Ware wäre folglich lediglich das *Recht zur Benutzung des wissenschaftlich-technischen Ergebnisses* anzuerkennen. Dies kann zirkulieren, es kann ganz oder (was der Regelfall ist) partiell auf den Erwerber übertragen werden. Das wissenschaftlich-technische Ergebnis selbst dagegen ist unbeschadet seiner spezifischen gesellschaftlichen Nützlichkeit keine Ware, noch hat es einen Wert. Es ist vielmehr eine „Gratisgabe der belebten Natur“, ein Extra des schöpferischen tätigen Menschen. Seine Eigenschaft, durch *Anwendung* den betreffenden Wertbildungsprozeß eines konkret hergestellten Erzeugnisses (oder Leistung) zu verwohlfeilen, ruft das Bedürfnis nach Planmäßigkeit kontrollierter und ökonomisch stimulierter Nutzungsmöglichkeit hervor. Die dazu geeignete rechtliche Vermittlungsform wäre das *Recht zur Benutzung*, das auf Grund der herrschenden Warenproduktion zur zirkulationsfähigen Ware wird. Auf Konsequenzen aus diesem von uns vorgeschlagenen Denkansatz, der auch aus dem Dilemma des „Handwechsels“ bei wissenschaftlich-technischen Ergebnissen herausführt, werden wir im Zusammenhang mit den Fragen der Preisbildung und Nachnutzung zurückzukommen haben.

Bei der Planung wissenschaftlich-technischer Leistungen kann nicht ohne weiteres die für Leistungen der materiellen Produktion bewährte Planmethodik Anwendung finden. Diese auf den ersten Blick sehr einleuchtende These ist aber in praxi nur unvollkommen realisiert. Es wird versucht, den Plan Wissenschaft und Technik wie alle anderen Plan-

---

[16] Vgl. ebenda, §§ 21 ff., gem. § 23 umfaßt der normative Gewinn aber *nur* Prämien- und Risikofondsspeisung, damit ist wissenschaftlich-technische Arbeit *relativ schlechter* dotiert als andere Arbeit.

[17] Vgl. ebenda, §§ 26 ff.

teile in gleicher Art und Weise eindeutig zu quantifizieren. Nötige Änderungen sind durch die Regelung prinzipiell nicht leichter erreichbar als anderswo, es sei denn durch Manipulationen. Die Tatsache, daß die Bilanziertheit der aus dem Plan Wissenschaft und Technik entspringenden Resultate noch nicht perfekt beherrscht wird bzw. die einzelnen Planteile weder vollständig aggregiert noch miteinander abgestimmt werden, und die noch lückenhafte Rolle des Fünfjahrplanes als Hauptinstrument ermöglichen gewisse Wege, das Risikoproblem — wenn auch teilweise spontan — zu berücksichtigen. Jedenfalls hatte sich das Wirtschaftsrecht bislang der Risikoproblematik in Wissenschaft und Technik weitgehend verschlossen. Nunmehr wird — außer der bisherigen Berücksichtigung bei der Verantwortlichkeitsregelung (1. DVO/VG) — ausdrücklich die Bildung eines Risikofonds in Forschungseinrichtungen vorgesehen.[18]

Demnach bleibt es eine noch zu lösende Aufgabe, die Risikoproblematik in der rechtlichen Regelung möglichst komplex zu erfassen. *Lösungen* bieten sich in folgender Richtung an:

a) Durch funktional synchrone Verknüpfung verschiedener Rechtsverhältnisse sind sowohl die Wirtschaftseinheiten und Wissenschaftsorganisationen als auch Leiter, Werktätige und Neuerer an der *bewußten Übernahme des Risikos zu interessieren.* Dafür könnten generelle, auffordernde Aufgabenstellungen im Recht durchaus bedeutsam sein. Hier kann z. B. auf die erstmalig erfolgte Regelung in § 3 der Anordnung über die Anwendung der wirtschaftlichen Rechnungsführung in Forschung und Entwicklung vom 23. 11. 1983 verwiesen werden. Dort wird von den Subjekten explizite ein risikobereites und -freudiges Verhalten gefordert und eine Orientierung für die Wahrnehmung von subjektiven Rechten und den Inhalt pflichtgemäßen Verhaltens gegeben. Derartige Anforderungen dürfen aber nicht nur auf das Wirtschaftsrecht beschränkt bleiben. Das muß auch im Arbeitsrecht in der ausdrücklichen Arbeitsanforderung und der Verpflichtung seinen Niederschlag finden, Risiken aufzudecken und zu quantifizieren. Das wird unterstützt, wenn sich vor allem die Leiter mit dem eingegangenen Risiko identifizieren, es ständig überwachen und an einer Zurückdrängung bzw. Eindämmung seiner Wirkungen gearbeitet wird. Wesentlichen Einfluß darauf hat auch die Schaffung einer demokratischen Arbeitsatmosphäre, die freilich nicht in erster Linie durch rechtliche Vorschriften regelbar, sondern eher das Ergebnis eines entsprechenden Arbeitsstils ist. Arbeitsrechtlich bedeutsam ist aber z. B. auch, welchen Einfluß Leiter wie Mitarbeiter auf die Bildung und Struktur von Arbeitskollektiven[19] ausüben können.

Nicht unbeachtlich scheinen Erfahrungen, daß es außerordentlich leistungsförderlich sein kann, wenn es auf den Platz in einem solchen Arbeitskollektiv (bzw. Wissenschaftsorganisation) keine „ererbte“ Anwartschaft gibt, sondern dieser Anspruch immer aufs neue durch Leistungen erarbeitet sein will. Das erfordert für schöpferisch Tätige künftig Überlegungen, ein erfaßbares Maß *an Kreativität* zum Bestandteil ihrer Arbeitsaufgabe zu machen und sowohl Arbeitsaufgabe als auch Eingruppierung durchaus zeitvariabler auszugestalten. Freilich kann hier das Arbeitsrecht lediglich Rahmen setzen und unnötige Schranken vermeiden, entscheidend ist das tatsächlich erreichte moralische

---

[18] Vgl. § 34 der AO vom 23. 11. 1983 über die Anwendung der wirtschaftlichen Rechnungsführung in Forschung und Entwicklung (GBl. I Nr. 36, S. 387).

[19] Vgl. Zakon SSSR o trudovych kollektivach i povyšenii ich roli upravlenii predprijatijami, učreždenijami, in: Investija (Moskau) vom 19. 6. 1973, S. 12.

Klima.[20] Verwiesen sei hier auf solche Wissenschaftseinrichtungen (z. B. Zentralinstitut für Schweißtechnik, Institut Manfred von Ardenne), wo jemand freiwillig weicht, wenn er sich fehl am Platze fühlt, weil ihm seine Umgebung mangelnde Kreativität und Risikobereitschaft zu erkennen gibt.

b) Ferner gilt es, durch die Planung in Form der Gestaltung und Realisierung von Planungs- und Plankoordinierungsrechtsverhältnissen das *Risiko beim Treffen von Entscheidungen* möglichst umfassend aufzudecken, zu *quantifizieren* und im Realisierungsprozeß der wissenschaftlich-technischen Leistungen möglichst rasch abzubauen. Das Risiko hängt wesentlich mit dem bei Entscheidungsfindung bestehenden Informationsdefizit zusammen. Das ist zwar einerseits eine Frage wissenschaftlicher Qualifikation der Entscheidungen, aber andererseits kann die planungsrechtliche Regelung diese Forderung mehr oder minder unterstützen. So sollte präziser und kontrollfähiger geregelt werden, wie eine umfassende Literatur- und Patentrecherche, ausreichende Marktanalyse, zutreffender Weltstandsvergleich und konzeptionelle Vorbereitung bereits bei der Entscheidungsfindung nachzuweisen sind.[21] Hier scheint u. E. die geltende Planungsregelung nicht ganz schlüssig zu sein. Von Staatsaufträgen und solchen wichtigen Staatsplanthemen, denen Studien vorweggingen, abgesehen, wird eine Aufgabe aus Erfordernissen der Wirtschaftspolitik und anderen Planentscheidungen als Thema abgeleitet und in den Plan Wissenschaft und Technik bereits eingeordnet, ehe die Eröffnungsverteidigung und Bestätigung des Pflichtenheftes erfolgte. Letzteres ist gemäß Nomenklaturanordnung vom 28. 5. 1975 Leistungsumfang der jeweiligen ersten Arbeitsstufe.[22] Wenn aber tatsächlich alle Anforderungen der neuen Pflichtenheftverordnung[23] erfüllt werden sollen, dann ist dazu ein Leistungsumfang erforderlich, der bei weitem über die Arbeitsstufe 1 der Nomenklaturanordnung hinausreicht. Hier wäre eine Weiterentwicklung der Arbeitsstufennomenklatur unbedingt wünschenswert.

Diese volkswirtschaftlich nur in Grundorientierungen mögliche normative Regelung muß durch kombinatsinterne Ordnungen spezifisch für ganz konkrete wissenschaftlich-technische Leistungen fortgesetzt werden, um Themenkollektive zur bewußten Aufdeckung möglicher Risiken zu veranlassen. Die gegenwärtig vorherrschende Praxis der Verteidigungen ist genau umgekehrt. Da Risiko weder gefordert noch beachtet wird und die evtl. erforderliche Rechtfertigung[24] mit unangenehmen Konsequenzen verbunden ist, sind zwei Tendenzen zu beobachten: *Zum einen* werden im Interesse baldiger Planbestätigung, wobei man auf evtl. größere Chancen bei den Materialisierungsbedingungen hofft, neuralgische Stellen und Risikofaktoren bewußt möglichst „unter den Tisch gekehrt", statt sie bewußt auszuweisen oder gar den Versuch einer Quantifizierung zu unternehmen. *Zum anderen* werden Ziele möglichst vage formuliert, um in diesem Rahmen Risiken abfangen zu können, auftretende Störungen werden möglichst lange verschwiegen und viel Zeit für

---

[20] Vgl. S. Schiller, Zur Einführung neuer Wirkprinzipien in die Produktion, in Einheit, 8/1983, S. 733ff

[21] Vgl. G. Grützner, Rechtliche Aspekte des Entwicklungsrisikos der Kombinate, in Wirtschaftsrecht, 3/1983.

[22] Vgl. GBl. I 1975 Nr. 23, S. 426.

[23] Vgl. GBl. I 1982 Nr 1, S. 1

[24] Da man „hinterher immer schlauer" ist, muß gesichert werden, daß an die Bewertung des Handelnden nicht solche Erkenntnisse angelegt werden, die erst am Ende des Realisierungsprozesses verfügbar wurden.

das Fabrizieren von Beweisen verwendet, um anderen den „Schwarzen Peter“ zuzuschieben.

Nötig wäre dagegen, im Pflichtenheft ausdrücklich sichtbar zu machen:

- welche Informationsdefizite bestehen;
- welche ungelösten Probleme oder neuralgischen Stellen im Prozeßablauf der wissenschaftlich-technischen Leistungen existieren;
- wie die qualitativen Risikofaktoren und deren quantitative Auswirkungen bzw. Möglichkeiten der Kompensation einzuschätzen sind und welche Alternativen sich daraus für Plan- und Leitungsentscheidungen ergeben.

Damit taucht die Frage auf, wie die Einhaltung diesbezüglicher Aufforderungen, z. B. aus der Pflichtenheftverordnung, zu gewährleisten ist, zumal die Analyse der Rechtsverwirklichung häufig Verstöße gegen solche — in ihrer stimulierenden Wirkung an sich richtig konzipierte — Rechtsnormen sichtbar macht.

Eine, wenn auch nur partiell wirksame Form wäre der Ausbau staatlicher Rechtskontrollen, z. B. durch die Bank im Zusammenhang mit der Finanzierung der Arbeitsstufen auf Grund des Pflichtenheftes oder durch das für die Bestätigung zuständige Organ, z. B. den Leiter des wirtschaftsleitenden Organs. Doch kann dadurch nur punktuell Pflichtverletzungen begegnet werden. Eine totale staatliche Rechtskontrolle ist ausgeschlossen. Sehr wichtig ist die skizzierte generelle, wenn auch indirekte Wirkung der wirtschaftlichen Rechnungsführung für in Frage stehende wissenschaftlich-technische Leistungen. Aber auch sie kann unter Umständen wegen einander kompensierender Wirkungen oder insgesamt nicht ausreichender Anreize versagen. Hier bieten sich Koordinierungsrechtsverhältnisse an,[25] die in der Regel an vorhandene unterschiedliche Teilinteressen verschiedener Glieder des Wirtschaftsmechanismus anknüpfen.

Eine weitere Form ist die Mitwirkung an der *Verteidigung* von Pflichtenheften bzw. von Zwischen- und Endergebnissen der wissenschaftlich-technischen Leistungen. Durch geeignete Zusammensetzung des Verteidigungsgremiums kann größtmögliche Sachkunde und die Aufdeckung etwaiger Widersprüche und Risiken forciert werden. Bestätigt in einem solchen Fall der zuständige Leiter das Pflichtenheft, dann erfolgt insoweit auch seine Identifikation mit dem ausgewiesenen Risiko. Es bedarf dann später nicht der Rechtfertigung im Falle eines eventuellen Mißerfolgs.

c) Das tatsächlich ausgewiesene Risiko muß auch in der *planungsrechtlichen* Regelung[26] Berücksichtigung finden. Dies ist auf verschiedenen Wegen zu erreichen, und zwar durch:

— die Vergrößerung der „kritischen Masse“ wissenschaftlich-technischen Potentials, um flexibel reagieren zu können. Hier schafft die Konzentration des FE-Potentials in Kombinaten bereits größere Möglichkeiten, als sie etwa eine dezentrale FE-Stelle in einem Betrieb ausschöpfen kann. Häufig wird gerade der Stammbetrieb des Kombinats über ein

---

[25] Als Koordinierungsrechtsverhältnisse sehen wir solche an, in denen nicht unterstellte Subjekte von ihnen selbst wahrzunehmende Aktivitäten hinsichtlich ihrer korrespondierenden Voraussetzungen oder Folgen so abstimmen, daß optimale gesamtgesellschaftliche Planmäßigkeit gewährleistet wird. — Vgl. näher: L. Brühl/B. Schneemann, Zur rechtlichen Regelung der Koordinierung in der Wirtschaftsleitung, in: Wissenschaftliche Zeitschrift der Hochschule für Ökonomie „Bruno Leuschner“ Berlin, 4/1982, S. 20ff.

[26] Vgl. AO vom 23. 11. 1983 über die Anwendung der wirtschaftlichen Rechnungsführung in Forschung und Entwicklung (GBl. I Nr. 36, S. 387).

solches leistungsfähiges Potential verfügen.[27] Auch im Rahmen vertraglicher Gemeinschaftseinrichtungen (z. B. Forschungsgemeinschaften, Nutzer- und Anwendergemeinschaften, Akademie-Industrie-Komplexe) kann eine Beweglichkeit ermöglichende Potentialgröße erreicht werden;

— die tatsächliche Einräumung eines gewissen Bewegungsspielraumes für die Wirtschaftseinheiten und Wissenschaftsorganisationen durch die Gewährleistung kurzer Liefer- und Versorgungsfristen;

— die Schaffung von Manövrierreserven[28] erforderlicher Bauelemente, themenbezogener Grundmittel, Labormaterial (etc.) bzw. Musterbau- und Reparaturkapazitäten im Rahmen territorialer Rationalisierungs- bzw. Forschungsgemeinschaften und die Bereitstellung bestimmter Valuta für Versuchsmaterial (in operativer Verfügung der Organisationen). Hier entscheiden allerdings die ökonomischen Möglichkeiten über den tatsächlichen Grad der Flexibilität;

— die Planziele und ihre Einordnung in korrespondierende Planteile und Bilanzen, die das Risiko durch Toleranzen (optimistische, wahrscheinliche und pessimistische Angaben) berücksichtigen müssen. Ein solches Vorgehen ist bislang in der materiellen Planung weitgehend unüblich. Es muß mit Rangfolgen der Verfügung und anderen Verhaltensvarianten bei Eintritt des Risikofalles verbunden werden. Sicher wäre es verfehlt, primär mit der pessimistischen Variante zu rechnen. Tritt sie aber auf, muß klar sein, welche Aufgabe ggf. — soweit nicht zusätzliche Reserven erschlossen werden können — verschoben oder abgebrochen wird bzw. welchem Thema frei werdende Ressourcen vorrangig oder neu zugute kommen. Das bedeutet also eine *Variantenplanung*, die freilich gelegentlich schon diskutiert, aber bislang kaum praktiziert wurde.

Voraussetzung dafür ist, daß die Wissenschafts- bzw. Wirtschaftseinheit auch tatsächlich Raum für Eigendispositionen behält. Wird faktisch das gesamte Potential mit zentral vorgegebenen detaillierten Aufgaben ausgelastet, ist kein Spielraum für Umverteilungen der Kräfte. Bezüglich der erforderlichen Aufstockung finanzieller Mittel für den Fonds Wissenschaft und Technik hat das Kombinat ausreichende Dispositionsmöglichkeit, soweit die Gesamtmittel ausreichen bzw. die planmäßige Nettogewinnabführung und der Kostensatz eingehalten bleiben. Im übrigen kann zusätzlicher Mittelbedarf für eine beschleunigte Überleitung oder Reaktion auf Risiken durch Kredite zum Vorzugszinssatz bis 1,8 % gedeckt werden.[29] Hier besteht in der Regel allerdings das Problem, ob die Mittel auch tatsächlich materialisiert werden können.

Wichtig ist besonders, daß die Risikomöglichkeiten in Planung *und* Kooperation übereinstimmen. Fehlt es in der Planung an Spielraum, darf es nicht verwundern, daß an sich der Disposition freigestellte Partnervereinbarungen nicht genutzt oder nicht wirksam werden.

Das im Pflichtenheft ausgewiesene Risiko muß im ganzen Planungsprozeß überwacht werden, daraus können sich ggf. Präzisierungen der ursprünglichen Aufgabenstellung ergeben. Die rechtliche Regelung ermöglicht, daß derartige Entscheidungen im Rahmen von

[27] Allerdings sind hier mögliche Interessenwidersprüche zwischen Gesamtkombinat und Kombinatsbetrieben in Rechnung zu stellen.

[28] Vgl. auch: W. Abalkin, Die volkswirtschaftlichen Endergebnisse, Berlin 1980.

[29] Vgl. §§ 7, 10, 12 der AO vom 23. 11. 1983 über die Anwendung der wirtschaftlichen Rechnungsführung in Forschung und Entwicklung (GBl. I Nr. 36, S. 387f.), ferner § 6 Abs. 3a und b der Kredit-VO vom 28. 1. 1982 (GBl. Nr. 6, S. 126).

Zwischenverteidigungen getroffen und nötige Änderungen früherer Abstimmungen erneut abgestimmt werden.[30] Neuerlich tritt uns hier die Forderung nach Ausbau der Koordinierung im Sinne abgestimmter Planänderung in der Koordinierungskette und Herstellung der Übereinstimmung von materieller und finanzieller Planung entgegen, zu dessen Bewältigung das Entscheidungsverlangen eine wesentliche Rolle spielen muß.

d) Eine rechtliche Stimulierung ist zu erwarten, wenn das *Risiko* und – als Pendant dazu – der *Nutzen aus wissenschaftlich-technischen Leistungen* zwischen den kooperativ Beteiligten *geteilt werden kann.* Dadurch können das Auseinanderfallen von Ursache und Wirkung in gewisser Weise kompensiert und richtige Wirkungen in die wirtschaftliche Rechnungsführung der Partner vermittelt werden. Durch § 5 der Ersten Durchführungsverordnung/Vertragsgesetz sind über Koordinierungsverträge Möglichkeiten einer solchen Risikobeteiligung zur Disposition gestellt. So können für Spitzenleistungen, für Rationalisierungsmittel, Industrieroboter und im Zusammenhang mit Intensivierungsmaßnahmen jetzt als gesetzliche Vereinbarungspreise in breitem Umfang Nutzensteilungen vereinbart werden.[31] Bislang scheiterte die Nutzung dieses Dispositionsrahmens an der starren Finanzplanung, so daß hier Anpassungsvorschriften erforderlich werden. Zur Zeit können Aufwandsbeteiligungen nur faktisch wie Kosten schlechter Leitungstätigkeit ausgewiesen werden. Hier sind u. E. folgende weitreichende Anforderungen an die künftige Ausgestaltung des Wirtschaftsmechanismus gestellt:

Das Auseinanderfallen von Aufwand und Nutzen bei verschiedenen an der wissenschaftlich-technischen Leistung beteiligten Subjekten sollte bereits bei der Vorbereitung und Erteilung entsprechender, die Einheit materieller und finanzieller Beziehungen sichernder Planentscheidungen beachtet werden. Da z. B. der Fonds Wissenschaft und Technik erwirtschaftet werden muß, ist die Wirtschaftseinheit an kurzer Wiedererwirtschaftungsdauer der Mittel durch eigene hohe Nettoproduktion interessiert. Muß ein Auftragnehmer wissenschaftlich-technische Leistungen mit geringem oder negativem Einfluß auf seine Nettoproduktion und Effektivität erbringen, dann sollte das in der Erteilung diesbezüglich differenzierter Planentscheidungen Beachtung finden und/oder den Finalproduzenten zu einer Beteiligung am Nutzen verpflichten (letzteres ist ggw. sehr zweifelhaft!). Die Finanzierung der wissenschaftlich-technischen Leistung lediglich durch den Auftraggeber oder aus dem Staatshaushalt verkennt die Beziehungen zum materiellen Potential.

– Der aus erfolgreich realisierten wissenschaftlich-technischen Leistungen resultierende „Extragewinn" soll dem Anwender für einen längeren, über den Jahresplan hinausreichenden Zeitraum zur Verfügung stehen. Dem entspricht § 12 der Anordnung über die zentrale staatliche Kalkulationsrichtlinie zur Bildung von Industriepreisen. Unbefriedigend ist jedoch bisher die Lösung für den Ursprungsbetrieb des wissenschaftlich-technischen Ergebnisses. Er erhält relativ losgelöst vom Wertübertragungsprozeß nur für Spitzenleistungen und bestimmte Überbietungen einen *einmaligen* „Extra-

---

[30] Eine partielle Weiterentwicklung bringt Ziff 8 Teil I der AO Nr 4 vom 31. 3. 1983 über die Ergänzung der Ordnung der Planung der Volkswirtschaft der DDR 1981–1985 (GBl.-Sdr 1122), die bei Veränderung gegenüber Koordinierungsergebnissen die sofortige neuerliche Koordinierung fordert, vgl. auch: § 6 der Ersten Durchführungsbestimmung (im folgenden 1. DB) vom 23. 11. 1983 zur Pflichtenheft-VO (GBl. I Nr. 36, S. 381).

[31] Vgl. §§ 21, 26 der AO vom 17. 2. 1983 über die zentrale staatliche Kalkulationsrichtlinie zur Bildung von Industriepreisen (GBl. I Nr. 35, S. 341).

gewinn", der aber u. U. — bei ansonsten planmäßiger Arbeit und nach Ausschöpfung zusätzlicher Prämienfonds- und Leistungsfonds-Speisung — lediglich zu zusätzlichen Gewinnabführungen führt. Die Speisung des Risikofonds erfolgt dagegen unabhängig von einem etwaigen Extragewinn.

Nötig ist also die Gestaltung einer flexiblen Preisbildung,[32] die sowohl Produzent wie Nutzer von Erzeugnissen, die auf neuen wissenschaftlich-technischen Ergebnissen basieren, an der Beschleunigung des wissenschaftlich-technischen Fortschritts interessieren. Das Modell der Produktionseinstellungsverordnung mit seinem aufwendigen Koordinierungsmechanismus stößt auf Widerstand, wenn die Bedarfsträger negative Folgen hinsichtlich ihrer ökonomischen Interessen befürchten müssen. Daher wären Möglichkeiten einer operativen Einstellung durch den Lieferer (evtl. bei bloßer Abstimmung mit dem Bedarfsträger?) vorzusehen, die den Produzenten, der aus der Sortimentsbereinigung in aller Regel Nutzen zieht, verpflichten, sich an den Umstellungs- und Anpassungskosten des Abnehmers zu beteiligen. So könnte dessen Anpassungsbereitschaft zur Anwendung der Resultate der wissenschaftlich-technischen Leistungen erhöht werden. Aber ebenso nötig ist es, neue Kriterien herauszuarbeiten, die auch eine Einstellung völlig zu Lasten des Abnehmers vorsehen, um dessen Interesse nach fortgesetzter Nutzung total moralisch verschlissener Erzeugnisse entgegenzuwirken.

e) Die *Stimulierung* muß *unter Beachtung* des eingegangenen *Risikos*, der *Angespanntheit der* zu lösenden *wissenschaftlich-technischen Leistungen* und in *Abhängigkeit vom gesellschaftlichen Nutzen* gewählt werden, denn Risiko und Stimulierung bedingen sich wechselseitig. Es ist die Aufgabe zu lösen, Wirtschaftseinheiten nach dem Grad der „Angespanntheit" ihrer Pläne[33] und dem Beitrag zur volkswirtschaftlichen Effektivität, das Themenkollektiv und die Neuerer und Erfinder abhängig vom schöpferischen Risiko der wissenschaftlich-technischen Leistungen und dem erreichten Nutzen zu stimulieren.

Diese Aufgabe kann nur schrittweise gelöst werden, da eine sichere Normativbasis für die Leistungseinschätzung der Wirtschaftseinheiten teilweise fehlt. Für die Beurteilung der Themenkollektive und Neuerer können ohnehin nur Näherungslösungen versucht werden. Dafür bieten sich Möglichkeiten der Verknüpfung von leistungsabhängigen Lohn- und Prämienteilen mit der Effektivität der wissenschaftlich-technischen Leistungen in folgender Weise an:

— Durch eine qualifizierte Verteidigung der Aufgabenstellung, ggf. unter Hinzuziehung an der Aufdeckung etwaiger Reserven interessierter Gutachter, ist nachzuweisen, daß keine Reserven „übersehen" wurden und die „Latte nicht zu niedrig" aufgelegt ist.

— Während des Realisierungsprozesses der wissenschaftlich-technischen Leistungen erkennbare Überbietungen sind planwirksam zu machen. Bei den Zwischenverteidigungen sind sogleich auch entsprechende Festlegungen zur Erhöhung der Stimulierung zu treffen.[34] Andernfalls werden verschleierte Überbietungen nicht anerkannt.

— Auf jeden Fall wird bei einem eingegangenen Risiko ein wirksamer Teil der Prämie unabhängig vom positiven Ausgang und eintretenden Nutzen gewährt.

Dieser Regelungsvorschlag findet z. Z. teilweise eine Stütze im Gesetz. Als Quellen der Stimulierung kommen Lohn-, Prämien- und Verfügungsfonds in Frage. Gegenwärtig ist

---

[32] Vgl. ebenda, Abschnitt V, A—C.

[33] Vgl. A. F. Nozdračev, Pravo i stimulij naprjažennych planov, in. sovetskoe gosudarstvo i pravo, 2/1983, S. 21ff.

[34] Vgl. §§ 6, 7 der 1. DB vom 23. 11. 1983 zur Pflichtenheft-VO (GBl. I Nr. 36, S. 381).

der Risikofonds nur zur Kompensation von Mehraufwendungen vorgesehen; zu überlegen wäre jedoch, ihn teilweise auch zur Speisung von Prämien bei der Lösung riskanter Aufgaben heranzuziehen.

2.2.3. *Stimulierung durch spezifische Finanzierung und Preisbildung*

Die Besonderheiten des Warencharakters von wissenschaftlich-technischen Leistungen und wissenschaftlich-technischen Ergebnissen bedingen eine spezifische Ausgestaltung der wirtschaftlichen Rechnungsführung, die in der Finanzierung und Preisbildung besonders dominant zutage treten.[35] Auch hier gilt, daß die rechtliche Regelung eigentlich nicht originäre Fixierung bestimmter gesellschaftlicher Wertvorstellungen ist, sondern vor allem der *Vermittlung* der aus der Wert-Gebrauchswert-Relation resultierenden Proportionen dient. Werden diese nicht richtig erkannt und widergespiegelt, setzten sie sich eben spontan, allerdings oft verzerrt, durch. Umgekehrt kann durch die rechtliche Vermittlung dieser an sich rein ökonomischen Inhalte im Interesse übergreifender, auch außerökonomischer Werte eine gewisse Modifizierung erreicht und der Rahmen für die Einordnung unterschiedlicher Interessen geschaffen werden. Andererseits kann auch eine prinzipiell richtige Gestaltung dieser Beziehungen den Einsatz operativer Einzelentscheidungen bzw. gebrauchswertbezogener Einzelentscheidungen nicht ersetzen, weil:

— wissenschaftlich-technische Leistungen nicht das einzige — wenn auch ein unter Umständen sehr wichtiges — Stimulierungsziel der sozialistischen Wirtschaftstätigkeit darstellen;

— Aufwand und Nutzen aus wissenschaftlich-technischen Leistungen bei verschiedenen Subjekten auftreten und ggf. eine zusätzliche gezielte Interessenkoordinierung notwendig wird;

— die stimulierende Wirkung einzelner Elemente der wirtschaftlichen Rechnungsführung immer in einem auf die konkrete Wirtschaftseinheit einwirkenden Systemzusammenhang eintritt und so von Kostenstruktur, Sortiment u. ä. abhängig ist.

Vom Standpunkt der politischen Ökonomie zählen die Kostenvorschüsse für wissenschaftlich-technische Leistungen zu den *einmaligen Aufwendungen* der Produktion, deren Wert sukzessiv auf die Produkte übertragen wird, in die solche Leistungen eingehen. Infolge der nur stochastischen Ermittlung der Wertbildung und -übertragung kommen daher zwei Finanzierungsquellen in Betracht: Selbstkosten der laufenden Produktion, aus denen die Fonds Wissenschaft und Technik gebildet werden, und zentralisiertes Reineinkommen als Finanzierung aus dem Staatshaushalt. Letzteres wird vor allem zur Finanzierung von Forschungen mit *volkswirtschaftlicher* Breitenwirkung bzw. bei besonderem Risiko in Anspruch genommen, die die Finanzkraft des Kombinats übersteigen würden.[36]

Die Bildung des Fonds Wissenschaft und Technik erfolgt in absoluter Höhe mit dem Fünfjahrplan und jährlich präzisiert, ausgehend von dem durch die planmäßig vorgesehenen wissenschaftlich-technischen Leistungen erforderlichen Mittelbedarf unter Abzug evtl. Haushalts- und Refinanzierung (die ca. 15—20% beträgt).[37] Berücksichtigt werden

---

[35] Vgl. AO vom 23. 11. 1983 über die Anwendung der wirtschaftlichen Rechnungsführung in Forschung und Entwicklung (GBl. I Nr. 36, S. 387).

[36] Vgl. ebenda, § 13.

[37] Vgl. R. Möbius, Das rechtliche Regime der finanziellen Fonds der Kombinate, Diss. A, Berlin 1983, S. 165, Anm. 3.

die Größe der vorgegebenen Entwicklung des wissenschaftlich-technischen Potentials und die in der Preisbildung[38] zugrunde gelegte Rate der Forschungskosten. Die Bildung des Fonds erfolgt zu Lasten der tatsächlich realisierten industriellen Warenproduktion. Darüber hinausgehender oder zeitweilig auftretender zusätzlicher Mittelbedarf kann durch Kreditierung überbrückt werden. Dennoch erscheint das gegenwärtige System unter dem Gesichtspunkt der Stimulierung aus folgenden Gründen nicht unproblematisch:

— Die Bildung des Fonds erfolgt zu Lasten der laufenden Produktion, die unter Umständen schon moralisch besonders stark verschlissen ist und damit nicht den Mittelbedarf auf Grund erforderlichen Strukturwandels garantiert. Allerdings ist das nicht sonderlich schwerwiegend, da auch über die Rate der kalkulierten Kosten für Forschung und Entwicklung hinaus Mittel gebildet werden können.[39]

— Eine nicht planmäßige Realisierung der Warenproduktion gefährdet die Bildung des Fonds und entzieht diesem zusätzliche Mittel durch Zinsen für Überbrückungskredite.

— Es wird, falls nicht die Sorge um künftige Absatzfähigkeit der Produktion nachdrücklich wirkt, eine möglichst nicht volle Ausschöpfung des Bildungsnormativs für den Fonds Wissenschaft und Technik durch eine faktische Erhöhung des Nettogewinns stimuliert.

— Einsparung an Mitteln des Fonds durch effektive Arbeit bzw. außerplanmäßig hohe Refinanzierung infolge umfangreicher Nachnutzung belohnen die Wirtschaftseinheit nicht, sondern führen lediglich zu höheren speziellen Abführungen an den Staatshaushalt.[40] In der Akademie- und Hochschulforschung besteht daher z. B. nur geringes Interesse an einer solchen Refinanzierung.[41]

Die *Finanzierung* folgt grundsätzlich dem Auftragsprinzip: Die Anwender der Ergebnisse bzw. der Auftraggeber finanzieren die wissenschaftlich-technischen Leistungen aus ihren Fonds Wissenschaft und Technik bzw. den bereitgestellten Staatshaushaltsmitteln; bei Kooperationsleistungen muß der Auftragnehmer bis zur Abnahme eine Vorfinanzierung aus Umlaufmitteln vornehmen. Innerhalb der Kombinate entscheiden die Generaldirektoren, ob es neben dem Fonds Wissenschaft und Technik des Kombinats auch solche in Kombinatsbetrieben gibt und welche Umverteilungen ggf. mit dem Plan festgelegt werden; auch die Industrieministerien sind zu Zentralisierungen in ihrem Fonds Wissenschaft und Technik berechtigt.[42]

Gegenüber der früheren globalen Finanzierung, die eine gezielte Kontrolle erschwerte und letztlich den Mittelverbrauch als einzigen Beurteilungsmaßstab des Fortschritts wissenschaftlich-technischer Leistungen erscheinen ließ, ist eine entscheidende Wende vollzogen, die bei sachgemäßer Rechtsverwirklichung eine erhebliche stimulierende Funktion verspricht. Die Mittel aus dem Staatshaushalt und aus dem Fonds Wissenschaft und Technik bedürfen einer Freigabe durch die Bank.

---

38 Vgl. Ziff. 14ff. der Anlage 1 zur AO vom 17. 2. 1983 über die zentrale staatliche Kalkulationsrichtlinie zur Bildung von Industriepreisen (GBl. I Nr. 35, S. 341).

39 Vgl. § 27 Abs. 2 der VO vom 28. 1. 1982 über die weitere Vervollkommnung der wirtschaftlichen Rechnungsführung auf der Grundlage des Planes (GBl. I Nr. 3, S. 85).

40 Vgl. §§ 14, 30 der AO vom 23. 11. 1983 über die Anwendung der wirtschaftlichen Rechnungsführung in Forschung und Entwicklung (GBl. I Nr. 36, S. 387).

41 Vgl. ebenda; gemäß § 28 (3) sind diese Erlöse voll den Einnahmen zuzuführen und werden letztlich an den Haushalt abgeführt.

42 Vgl. ebenda, §§ 7—9 und § 20.

Für die Ausarbeitung des Pflichtenheftes werden die Mittel auf Grund der Planentscheidung, für weitere Stufen hingegen nur in Abhängigkeit vom Erreichen der geplanten Ziele bzw. von der Einhaltung der geplanten Kosten gewährt. Bei Unplanmäßigkeiten kann hier sogleich die Bankkontrolle wirksam werden.

Der Fonds Wissenschaft und Technik bzw. die entsprechenden Haushaltsmittel dürfen nur aufgabenbezogen und streng zweckgebunden verwendet werden. Die Fondierung und Festlegung der Verwendungszwecke trägt dem Risikocharakter von wissenschaftlich-technischen Leistungen Rechnung und nimmt die einmaligen, nicht genau normierbaren Kosten insoweit aus dem üblichen Kostenregime der wirtschaftlichen Rechnungsführung heraus.

Ein wichtiges Element im System der wirtschaftlichen Rechnungsführung sind die Preise; mit der *Preisbildung* muß wesentlich der wissenschaftlich-technische Fortschritt stimuliert werden. Deshalb ist auch dem Preisamt die Aufgabe übertragen worden, die Durchsetzung des wissenschaftlich-technischen Fortschritts durch die Preisarbeit zu fördern.[43] Diese Festlegung wird durch die zentrale staatliche Kalkulationsrichtlinie untersetzt, indem veraltete Erzeugnisse mit Gewinnabschlägen belegt werden sollen und für die Relationspreisbildung eine stärkere Orientierung am Weltniveau vorgesehen ist. Trotzdem sind u. U. individuelle Korrekturentscheidungen erforderlich, weil in der Preisarbeit zahlreichen widersprüchlichen Tendenzen, so z. B. folgenden, Rechnung zu tragen ist:

— Die Preissumme der den wissenschaftlich-technischen Fortschritt verkörpernden Erzeugnisse und Leistungen ist ungleich geringer als die der traditionellen, zunehmend moralisch verschleißenden oder gar schon veralteten Erzeugnisse. Die Rentabilitätskurve entwickelt sich umgekehrt zum Neuheitsgrad der Erzeugnisse, daraus entsteht ohne rechtliche Korrektur das Moment gegenläufiger Interessiertheit an der Konservierung eines veralteten, aber eingespielten und ständig effektiver herstellbaren Sortiments.

— Die Preisbildung basiert auf dem gesellschaftlich notwendigen durchschnittlichen Aufwand und hat zunächst keine Korrelation zum gesellschaftlichen Nutzen des im Produkt oder der Leistung verkörperten wissenschaftlich-technischen Fortschritts. Dem kann durch Einbeziehung von Nutzungsbeteiligungen in den Preis Rechnung getragen werden. Dennoch fallen die Interessen von Hersteller und Anwender neu- und weiterentwickelter Erzeugnisse auseinander; das Gewicht der über den konkreten Preis möglichen Stimulierung hängt mit dessen Anteil an den Gesamtkosten des Erwerbs zusammen.

— Das ökonomische Interesse von Produzent und Anwender wird nicht vollständig durch den Preis widergespiegelt. Stünden auch unterschiedliche Erzeugnisse mit differierenden Preisen zur Auswahl, selbst dann wären auch die Kostenfaktoren und realen Möglichkeiten (!) erforderlicher Umstellungen ins Kalkül zu ziehen. Daher gilt es, Preisänderungen mit dem Plan übereinstimmend vorzunehmen und die erforderlichen Materialisierungsbedingungen vorzusehen. Der wissenschaftlich-technische Fortschritt muß sowohl für den Produzenten als auch den Anwender ökonomisch vorteilhaft sein (bisher ist überwiegend ein Steigen der Preise neuentwickelter Erzeugnisse, was zu einer relativen Verschlechterung der Effektivität des Anwenders führt, feststellbar).

Für den Produzenten wird gegenwärtig eine Lösung dadurch angestrebt, in den ersten zwei Jahren nach Einführung die Überschreitung der mit Eröffnungsverteidigung be-

---

[43] Vgl. Ziff. I des Beschlusses über die Leitung und Organisation der Arbeit auf dem Gebiet der Preise vom 14. 2. 1980 (GBl. I Nr. 8, S. 58).

stätigten Preisobergrenze zuzulassen. Die Stimulierung des Anwenders kann indes nicht nur mittels Preis erfolgen und schließt abgestimmte Planentscheidungen seiner Effektivitätsentwicklung und Nettogewinnverwendung ein.

2.2.4. *Rechtliche Möglichkeiten der Verknüpfung von ökonomischer Stimulierung der Wirtschaftseinheiten mit der materiellen Interessiertheit der Werktätigen*

Das System der wirtschaftlichen Rechnungsführung berücksichtigt die enge Verknüpfung der gesellschaftlichen Interessen mit denen der Werktätigen innerhalb von Wirtschaftseinheiten. Letztlich müssen die von ihm angezielten Effekte ja durch bewußtes Handeln der Werktätigen herbeigeführt werden. Deshalb ist hier nun auf die Frage einzugehen, welche Wechselbeziehungen zwischen Stimulierung der Wirtschaftseinheit und materieller Interessiertheit der in ihnen tätigen Werktätigen bezüglich des wissenschaftlich-technischen Fortschritts, speziell der wissenschaftlich-technischen Leistungen, existieren.

Wirtschaftseinheiten müssen die zur Fortsetzung ihres Reproduktionsprozesses erforderlichen Mittel weitgehend eigenerwirtschaften bzw. immer wieder reproduzieren. Das bedingt die bedarfsgerechte Realisierung eines absatzfähigen Sortiments zu mindestens planmäßig vorgegebener Effektivitätsrate. Der Eingang des Umsatzerlöses ist eine wichtige Voraussetzung für die Fortsetzung der Produktion und die Erfüllung der Abführungsverpflichtungen. Diesen gesellschaftlichen Anforderungen — andere, möglicherweise negative Einflüsse einmal außer Betracht gelassen — kann die Wirtschaftseinheit um so besser entsprechen, je disziplinierter sie ihren Anteil an geplanten wissenschaftlich-technischen Leistungen erfüllt und weitere wissenschaftlich-technische Leistungen realisiert, die die Effektivität ihrer Produktion verbessern. Wird der wissenschaftlich-technische Fortschritt überdurchschnittlich mit günstigem Zeitfaktor realisiert bzw. genutzt, erzielt die Wirtschaftseinheit einen Extragewinn, der künftig zu einem spürbaren Teil zu ihrer eigenen Disposition verbleibt.

Neben dieser Wirkung auf die Eigenerwirtschaftung bzw. Reproduktion der Mittel zur Fortsetzung der Produktion erlaubt die planmäßige Realisierung die Bildung von Stimulierungsfonds bzw. deren Erhöhung in Abhängigkeit von erzielten Überbietungen. Aus diesen Fonds werden sowohl kollektive Interessen der Werktätigen als auch über Lohn und Prämie deren individuelle Interessen befriedigt. Hierbei spielen — unbeschadet ihres differenzierten Bildungsmechanismus — vor allem die Kultur- und Sozial- sowie Leistungs- und Prämienfonds eine bedeutende Rolle. Die von ihnen ausgehende Stimulierung kann sich sowohl auf die Bildung (teilweise für den Prämien- und völlig für den Leistungsfonds) als auch Verwendung (teilweise für Kultur- und Sozial- sowie Leistungsfonds, überwiegend für den Prämienfonds) erstrecken.

Die stimulierende Wirkung *auf die Fondsbildung*, hier am Prämienfonds dargestellt, äußert sich in folgenden Richtungen:

— Die Nutzung des wissenschaftlich-technischen Fortschritts kann zur Überbietung der Nettoproduktion und zur Erhöhung des Nettogewinns führen, die in *jedem* Falle Hauptkennziffern für die Aufstockung des Prämienfonds sind. Über Zusatzkennziffern, wie Materialkosten, Exporterlöse u. ä., wird dieses ggf. spezifisch verstärkt, indem sowohl die tatsächliche Mehrzuführung als auch der Höchstbetrag des Prämienfonds je Vollbeschäftigteneinheiten aufgestockt werden können.

— Als Auftragnehmer hat die Forschungseinrichtung, die nach der wirtschaftlichen Rechnungsführung arbeitet, bei planmäßiger Realisierung wissenschaftlich-technischer

Leistungen gemäß Pflichtenheft mit dem Erlös nach erfolgreicher Verteidigung den normativen Gewinn erwirtschaftet, der ihr die Speisung des planmäßigen Prämienfonds, Beiträge für die freiwillige Versicherung, die Bildung des Risikofonds und eine Refinanzierung der eigenen Umlaufmittel sichert. Kühne Aufgabenstellungen (in der Eröffnungsverteidigung als Spitzenleistung anerkannt) bei planmäßiger Realisierung sowie die gezielte Übererfüllung der geplanten Resultate (gleiches gilt für die Erhöhung der Exporterlöse) erlauben einen Extragewinn, aus dem zusätzliche Zuführungen zum Prämienfonds bis zu seiner Obergrenze und die Bildung des Leistungsfonds möglich werden. Nichtplanmäßige Realisierung vermindert entsprechend die Bildung des Prämienfonds.

— Die Verkaufserlöse aus nachnutzbaren wissenschaftlich-technischen Ergebnissen können bis 20% dem Prämienfonds (innerhalb der Höchsbegrenzung) zugeführt werden.[44]

— Die planmäßige Realisierung strukturbestimmender wissenschaftlich-technischer Leistungen als komplexe Neuerungsprozesse berechtigt zur Aufstockung bzw. zusätzlichen Verwendung des Lohnfondszuwachses. Während die Rechtsvorschriften generell Bildungs- und Verwendungsmöglichkeiten dieser Fonds qualitativ bestimmen, wird das konkrete quantitative Maß der Geldmittel häufig durch die mit den Plänen erteilten individualisierten Normative oder direkt durch Planentscheidungen bestimmt. Mit ihnen werden die Interessen der Wirtschaftseinheit richtig in das gesellschaftliche Gesamtinteresse eingeordnet. Die materielle Stimulierung muß auf dem Plan basieren und notwendigerweise differenziert erfolgen (im Gegensatz zur bislang vorherrschenden uniformen Ausrichtung an der *quantitativen* Erfüllung der industriellen Warenproduktion). Neben den generell wirkenden Zusammenhängen ist zu überlegen, ob nicht künftig eine noch individualisiertere Bindung an wichtige wissenschaftlich-technische Leistungen in Gestalt komplexer Neuerungsprozesse erforderlich wäre. Wenn in einem Kombinat z. B. die Steigerung der Produktion bestimmter Materialien, im anderen die Freisetzung von Arbeitskräften und im dritten wiederum die Auslastung der Grundmittel entscheidende Kettenglieder der Realisierung des volkswirtschaftlichen Interesses am wissenschaftlich-technischen Fortschritt sind, dann müssen dementsprechende Planziele auch Ansatzpunkt der hauptsächlichen Stimulierung sein. Gegenwärtig überwiegt die am Jahresplan orientierte Stimulierung der Kombinate, sie trägt nicht ausreichend dem strategischen Charakter der Interessen am wissenschaftlich-technischen Fortschritt Rechnung. Für das Kombinat muß wenigstens für den Fünfjahrplan kalkulierbar sein, welche Stimulierung, bezogen auf den wissenschaftlich-technischen Fortschritt, wirksam wird. Darin eingebettet und auf dem Plan basierend, müssen auch alle anderen Elemente der wirtschaftlichen Rechnungsführung längerfristig eingestellt werden, um die Interessierung der Kombinate am wissenschaftlich-technischen Fortschritt überhaupt zu verstärken. Die z. Z. nicht selten zu beobachtende Vernachlässigung notwendiger wissenschaftlich-technischer Leistungen gegenüber quantitativem Wachstum könnte damit eingedämmt werden.

Die Werktätigen verausgaben ihre Arbeitsleistung zwar nicht unmittelbar als gesamtgesellschaftliche, sondern als betriebliche Arbeit; ihre Resultate schlagen sich aber im wirtschaftlichen Ergebnis ihrer Wirtschaftseinheit nieder und stehen so im Zusammenhang mit dem gesellschaftlichen Gesamtinteresse. Durch Ausnutzung des sozialistischen Lei-

---

[44] Vgl. § 28 der AO vom 23. 11 1983 über die Anwendung der wirtschaftlichen Rechnungsführung in Forschung und Entwicklung (GBl. I Nr. 36, S. 387f.).

stungsprinzips erhalten die Werktätigen direkt, abhängig von Qualität und Quantität der Arbeitsleistung, den entscheidenden Anteil ihres Einkommens. Allerdings darf nicht übersehen werden, daß es durchaus möglich ist — praktische Analysen bestätigen dies —, daß Werktätige eine hohe soziale Sicherheit genießen und beträchtliche Einkommen erzielen, obgleich ihre Wirtschaftseinheit weder den Plan erfüllt bzw. nicht effektiv wirtschaftet noch den wissenschaftlich-technischen Fortschritt durchsetzt. Hat der Werktätige pflichtgemäß Arbeit geleistet — egal mit welchem betrieblichem und gesellschaftlichem Effekt (z. B. Warte-, Stillstandszeiten, vergegenständlicht in moralisch verschlissenen, nicht exportrentablen Erzeugnissen usw.) —, er erhält den durch das Arbeitsrecht garantierten Lohn. Das ist eine große soziale Errungenschaft und Sicherheit für den Werktätigen, die — einen den wissenschaftlich-technischen Fortschritt ausreichend befördernden wirtschaftlichen Mechanismus und ergänzende stimulierende Faktoren eingeschlossen — durchaus zu großer Leistungsbereitschaft führen könnte. Die Fakten belegen jedoch, daß diese Potenzen von der Gesellschaft *noch nicht optimal* ausgeschöpft werden. Keine Lösung wäre, das Einkommen der Werktätigen voll und ausschließlich vom Ergebnis ihres Betriebes abhängig zu machen. Das widerspräche der dem Sozialismus eigenen sozialen Geborgenheit und würde das einheitliche Volkseigentum und dessen Leitungsprinzip negieren. Es würde auch solche Faktoren verkennen wie erforderliche Umstrukturierungen des Produktions- und Betriebsprofils oder die Beauflagung der Wirtschaftseinheiten mit gesamtgesellschaftlich nötigen, aber nicht immer effektiven Aufgaben, worauf die Leistungen der Werktätigen der betreffenden Betriebe natürlich keinen Einfluß haben.

Dennoch ist tendenziell die Überlegung zulässig und für einen sozialistischen Wirtschaftsmechanismus legitim, wie eine stärkere *direkte Verknüpfung* zwischen ökonomischer Stimulierung und materieller Interessiertheit erreicht und zugleich ein zunehmender Einkommensteil in Abhängigkeit von korrekter Einhaltung der Arbeitspflichten gewährleistet werden kann. In diesem Zusammenhang sind auch die wachsenden indirekten Zuwendungen aus den gesellschaftlichen Fonds zu betrachten. Folglich kann es immer nur um zusätzliche *ergänzende* Verknüpfungen gehen, die die Werktätigen daran interessieren, daß ihre Wirtschaftseinheit wissenschaftlich-technische Leistungen planmäßig realisiert. Allerdings ist deren Stellenwert sicher auszubauen. Dabei wäre z. B. folgendes zu erwägen:

— Im Unterschied zur sowjetischen Regelung ist die *Lohnfondsplanung* keine Normativplanung, demzufolge haben Einsparungen an Lohnfonds für die Wirtschaftseinheit nur eine kostenwirksame Komponente (Senkung der Lohnkosten und Verminderung des kostenwirksamen Beitrags für die gesellschaftlichen Fonds), wirken aber nicht unmittelbar auf die Werktätigen. Zu überlegen wäre, daß Kollektive, die Lohnfonds infolge wissenschaftlich-technischen Fortschritts einsparen, anteilig einen rechtlichen Anspruch auf Lohnfondszuwachs und Werktätige, die Arbeiten zusätzlich übernehmen, einen ebensolchen Anspruch auf Auszahlung eines Teils des eingesparten Tariflohnes erwerben.

— Die *Leistungskennziffern* der Werktätigen sind so auszuwählen, daß stärker qualitative Aspekte des wissenschaftlich-technischen Fortschritts zugrunde liegen, z. B. Energie- und Materialökonomie, Kostensenkung, Qualität, Exporterlös. Hier kann künftig durch direkte Anknüpfung an die im Pflichtenheft angezielten ökonomischen Nutzeffekte ein unmittelbarer Zusammenhang zu den wissenschaftlich-technischen Leistungen hergestellt werden.

— Bestimmte Lohnbestandteile (*leistungsbezogene* Zuschläge) sind für die an der Erfüllung von wissenschaftlich-technischen Leistungen Beteiligten direkt an deren Realisierung zu binden. Damit können sowohl die planmäßige Erfüllung generell als auch eine

Beteiligung an der Meisterung besonders riskanter Aufgaben oder strukturbestimmender komplexer Neuerungsprozesse gezielt stimuliert werden. So ist gegenwärtig die Möglichkeit vorgesehen, daß für an komplexen Neuerungsprozessen beteiligte Kader ein besonderer leistungsabhängiger Gehaltszuschlag bis 300 Mark pro Monat gewährt werden darf. Die besondere Erfolgsorientierung äußert sich darin, daß etwa 50 % erst mit erfolgreichem Abschluß der Aufgabe zur Auszahlung gelangen und durch diese Ansammlung eine erhebliche Größenordnung erreichen.[45] Diese Vermittlungsform sollte auch genutzt werden, um die innerhalb der Wirtschaftseinheit oder beim Kooperationspartner maßgeblich an der Lösung Beteiligten einzubeziehen.

— Offen ist eine ausreichende Stimulierung des Anteils der Leiter an der kreativen Arbeit ihrer Mitarbeiter bei der Hervorbringung und Realisierung wissenschaftlich-technischer Leistungen. Infolge der Mißverhältnisse zwischen Werktätigen, die *neben ihrem* Gehalt Erfindervergütung in beträchtlichem Umfang erhalten können, und der relativ konstanten Entlohnung der Leiter entstehen nicht selten Hemmungen bei der Durchsetzung des wissenschaftlich-technischen Fortschritts. Übrigens liegt hier auch eine Quelle für mögliche Manipulationen von „Gemeinschaftserfindungen".[46] (Auf weitere Wechselbeziehungen zur Stimulierung einzelner Werktätiger wird im Abschnitt 4 eingegangen.)

Die Verknüpfung der beiden Interessenebenen Wirtschaftseinheit — Werktätiger ist an die Existenz entsprechender Fonds und darauf bezogener Verfügungsrechte bei der Wirtschaftseinheit gebunden. Dabei ist es eine durchaus sekundäre Frage, ob diese Fonds selbst leistungsabhängig gebildet werden (wie z. B. Leistungsfonds und z. T. — aber nur für die Überbietung des Planes — der Prämienfonds) oder/und leistungsabhängig verwendet werden. In vielen Fällen ist sogar eine nicht oder nur teilweise leistungsabhängige Speisung solcher Fonds vorteilhaft. Sie sichert stets ausreichende Mittel, um eine Initialstimulierung zu gewährleisten, die richtige Leistungsdifferenzierung innerhalb *eines* Kollektivs zu ermöglichen und gesellschaftlich notwendiges Verhalten zu belohnen, selbst wenn es (noch) nicht zu entsprechenden Wirtschaftsergebnissen geführt hat. Unter diesem Blickpunkt ist es Aufgabe der Generaldirektoren der Kombinate, die vorhandenen Stimulierungsfonds deutlich erkennbar auf Vorhaben zur Beschleunigung des wissenschaftlich-technischen Fortschritts zu konzentrieren, d. h. vorhandene rechtliche Regelungen effektiv anzuwenden.[47]

---

[45] R. Streich/G. Grützner, Spitzenleistungen in Wissenschaft und Technik wirksam stimulieren, in: Arbeit und Arbeitsrecht, 10/1984 S. 229ff.

[46] Allerdings stellt § 7 (2) Patentgesetz vom 27. 10. 1983 (GBl. I Nr. 29, S. 285) ausdrücklich klar, daß für Werktätige, die ausschließlich technische oder organisatorische Hilfe bei der Patententwicklung geben, keine Mitinhaberschaft entsteht.

[47] Mit den Arbeitsrechtsverhältnissen in der Regel eng verbunden sind neuererrechtliche Vergütungsbeziehungen. Die materielle Anerkennung der Neuerer orientiert sich zum großen Teil am gesellschaftlichen Nutzen ihrer Neuererleistung und verbindet wirksam ihre individuellen Interessen mit dem gesellschaftlichen Gesamtinteresse. Partiell jedoch (z. B. für vereinbarte Neuererleistungen gem. Ziff. 1 und 3 § 13 NVO) orientiert sich die Vergütung ausschließlich am quantitativen Aufwand und fördert eine gewisse „Tonnenideologie".

2.3. Zur stimulierenden Wirkung der Leitung und Planung komplexer Neuerungsprozesse

2.3 1. Präferierung strukturbestimmender wissenschaftlich-technischer Leistungen

Heute gibt es bereits weitaus mehr ökonomisch lohnenswerte wissenschaftlich-technische Aufgabenstellungen, als innerhalb einer Planperiode mit dem verfügbaren Potential und den für die Materialisierung erforderlichen Ressourcen realisierbar sind. Jede Entscheidung *für* eine bestimmte wissenschaftlich-technische Aufgabe schließt daher die Realisierung anderer wissenschaftlich-technischer Leistungen aus. Daraus können Konflikte zwischen verschiedenen Interessenträgern entstehen, die von unterschiedlichen Ausgangspunkten her nach einer Nutzung des wissenschaftlich-technischen Fortschritts streben. Nicht das Auftreten solcher Widersprüche ist bedenklich und beklagenswert, sondern das etwaige Fehlen juristischer Regelungen zu ihrer Lösung dort, wo sie nötig sind. Bei der Lösung derartiger Widersprüche spielt die *Planung* eine wichtige Rolle. Sie hat für die Nutzung der stimulierenden Wirkung des Rechts in mehrfacher Hinsicht Bedeutung.

Sie muß zum einen — gewissermaßen — im *Vorfeld* der eigentlichen Stimulierung zur Beantwortung folgender Fragen beitragen:

— Welchen Rang und Stellenwert haben wissenschaftlich-technische Aufgaben mit ihrem in aller Regel strategischen Charakter vor anderen, kurzfristiger wirksamen oder gar operativen ökonomischen Entscheidungen?

— Welche Kriterien sind an die Auswahl der zu realisierenden wissenschaftlich-technischen Aufgaben zu stellen, und von welchen Gesichtspunkten sind diese abzuleiten? Dabei spielt der *Zeitfaktor* in mehrfacher Hinsicht eine ganz beachtliche Rolle: *Wann* wird eine Neuerung gestartet, mit welchem *Tempo* wird die wissenschaftlich-technische Leistung realisiert, welche *Nutzungsdauer* ergibt sich daraus für das wissenschaftlich-technische Ergebnis?

Die rechtliche Regelung des wissenschaftlich-technischen Fortschritts ist für seine Stimulierung vor allem in der Hinsicht bedeutsam, daß mittels des Planverfahrens juristische Methoden bereitgestellt werden, um Interessenwidersprüche so zu lösen, daß in umfassender Weise den gesellschaftlichen Interessen entsprochen wird und größtmögliche Anstrengungen für die disziplinierte Realisierung der optimierten (und ständig weiter zu optimierenden) Planentscheidungen freigesetzt werden. Die Planung ist aber nicht nur ein wichtiger Bezugspunkt für die wirtschaftliche Rechnungsführung. Ihr kommt in zweifacher Hinsicht eine eigenständige stimulierende Wirkung zu:

a) Mit Planentscheidungen können strukturbestimmende gesellschaftliche Interessen präferiert werden, d. h., alle Interessenebenen und -träger haben sich damit vorrangig auf die Realisierung der so erfaßten wissenschaftlich-technischen Leistungen zu orientieren. Auch hieran knüpfen dann wieder besondere Wirkungen des Systems der wirtschaftlichen Rechnungsführung oder zusätzlicher Art an.

b) Durch die Planung werden verschiedene Teilaspekte koordiniert in das gesellschaftliche Gesamtinteresse eingeordnet und die Grundlage für eine Fortsetzung des Optimierungsprozesses durch kooperative Interessenkoordinierung mittels des Vertrages gegeben.

Wir wollen uns hier vor allem mit der ersten Wirkungsrichtung beschäftigen.

Entscheidender Ausgangspunkt für die rechtliche Regelung des wissenschaftlich-technischen Fortschritts sind *die* volkswirtschaftlich bedeutsamen Neuerungen, die den mit der ökonomischen Strategie bezweckten Rationalisierungsschub in der ganzen Volkswirtschaft mit rascher Breitenwirkung erzielen, die Struktur der Wirtschaft qualitativ verbessern, die Ressourcenbelastung mindern bzw. deren Nutzung intensivieren, optimale Bedürfnisbefriedigung ermöglichen und in ihren sozialen Auswirkungen einen spürbaren Beitrag zur weiteren Ausprägung der sozialistischen Lebensweise leisten.

Da komplexe Neuerungsprozesse Hauptkettenglieder der volkswirtschaftlichen Effektivität sind, wird mit ihrer Auswahl und Beherrschung auch wesentlich der wissenschaftlich-technische Fortschritt selbst reguliert. Mit der selektiven Planung komplexer Neuerungsprozesse bietet sich die Möglichkeit, eine grundlegende Rangfolge im gesamtgesellschaftlichen Interesse liegender Ziele zu fixieren und damit Bezugspunkte für eine weiter ins Detail gehende eigenverantwortliche Planung der Subjekte und die Gestaltung ihrer Kooperationsbeziehungen zu schaffen. Ziel der planungsrechtlichen Regelung komplexer Neuerungsprozesse muß es sein,

— im gesamtgesellschaftlichen Interesse liegende Erscheinungen des wissenschaftlich-technischen Fortschritts auszuwählen und vorrangig zu realisieren;
— den Rahmen für die Interessenkoordinierung unterschiedlicher Teilinteressen von Wirtschafts- (Kombinaten) und Wissenschaftsorganisationen (Akademie- und Hochschulforschung) vorzugeben;
— eine Orientierung für den eigenverantwortlichen Potentialeinsatz und die Aufgabenableitung weiterer Neuerungsprozesse zu geben.

Die Auswahl komplexer Neuerungsprozesse ist wissenschaftliche Strategiebildung. Hier kann das Recht kein Resultat a priori vorschreiben, wohl aber durch die Regelung der Art und Weise des Zusammenwirkens der Beteiligten zur optimalen Zielfindung beitragen. Daraus leitet sich die Forderung nach konzeptioneller Arbeit auf allen Leitungsebenen, sowohl bei zentralen und örtlichen Organen als auch den Kombinaten, ab. Mit der Auswahl der in Aussicht genommenen Neuerung müssen die erreichbaren Zielstellungen möglichst exakt bestimmt und mit den entsprechenden Planteilen koordiniert werden. Aber zugleich müssen, um die Vorrangigkeit solcher Neuerung tatsächlich zu gewährleisten, auch die erforderlichen Materialisierungsbedingungen (Anforderungen an Potential, Überleitungskapazität, Einordnung von Investitionen und Material für die laufende Produktion, Marktvorbereitung und Absatz) möglichst umfassend ermittelt und ihre mögliche Einordnung in die entsprechenden Pläne und Bilanzen geprüft werden.

Zwar sind die Kombinate das wirtschaftliche Tätigkeitsfeld, wo die komplexen Neuerungsprozesse realisiert werden müssen, aber sie können weder aus der Sicht eines Kombinats richtig beurteilt und eingeordnet, noch können sie autonom durch ein Kombinat verwirklicht werden. Wegen der notwendigen Gesamtsicht ist die enge Gemeinschaftsarbeit von Kombinaten (und Wissenschaftsorganisationen) sowie zentralen Staatsorganen unumgänglich. Erst auf Grund zentral zu treffender staatlicher Auswahlentscheidung über konkrete komplexe Neuerungsprozesse kann das Kombinat tatsächlich seine volkswirtschaftliche Verantwortung wahrnehmen. Diese Entscheidung muß von zwei Seiten her bestimmt werden.

a) Aus grundlegenden Zielstellungen der Gesellschaftspolitik, insbesondere der ökonomischen Strategie, sind jene Neuerungen herzuleiten, die entscheidende Glieder zur Realisierung der Ziele unserer Hauptaufgabe sind. Daher ergehen zentrale Vorgaben des Ministerrats, vorbereitet durch das Ministerium für Wissenschaft und Technik und die Staatliche Plankommission. Diese basieren insbesondere auf den beschlossenen Grundrichtungen der naturwissenschaftlich-technischen Forschung und ähnlicher Programme.

b) Jedes Kombinat hat entsprechend seiner Verantwortung für die Deckung des volkswirtschaftlichen Bedarfs mögliche „Durchbruchstellen" von Neuerungen in seiner Prognose- und Konzeptionsarbeit zu analysieren. Auf Grund eigener konzeptioneller Vorstellungen sollte das Kombinat das ausdrückliche Recht haben, mittels Entscheidungsverlangen derartige Neuerungen dem Ministerium für Wissenschaft und Technik zur Begutachtung als mögliche künftige komplexe Neuerungsprozesse vorzuschlagen.[48]

2.3.2. Staatsaufträge und rechtliche Regelung ihrer Realisierung

Staatsaufträge sind selektive Planentscheidungen und Ergebnis der Rechtsverwirklichung in konkreten Planungsrechtsverhältnissen zwischen wirtschaftsleitenden Staatsorganen im Zusammenwirken mit dem Ministerium für Wissenschaft und Technik und der Staatlichen Plankommission sowie den Adressaten Wirtschafts- bzw. Wissenschaftorganisation. Aber es handelt sich dabei nicht um bloße Rechtsanwendungsentscheidungen, die sich linear von Rechtsnormen herleiten ließen. Der Beziehungszusammenhang ist komplizierter. Wenn auch eine solche Auswahlentscheidung nicht vollständig rechtlich reglementiert werden kann, so spielt die stimulierende Rolle des Rechts durch die mehr oder minder deutliche Fixierung bestimmter *Auswahlkriterien* eine wichtige Rolle. Dadurch werden bestimmte Erfordernisse in den Rang übergreifender gesellschaftlicher Interessen erhoben, in deren Rahmen nur die Realisierung von weiteren Interessen einzelner Glieder des Wirtschaftsorganismus zulässig ist. Die im Beschluß über die Ordnung für die Arbeit mit Staatsaufträgen Wissenschaft und Technik vom 18. 2. 1982[49] nur verbal angeführten Kriterien werden durch spezielle Rechtsvorschriften konkretisiert. Besonders ist hier die Anordnung vom 5. 2. 1982 über die Rahmenrichtlinie für die Ermittlung, Planung, Kontrolle und Abrechnung der Effektivität der Maßnahmen des wissenschaftlich-technischen Fortschritts zu nennen.[50] Sie fixiert (Ziff. 5ff.) die Methodik der Ermittlung des Nutzeffekts und die anzuwendenden Kennziffern. Damit werden verschiedene Varianten bewertet und eine Bestimmung derjenigen ermöglicht, die am besten gesamtgesellschaftlichen Möglichkeiten entspricht. Das geschieht im Prozeß des Treffens von Planentscheidungen nach den wirtschaftsrechtlichen Prinzipien des Planungsrechts.[51]

Planentscheidungen ergehen in konkreten Planungsrechtsverhältnissen, in denen sich ungeachtet einer gewissen hierarchischen Unterordnung Autor und Adressat als Träger von Rechten und Plichten gegenüberstehen und durch ihre Verwirklichung auf das Treffen und die Realisierung der Planentscheidung wesentlichen Einfluß nehmen. Dies gilt vornehmlich für die an Planentscheidungen zu stellenden *Anforderungen*, wie analytisch-prognostische Begründung ihrer Realität, Bilanziertheit und Abgestimmtheit, Einordnung in übergreifende, höherrangige Planentscheidungen, Einhaltung bestimmter Formforderungen (Fristen, Nomenklaturen, Maßeinheiten) und das auf deren Gewährleistung gerichtete Verfahren (z. B. Planverteidigung) sowie die entsprechenden Mitwirkungs-

---

[48] Vgl. Beschluß vom 18. 2. 1982 über die Ordnung für die Arbeit mit Staatsaufträgen Wissenschaft und Technik – Auszug – (GBl. I Nr. 9, S. 181).
[49] Vgl. GBl. I 1982 Nr. 9, S. 181.
[50] Vgl. GBl. I 1982 Nr. 8, S. 165.
[51] Vgl. näher hierzu: Lehrbuch Außenwirtschaftsrecht, Berlin 1978, Kapitel: Planungsrecht.

rechte. Das betrifft aber nicht minder auch die *Rechtswirkungen* solcher Planentscheidungen, durch die sie zu Bewertungsmaßstäben für das wirtschaftliche Verhalten des verpflichteten Subjekts werden. Sie lösen damit das Zustandekommen weiterer Plan- und Bilanzentscheidungen (besonders bedeutsam bei den mit Vorrang ausgestatteten Planentscheidungen) und die Pflicht für den Abschluß damit korrespondierender Wirtschaftsverträge aus. Gleichzeitig sind sie Kriterien für die Leistungsbewertung und Stimulierung der Wirtschaftstätigkeit. Insbesondere gewähren die erteilten Planentscheidungen Rechte auf Aneignung finanzieller Fonds in Abhängigkeit vom Grad der Planerfüllung.

Die Erteilung des Staatsauftrages begründet ein multilaterales Koordinierungsrechtsverhältnis zwischen den an seiner Durchführung Beteiligten unter Einschluß des Ministeriums für Wissenschaft und Technik und der Staatlichen Plankommission. Freilich bedarf dieses in vielem noch einer ausdrücklichen Regelung und Vervollkommnung. Damit bietet sich jedoch die Möglichkeit einer umfassenden und zumindest globalen Interessenkoordinierung, indem *ein* gesamtgesellschaftlich übergreifendes Interesse ermittelt, gleichrangig bei allen Partnern mit hoher Priorität durchgesetzt und andere bei ihnen auftretende Interessen entsprechend eingeordnet werden.

Der Staatsauftrag ist zugleich eine selektive Planentscheidung. Er bestimmt wesentlich die Gestaltung des Planteils Wissenschaft und Technik der Beteiligten sowie — mit entsprechender Einordnung von Materialisierungsbedingungen in andere Planteile des komplexen Volkswirtschaftsplanes — die hierarchische Ordnung verschiedener gesellschaftlicher Interessen im Gesamtplan.

Die stimulierende Rolle des Rechts liegt auch hier in der Fähigkeit begründet, einen Beitrag zur verbindlichen Ermittlung gesamtgesellschaftlicher Interessen zu leisten, die unter Berücksichtigung der Interessen der Glieder des Wirtschaftsorganismus aus deren Reproduktionsbedürfnissen erwachsen.

2.4. Stimulierung durch rechtliche Regelung der Einheit von Plan und Vertrag

2.4.1. Ermittlung der gesellschaftlichen Interessen durch qualifizierte Vorbereitung von Planentscheidungen

Wissenschaftlich-technische Leistungen berühren vielfältige Aspekte des gesellschaftlichen Interesses, angefangen von der Auswahl der mit der wissenschaftlich-technischen Leistung zu befriedigenden Bedürfnisse, über das angezielte wissenschaftlich-technische und ökonomische Niveau, den einzuschlagenden Lösungsweg, den zu beachtenden Zeitfaktor, den Aufwand bis hin zu den Belangen des Umweltschutzes, der Absatz- und Marktvorbereitung und den sozialen Auswirkungen der Anwendung und Nutzung der wissenschaftlich-technischen Leistungen u. a. m. Deshalb gilt es, prinzipiell vermittels Planung für *jede* wissenschaftlich-technische Leistung folgende für die stimulierende Wirkung des Rechts unerläßliche Aufgaben zu lösen:

- Ermittlung der durch die Leistung berührten gesellschaftlichen Gesamtinteressen unter besonderer Berücksichtigung der Aufgabenstellung, der Zielanalyse, der Aufwandanalyse und Ausschaltung gefährlicher Wirkungen;
- koordinierte Einordnung der wissenschaftlich-technischen Leistungen in den komplexen Volkswirtschaftsplan und die Bilanzen aller beteiligten Interessenträger;

— Schaffung von Plangrundlagen für die Leistungsbewertung und Stimulierung der Planerfüllung;
— Interessenoptimierung in der Kooperationskette durch Abschluß der Verträge über wissenschaftlich-technische Leistungen.

Daraus resultiert eine Reihe einzelner Anforderungen, von denen einige im folgenden genannt seien:

1. Eine herausragende Bedeutung bei der Planung von wissenschaftlich-technischen Leistungen kommt der gründlichen konzeptionellen Vorbereitung[52] und der Schaffung entsprechender Entscheidungsgrundlagen zu. Hier spielen Konzeptionen zu bestimmten Erzeugnis- und Leistungsgruppen eine wichtige Rolle, mit denen — ausgehend vom Weltstandsvergleich, geeigneten Beurteilungskennziffern des technisch-ökonomischen Niveaus u. ä. zu regelnden Kriterien — künftige Verhaltensstrategien vorbereitet werden. Beispielhaft seien hier die *Schutzrechtskonzeptionen*[53] erwähnt. Sie weisen die internationale Schutzrechtslage, mögliche Lücken bzw. Umgehungen aus; aus ihnen leiten sich Vorgaben für die Patentergiebigkeit einer wissenschaftlich-technischen Leistung, die Lizenzpolitik und die Anmeldung sowie Verteidigung von Schutzrechten ab.

2. Gestützt auf die verschiedensten Konzeptionen und aus strategischen Entwicklungszielen abgeleitet, haben die wirtschaftsleitenden Staatsorgane Vorgaben für die Entwicklung des erforderlichen wissenschaftlich-technischen Potentials, die Hebung des technisch-ökonomischen Niveaus der Produktion und für globale Schwerpunkte der wissenschaftlich-technischen Arbeit zu erteilen.

3. Für die Ausarbeitung des Planentwurfs Wissenschaft und Technik werden mit (künftig bis zu zwei Jahren) Vorlauf[54] vor der Ausarbeitung des komplexen Volkswirtschaftsplanes den Kombinaten Vorgaben erteilt.

4. Die Planentwürfe sind unter Nutzung der Vorschläge der Werktätigen und der Stellungnahmen gesellschaftlicher Organisationen (Gewerkschaft, Kammer der Technik) vor dem wirtschaftsleitenden Staatsorgan zu verteidigen, hier auf die Einhaltung der staatlichen Ziele und die Materialisierbarkeit zu prüfen; gute Erfahrungen sind zu verallgemeinern und offene Fragen zu entscheiden.

5. Für jede wissenschaftlich-technische Aufgabe wird im Interesse der Schaffung notwendiger Entscheidungsgrundlagen, der Ermittlung der Anforderungen, des Ablaufs der Gesamtarbeit und der Teilaktivitäten sowie der Auswirkungen des Themas ein *Pflichtenheft* ausgearbeitet. Es ist Leistungsmittel des jeweiligen Leiters, Begründung für zu treffende Planentscheidungen und Verbindungsglied für die Umsetzung in andere Planteile.[55] Das Pflichtenheft vermittelt zugleich die verschiedenen Teilaspekte gesellschaftlicher Interessen, indem deren Repräsentanten in Gestalt des Amtes für Standardisierung, Meßwesen und Warenprüfung (ASMW), des Amtes für industrielle Formgestaltung (AIF), des Ministeriums für Außenhandel (MAH) und anderer Organe Auflagen

---

[52] Vgl. Beschluß vom 18. 2. 1982 über die Ordnung für die Arbeit mit Staatsaufträgen Wissenschaft und Technik (GBl. I Nr. 9, S. 181, Ziff. 3); AO vom 7. 12. 1984 über die Ordnung der Planung der Volkswirtschaft der DDR 1986—1990 (GBl.-Sdr. Nr. 1190a Ziff. 2.1.).

[53] Vgl. Schutzrechts-VO vom 31. 1. 1980 (GBl. I Nr. 7, S. 49).

[54] Dieser Vorlauf des Planes Wissenschaft und Technik erleichtert die koordinierte Einordnung in den komplexen Volkswirtschaftsplan.

[55] Vgl. § 2 der Pflichtenheft-VO vom 17. 12. 1981, (GBl. I 1982 Nr. 1, S. 9); 1. DB vom 23. 11. 1983 zur Pflichtenheft-VO (GBl. I Nr. 36, S. 381 f.).

erteilen und deren Einhaltung mit den im Pflichtenheft fixierten Zielen zu bestätigen haben. Die Ausnutzung der stimulierenden Wirkung des Rechts erfolgt, indem verschiedene Wirtschaftsrechtsverhältnisse (z. B. Koordinierung der Entscheidungsgrundlagen, Vorschlag der Planentscheidung, Einarbeitung in betroffene Planteile und Bilanzen, Gestaltung von Vertragsverhältnissen, Finanzierungs- und Kontrollverhältnisse) miteinander verknüpft werden. Dabei sollen die Subjekte durch die Zuteilung von konkreten Rechten und Pflichten zu einem dem gesellschaftlichen Interesse entsprechenden Verhalten und zur Einordnung der eigenen Interessen bewegt werden. Die Rechtswirkungen aus dem einen Rechtsverhältnis sind in einem anderen wieder rechtserhebliche Tatsache und stellen so eine „Vermittlung" her.[56]

6. Die in der Eröffnungsverteidigung bestätigten Aufgaben sind von allen Beteiligten in ihre entsprechenden Pläne und Bilanzen einzuordnen, mit dem komplexen Planentwurf zu bestätigen und rechtzeitig die erforderlichen Wirtschaftsverträge abzuschließen. Dabei ist ein genereller Vorrang für den Staatsplan Wissenschaft und Technik (§ 8 der Bilanzierungsverordnung), eine vorrangige Planung wichtiger Materialisierungsbedingungen, z. B. Investitionen für Staatsaufträge (Ziff. 5 Ordnung Staatsaufträge) und die generell vorfristige Abdeckung des Forschungs- und Entwicklungsbedarfs bzw. des Akademieprogramms vorgesehen (§ 9c der Bilanzierungsverordnung).

7. Die so durch das Pflichtenheft untersetzten Planentscheidungen und die darauf basierenden Verträge sind dann *wichtige Grundlagen* für Leistungsmessung und -bewertung der Wirtschaftseinheiten in dem (vgl. Abschn. 2.2.1.) skizzierten Gefüge der wirtschaftlichen Rechnungsführung bzw. für die materielle Interessiertheit der in ihnen tätigen Werktätigen (vgl. Abschn. 2.2.4.).

Auf den ersten Blick erscheint das dargelegte Verfahren als eine umfassende komplexe und wohl auch geschlossene rechtliche Regelung. Es mag erstaunen, daß offenbar — ungeachtet aller zu verzeichnenden Verbesserungen in den letzten Jahren — der angestrebte Stimulierungseffekt nicht so befriedigend ist. Dafür sind außerrechtliche wie juristische Faktoren maßgeblich. Der Effekt einer stimulierenden Regelung hängt weitgehend davon ab, ob die Interessen verschiedener Subjekte miteinander so verbunden werden, daß dadurch soziale Energien freigesetzt werden. Ignoriert oder verschärft eine rechtliche Regelung gar Interessenwidersprüche, dann ist ihr Effekt fragwürdig.

Es ist eben nicht ausreichend, nur das auf die Stimulierung der wissenschaftlich-technischen Leistungen gerichtete Regelwerk zu betrachten, vielmehr ist seine Einordnung in den Gesamtmechanismus ökonomischer Interessen zu beachten. Und genau hier setzen die jüngsten Maßnahmen zur Vervollkommnung von Leitung, Planung und Stimulierung an, von denen insgesamt primär ein Verstärkungseffekt selbst auf die bislang nicht ausreichend wirksame Regelung erwartet werden kann. In zweiter Linie sind es sodann juristische Kriterien, die die Effektivität einer rechtlichen Regelung bestimmen. Gerade auf dem Gebiet des wissenschaftlich-technischen Fortschritts bleiben hier noch manche Wünsche offen: Was unter Ziff. 1—7 als ein kompliziertes Modell verbal dargestellt wurde, ist so weder in einem Kodex noch in einigen wenigen grundlegenden Rechtsvorschriften geregelt; wenn auch mit der jüngsten Anordnung über die Anwendung der wirtschaftlichen Rechnungsführung verschiedene Widersprüche ausgeräumt wurden.

---

[56] Vgl. R. Streich, Zu einigen funktionalen Aspekten der Regelung von Wirtschaftsbeziehungen, in: Wissenschaftliche Beiträge der Martin-Luther-Universität Halle, Bd. 2, 39/1980, S. 55ff.

Für den Adressaten ergibt sich nämlich nicht sogleich und unmittelbar die Gesamtintention des Gesetzgebers. Darunter aber leidet die direkte Verhaltensausrichtung bereits außerhalb konkreter Rechtsvorschriften. Rechtsforderungen sollten für *alle Adressaten* und nicht nur besonders fachlich spezialisierte Planarbeiter verständlich und transparent bleiben.[57] Denn letzteres ist der ideologiebildenden Wirkung des Rechts abträglich. Das geht übrigens mit einer nur zum Teil erreichten funktionalen Verknüpfung der wirtschaftsrechtlichen Regelungen mit anschließenden Rechtsinstituten anderer Zweige einher, insbesondere des Arbeitsrechts und des wissenschaftlich-technischen Rechtsschutzes.

Wesentlich beruht die Wirkung einer wirtschaftsrechtlichen Regelung auf der Gestaltung und Verknüpfung von Wirtschaftsrechtsverhältnissen, für die eine ausgewogene Verteilung von konkreten Rechten *und* Pflichten bei allen Beteiligten typisch wie unbedingt erforderlich ist. Deren Zuerkennung an staatliche Leitungsorgane wird nicht selten ausdrücklich oder de facto bestritten. Damit wird u. E. aber letztlich ihre tatsächliche Rechtssubjektivität in Abrede gestellt.[58] Die Zuordnung konkreter Rechte und Pflichten bedeutet freilich eine Bindung an die Rechtsnorm und darauf beruhende Rechtsformen, errichtet Barrieren gegen Gutdünken und Willkür; sie schließt Unterwerfung unter bestimmte Verfahren und Prozeduren sowie Möglichkeiten zur Überprüfung der in Ausübung von Rechten und Pflichten getroffenen Entscheidungen ein. Analysiert man unter diesem Aspekt die z. Z. geltende *planungsrechtliche* Regelung, dann kann der erreichte Stand bezüglich detaillierter Fixierung der Rechte und Pflichten nicht befriedigen:

— Es überwiegen Aufgabenstellungen, ohne bestimmten Subjekten konkrete Rechte und Pflichten zuzuordnen. Unzureichend bestimmen z. B. die Pflichtenheftverordnung und ihre Erste Durchführungsbestimmung (1. DB § 5), wer in die Verteidigung einzubeziehen ist. Das erleichtert eine Praxis, unbequeme Kooperationspartner möglichst nicht in die Verteidigung einzubeziehen. Einer nachdrücklichen Sanktion für diese Pflichtverletzung ermangelt es bislang.

— Zu selten sind Rechte und Pflichten als konkrete Ansprüche durchsetzbar. Das betrifft insbesondere das Verfahren der Begründung von Planentscheidungen und mögliche Einwendungen. So wird in § 5 Abs. 4 der Pflichtenheftverordnung ein Einwendungsrecht der in die Verteidigung einbezogenen Partner zugestanden. Doch fehlt jeder verbindlich geregelte Ablauf, der das tatsächliche Treffen einer koordinierten Entscheidung erzwingen könnte. Nicht selten werden aber solche Entscheidungen nicht getroffen, ohne daß dies Sanktionen nach sich zieht. Damit verpufft der angestrebte Zweck, mit dem Pflichtenheft die koordinierte Einordnung in alle anderen Pläne zu erreichen, d. h., die Einheit von Plan und Vertrag ist bereits von Anbeginn gestört.[59]

— Die Verknüpfung und Vermittlung von Rechtsverhältnissen *eines* zusammengehörenden Prozesses ist oft nicht genügend klar und zwangsläufig. Es sollte aber Klarheit

---

[57] Vgl. M. P. Ring, Chozrasčetnaja sistema sozdanija i vnedrenija novoj techniki, pravovyje problemy, Moskva 1982.

[58] T. Riemann wendet sich z. B. ausdrücklich gegen die Zuerkennung subjektiver Rechte und Pflichten in den vertikalen Leitungsbeziehungen — (vgl. T. Riemann, Die rechtlichen Beziehungen im staatlichen Leitungssystem, in: Staat und Recht, 7/1981, S. 592).

[59] Wir stoßen hier unter einem spezifischen Aspekt auf das Problem stärkerer rechtlicher Durchsetzbarkeit des Entscheidungsverlangens. Vgl. auch: U.-J. Heuer, Recht und Wirtschaftsleitung im Sozialismus, Berlin 1982, S. 173.

bestehen z. B. darüber, wann die Pflicht zu einer Abstimmung entsteht, welchen Anforderungen sie zu genügen hat, wann die Abstimmung erreicht ist und welche Rechtswirkungen aus ihr erwachsen bzw. was zu tun ist, wenn dagegen verstoßen wird. Hier dürfen keine Lücken in der Regelungskette zugelassen werden bzw. muß kontinuierlich an ihrer Schließung gearbeitet werden.

— Zu prüfen wäre auch, in welchen Fällen der Nichtwahrnehmung bzw. des Mißbrauchs von Rechten sowie der Pflichtverletzung das Fehlen von Sanktionen als *ein* Mittel der rechtlichen Durchsetzung gesellschaftlicher Interessen von Nachteil ist. Beispielsweise stellt sich die Frage, welcher Verantwortlichkeit für ungesetzliche bzw. unzweckmäßige Entscheidungen sich staatliche Organe bzw. die betreffenden Leiter zu stellen haben. Das ist ein wichtiger Aspekt sozialistischer Demokratie und des zuverlässigen Schutzes des Volkseigentums.[60]

2.4.2. *Interessenvermittlung und -koordinierung durch den Vertrag über wissenschaftlich-technische Leistungen*

Planung und Planentscheidungen bewirken die grundsätzliche Verknüpfung der Interessen beteiligter Wirtschafts- und Wissenschaftsorganisationen mit gesellschaftlichen Interessen und berücksichtigen Erfordernisse der Kooperationsverflechtung. Sie können damit aber nur relativ globale Proportionen herstellen und bedürfen aus folgenden Gründen ergänzender Mittel:

Im Interesse der Beherrschbarkeit der hierarchischen Verflechtungen sind Planentscheidungen immer relativ aggregierte Ziele. Sie bedürfen ihrer weiteren detaillierten Untersetzung (Leistungsgegenstand, Menge, Qualität, zeitliches Zusammenwirken, Gegenleistung). Gerade durch den die Wirkungen der wirtschaftlichen Rechnungsführung sehr intensiv vermittelnden Wirtschaftsvertrag gilt es, die Einheit von materiellen und finanziellen Proportionen bis ins Detail herzustellen.

Bei der Verhandlung über den konkreten Inhalt des Pflichtenheftes und des Vertrages über wissenschaftlich-technische Leistungen beziehen die Partner auch solche Überlegungen mit ein, die z. B. Konsequenzen für künftiges Produktionsprofil, Energie- und Materialökonomie, Transportoptimierung, Effektivität, Exporterlöse betreffen. Die auf *beide* Vertragspartner wirkenden staatlichen Leitungsmaßnahmen werden über die konkreten Vertragsbedingungen weiter optimiert und koordiniert. Dies wird durch die juristische Form der Willensübereinstimmung als konstitutives Moment der Rechte- und Pflichtenfestlegung ermöglicht.

Der Vertrag stellt eine Beziehung zur wirtschaftlichen Rechnungsführung beider Vertragspartner her (bzw. wenn nur *einer* nach wirtschaftlicher Rechnungsführung arbeitet, knüpft er daran an). Im Unterschied zu den Rechtsbeziehungen zwischen Autor und Adressat der Planentscheidung werden ökonomisch verbindliche Dispositionen zwischen jeweils mindestens zwei Gliedern der Kooperationskette getroffen und ein Zusammenhang mit der wirtschaftlichen Rechnungsführung hergestellt. Somit ist gerade der Vertrag über wissenschaftlich-technische Leistungen ein unentbehrliches Mittel der Bilanzierung zur Vorbereitung und Fortführung der staatlichen Planung. Die Verknüpfung der Rechte und Pflichten des Vertrages, so daß das Recht des einen nur um des korrespondierenden

[60] Vgl. ebenda, S. 175.

Rechts des anderen Partners, nur vermittels der Erfüllung der mit dem Recht verbundenen Verpflichtung befriedigt werden kann (Gegenseitigkeit und Korrespondenz der Rechte und Pflichten = Synallagma des Vertrages), ermöglicht es, die ökonomischen Interessen der Partner aufeinander zu beziehen und einen gerechtfertigten Kompromiß zu erzielen.

Ein zusätzliches Interesse an der Realisierung der Aufgaben ist durch die Verantwortlichkeit für die vertragsgerechte Erfüllung des Vertrages über wissenschaftlich-technische Leistungen gegeben.

Plan und Wirtschaftsvertrag stehen in bezug auf wissenschaftlich-technische Leistungen in einem speziell ausgestalteten Wechselverhältnis. Sie bilden eine widersprüchliche Einheit.

a) Jeder Vertrag über wissenschaftlich-technische Leistungen bedarf einer speziellen Plangrundlage, die auch seinen Inhalt sehr intensiv gestaltet. Der Auftragnehmer einer wissenschaftlich-technischen Leistung ist verpflichtet, diese im Rahmen ergangener Planentscheidungen, vorliegender Koordinierungsverträge oder verfügbarer Kapazität einzuordnen. Automatischer Mindestinhalt des Vertrages über wissenschaftlich-technische Leistungen ist das Pflichtenheft. § 8 (1) der Durchführungsverordnung zum Vertragsgesetz (DVO/VG) entfaltet durch seine Orientierung auf notwendige Änderung wegen neuer Erkenntnisse die koordinierte Reaktion in Abminderung oder Ausschaltung des der wissenschaftlich-technischen Leistung innewohnenden Risikos.

b) Abgeschlossene Wirtschaftsverträge sind der weiteren Planung zugrunde zu legen und zu berücksichtigen. Damit wird wesentlich die Planungsfunktion des Vertrages über wissenschaftlich-technische Leistungen ausgenutzt, zugleich die Interessenkopplung und -koordinierung von Einzelinteressen und gesellschaftlichen Interessen fortgesetzt. Die in Koordinierungsverträgen gemäß § 5 der 1. DVO/VG bzw. in den Vertragsbeziehungen zur Vorbereitung von Staatsaufträgen getroffenen Dispositionen sind in die für ihre Realisierung erforderlichen Planteile einzuordnen. Staatsplanaufgaben sind dabei mit einem besonderen Vorrang ausgestattet.

Offenbar waren bislang die dargelegten Interessenkopplungen nicht so wirksam herstellbar, deshalb war in der Praxis oft eine Flucht in „Vertragssurrogate" zu verzeichnen: Anstelle von Verträgen traten Bedarfsmeldungen, Forderungsprogramme und die „gute persönliche Zusammenarbeit".

Zweierlei wird daraus deutlich: Zum einen hat sich offenbar der Vertrag über wissenschaftlich-technische Leistungen bislang nicht als überlegenes Instrument der Interessenkoordinierung bewähren können, weil schon von der Planmethodik her zuwenig Zwang auf die Herstellung der Einheit von Plan und Bilanz ausgeübt wurde. Die §§ 5 und 6 der Ersten Durchführungsbestimmung zur Pflichtenheftverordnung stellen dem Generaldirektor die *Aufgabe*, eine unverzügliche Organisation der Vertragsbeziehungen zu veranlassen. Eine detaillierte Regelung hierzu fehlt aber bislang. Zum anderen ist es bisher möglich gewesen, Mittel zu verausgaben ohne vertragliche Absicherung des entsprechenden Themas. Damit wird aber auf stimulierende Potenzen des Vertrages verzichtet. Begegnet werden kann dem durch einen kontrollfähigen Nachweis der Absicherung von Kooperationsbeziehungen bei Planverteidigungen, die straffere Mittelkontrolle und die Festlegung einer Vertragsabschlußfrist auf deren Verletzung mit einer speziellen Vertragsstrafe reagiert werden könnte.

Insgesamt ergibt sich hieraus notwendig eine *differenzierte* Struktur der Kooperationsbeziehungen, die sich in verschiedenen Vertragsformen und -typen widerspiegelt:

1. In Vorbereitung komplexer Neuerungsprozesse gilt es, Informationen für die Ent-

scheidungsfindung zu beschaffen bzw. getroffene Planentscheidungen synchron in andere Pläne und Bilanzen einzuordnen, die Aktivitäten von Finalproduzent und Zulieferer auf das gleiche Endziel zu richten. Dem dient der Koordinierungsvertrag, mit dem im eigenen Leitungsbereich zu treffende Entscheidungen koordiniert und/oder künftige Leistungsbeziehungen vorbereitet werden. Er ist keine Alternative zum Leistungsvertrag, geht diesem vielmehr dann voraus, wenn eine koordinierte Zusammenarbeit schon erforderlich und vorteilhaft ist, die Modalitäten der konkreten Leistung aber noch nicht ausreichend bestimmbar sind. Die Interessenstimulierung erfolgt in diesem Falle nicht oder nicht erstrangig durch den Koordinierungsvertrag, sondern vor allem durch die auf seiner Grundlage später begründeten und realisierten Leistungsverträge.

2. Die Organisierung der tatsächlichen Durchführung wissenschaftlich-technischer Leistungen zwischen selbständigen Wirtschaftseinheiten bzw. Partnern außerhalb von Unterstellungsverhältnissen erfolgt durch den Vertrag über die Durchführung wissenschaftlich-technischer Leistungen (1. DVO/VG). Er ist selbständiger Vertragstyp über die Erbringung immaterieller Leistungen.[61]

3. Ein spezieller Leistungsvertrag liegt der Nutzungsvergabe wissenschaftlich-technischer Ergebnisse zugrunde.[62] Der Auftragnehmer verpflichtet sich zur Übertragung seiner wissenschaftlich-technischen Ergebnisse und zur Erbringung der für eine Nutzung erforderlichen Unterstützung, wofür das vereinbarte Entgelt zu zahlen ist.

4. Eine spezifische Ausgestaltung erfahren die Kooperationsbeziehungen innerhalb von Kombinaten. Die ursprünglich vorgeschriebene Form der Beauflagung hat sich hier insofern nicht als zweckmäßig erwiesen, als sie unzureichend den Erfordernissen der planmäßigen Warenproduktion Rechnung trägt, so daß auch in den Kombinaten für wissenschaftlich-technische Leistungen überwiegend die Vertragsform genutzt wird. Zwischen selbständigen Forschungseinrichtungen und anderen Betrieben des Kombinats wird der „Kauf“ und „Verkauf“ wissenschaftlich-technischer Leistungen durch §§ 18ff. der Anordnung über die Anwendung der wirtschaftlichen Rechnungsführung vom 23. 11. 1983 vorgeschrieben. Jedoch bieten sich hier auch Möglichkeiten einer durch § 22 des Vertragsgesetzes (VG) eingeräumten besonderen Gestaltung der Kooperationsbeziehungen.

Die stimulierende Funktion des Vertrages über wissenschaftlich-technische Leistungen beruht vor allem auf der synallagmatischen Verknüpfung solcher Rechte und Pflichten beider Partner, die ein gemeinsames bzw. wechselseitiges Interesse an der Stimulierung des wissenschaftlich-technischen Fortschritts erzeugen.

Der Anspruch auf die geschuldete Leistung entsteht erst durch den Abschluß des Vertrages über wissenschaftlich-technische Leistungen, geknüpft an die darin vereinbarten Bedingungen. *Ohne Vertrag kein Anspruch auf Leistung und Gegenleistung.* Der abgeschlossene Vertrag muß in der Planverteidigung bzw. gegenüber der Bank für die Mittelfreigabe

---

[61] Vgl. Autorenkollektiv, Verträge in Wissenschaft und Technik, Berlin 1980; R. Osterland, Die wissenschaftlich-technische Leistung und das wissenschaftlich-technische Ergebnis als Gegenstände rechtlicher Regelung in Wissenschaft und Technik, in. Staat und Recht, 9/1975, S. 1239; W Linden, Theoretische Aspekte des Wirtschaftsvertrages über wissenschaftlich-technische Leistungen, in: Staat und Recht, 10/1974, S. 1676.

[62] Vgl. § 62 Vertragsgesetz (GBl. I 1982 Nr. 14, S. 293), zur speziellen Form der Vergabe von Verfahren vgl. auch: §§ 18, 19 der Ersten Durchführungsverordnung zum Vertragsgesetz (GBl. I 1982 Nr 16, S. 325).

nachgewiesen werden. Die Gegenleistung kann nur über die Erbringung der Leistung erworben werden, wobei der Auftragnehmer vorleistungspflichtig ist. Damit drückt seine wirtschaftliche Rechnungsführung — auch wenn die Zinsen für die Umlaufmittelfinanzierung kalkulationsfähig sind — auf vertragsgerechte Realisierung und ggf. Unterbietung der Leistungszeit. Erst die gehörig erbrachte und abgenommene Leistung führt zur Erfüllung des Vertrages und setzt die Zahlungsfrist in Gang.

Ist die Leistung mangelhaft, entsteht das Recht auf Abnahmeverweigerung mit den negativen Folgen des einsetzenden Verzuges, den außerplanmäßigen Zinsen für die Finanzierung, der Nichtanrechnung als Vertragserfüllung beim Leistenden. Wird die Verteidigung pflichtwidrig verzögert, so gerät der Partner in Abnahmeverzug (§ 16 1. DVO/VG), und die Sanktionen gleichen die Zinsbelastung des Auftragnehmers aus.

Im Ergebnis der Verteidigung wird abhängig von der Vertragserfüllung über die Höhe des endgültigen Preises, über die Gewährung bzw. Nutzung des normativen Extragewinns entschieden. Allerdings ist der Charakter des vorläufigen Preises als Preislimit zweifelhaft geworden.[63] Die Kalkulation des vorläufigen Preises steht in der Eröffnungsverteidigung zur Debatte, bei der Abschlußverteidigung zurückgewiesene vermeidbare Kosten gehen nicht in den endgültigen Preis ein. Neben den Forschungskosten wird bei Vertragserfüllung ein normativer Gewinn, bei Spitzenleistung und Übererfüllung der vertraglich vereinbarten Effektivitätskriterien ein Extragewinn einbezogen.

Davon gehen beachtliche stimulierende Wirkungen aus. So ist der Auftragnehmer an termingerechter Leistung interessiert, da er die Leistung vorfinanzieren muß. Er ist zur Einhaltung des Preises genötigt, denn übersteigende Kosten mindern seinen Gewinn, es sei denn, sie führen auch zu einer vertretbaren Erhöhung der Effektivität der Aufgabenstellung. Allerdings bestehen hier evtl. Manipulierungsmöglichkeiten in der Zuordnung von Kosten nach Aufträgen. Eine Unterschreitung des vorläufigen Preises sichert zwar den geplanten normativen Gewinn, evtl. den vereinbarten Extragewinn, erscheint aber als unzureichender Anreiz und begünstigt möglicherweise eine Manipulation.

Ferner bietet sich hier — vorausgesetzt, das Interesse des Auftraggebers an sparsamer Verausgabung seiner Mittel ist stark genug motiviert — die Möglichkeit, unzweckmäßige Verhaltensweisen bei der Realisierung des Vertrags über wissenschaftlich-technische Leistungen dem anderen Partner zuzurechnen. Dieses Interesse wäre beim Auftraggeber freilich eingeschränkt, soweit er Staatshaushaltsmittel einsetzt. Deshalb kommt hier einmal der Bankkontrolle über effektive Mittelverausgabung, zum anderen aber einer indirekten Motivierung große Bedeutung zu, indem an die Einhaltung der Effektivität der konkreten wissenschaftlich-technischen Leistung die eigene Leistungsbewertung anknüpft. Das erfordert auch eine abgewogene Bewertung des Verhältnisses von einmaligem und laufendem Aufwand in der Ermittlung der Gesamteffektivität. Hier darf also keine einseitige und damit unter Umständen Fehlwirkungen hervorrufende Anknüpfung vorgenommen werden.

Eine angesichts des Risikos von wissenschaftlich-technischen Leistungen erforderliche spezielle und stimulierende Ausgestaltung erfuhr die Garantieregelung der 1. DVO/VG. Durch § 12 wird der Auftragnehmer an einer mit ausreichendem „Vorhalt“ ermittelten Aufgabenstellung unter Einhaltung des Zeitfaktors interessiert. Die Garantiefrist ist

---

[63] Vgl. §§ 19, 21, 24, 25 der AO vom 23. 11. 1983 über die Anwendung der wirtschaftlichen Rechnungsführung in Forschung und Entwicklung (GBl. I Nr. 36, S. 387f.).

(gem. § 13 (3) 1. DVO/VG) so gestaltet, daß sie nicht vor dem Ende der Garantie für das erste Erzeugnis entsprechend der wissenschaftlich-technischen Leistung endet. Damit ist das Risiko der technischen Realisierbarkeit und Funktionsfähigkeit eindeutig dem Auftragnehmer zugeordnet. Ähnlich sind die Garantieforderungen bei auftretendem Mangel modifiziert. Sie sind zwar in jedem Falle durch den Auftragnehmer zu befriedigen, aber vom Auftraggeber zu finanzieren, wenn die Mängel (gem. § 24 (1) 1. DVO/VG) nicht abwendbar waren. Auch damit wird dem Risiko entsprochen.[64]

Auch bei der Vereinbarung schutzrechtlicher Aufgaben (gem. § 14 1. DVO/VG) bieten sich Ansatzpunkte wechselseitiger Stimulierung. Bedauerlicherweise verzichtet das Gesetz auf eine Orientierung, welcher Partner die Aktivitäten und Kosten der Schutzrechtsarbeit zu tragen hat. Die Interessen der Vertragspartner sind hier durchaus differenziert, der Auftragnehmer bedarf unter Umständen der Schutzrechte zur Festigung seines Rufes als FE-Stelle, der Absicherung seines Forschungsprofils vor Konkurrenten; der Auftraggeber benötigt in der Regel Schutzrechte für die Absicherung seiner Marktstrategie (Export und Lizenzvergabe). Auch durch Vereinbarungen über eine Beteiligung an den Lizenzerlösen kann eine zusätzliche Stimulierung erreicht werden. Schließlich ist § 14 (2) 1. DVO/VG auch im Hinblick auf die ideelle Motivierung des wissenschaftlich-technischen Personals bedeutend.

Die stimulierende Funktion des Vertrages sollte nicht zuletzt hinsichtlich der mehrfachen Verwertung des wissenschaftlich-technischen Ergebnisses stärker nutzbar gemacht werden. Prinzipiell können Ursprungsbetriebe wie jeder Erwerber wissenschaftlich-technische Ergebnisse zur entgeltlichen Nutzung anbieten. Das Gesetz stellt *nicht* auf die Vergabe des Nutzungsrechts ab, was u. E. die logische Konsequenz aus der Analyse des Warencharakters wäre, sondern sieht als Inhalt eines solchen Vertrages offenbar, neben der Erstnutzung *vorhandener*, die Nachnutzung *nur* solcher wissenschaftlich-technischer Ergebnisse an, zu deren Nutzung zusätzliche Kenntnisse oder Unterstützungsleistungen erforderlich sind. Dadurch wird der Interessenlage bei sonstigen wirtschaftlich verwertbaren Resultaten nicht Rechnung getragen. Bedauerlicherweise verzichtet § 9 (3) 1. DVO/VG auf eine Orientierung zur gemeinsamen Nutzungsvergabe, die mit einer Teilung des Nutzungsentgelts verbunden sein sollte, da diese die unterschiedliche Initiative und den Aufwand der Partner bei Nutzungsvergabe berücksichtigen würde.

Wird die Vertragsänderung aus Gründen des wissenschaftlich-technischen Fortschritts notwendig, die keinem der Vertragspartner zuzurechnen sind, dann gehört zu den notwendigen Aufwendungen auch der jeweils anteilige Stimulierungsbetrag (gem. Forschungsverordnung) bzw. der geplante Gewinnzuschlag (gem. Anordnung über die Anwendung der wirtschaftlichen Rechnungsführung in Forschung und Entwicklung). Damit wird faktisch das Risiko zwischen den beiden Vertragspartnern geteilt. Dem nicht abwendbaren Risiko, daß mit den gegenwärtigen Mitteln eine wissenschaftlich-technische Leistung nicht oder ökonomisch nicht vertretbar erbracht werden kann, entspricht das Gesetz (1. DVO/VG) mit einer Sonderregelung: An die Stelle des Rücktritts wegen objektiver Unmöglichkeit tritt hier die Vertragsaufhebung unter Zahlung des bis dahin angefallenen Preises. Schließlich kommt auch der Verantwortlichkeitsregelung eine stimulierende Funktion zu: in ihrer Präventivwirkung erleichtert sie die Einordnung volkswirtschaftlicher

---

[64] Zu den Einsatzvoraussetzungen des Risikofonds vgl.: AO vom 17. 11. 1983 über die zentrale staatliche Kalkulationsrichtlinie zur Bildung von Industriepreisen — Anlage 9 (GBl. I Nr. 35, S. 341).

Forderungen in die Interessen der Wirtschaftseinheit. In ihrer Kompensationsfunktion stellt sie die durch Pflichtverletzung des einen Partners beim anderen Partner gestörte Übereinstimmung von Leistungsbewertung und Stimulierung wieder her. Wurde auch in der Vergangenheit die mangelnde Wirkung der materiellen Verantwortlichkeit oft beklagt,[65] so ist allein schon vor dem Hintergrund der Vervollkommnung der wirtschaftlichen Rechnungsführung mit einer verstärkten Wirkung der Sanktion zu rechnen. Gezahlte Sanktionen mindern den Erlös, bringen Finanzierungsverluste, ggf. verminderte Zuführungen zu den Stimulierungsfonds in ihrer saldierten Wirkung. Gleichzeitig werden damit Maßnahmen staatlicher Rechtskontrolle ausgelöst.

2.4.3. Rechtliche Stimulierung der mehrfachen Nutzung von Ergebnissen

Wissenschaftlich-technische Ergebnisse breiten sich nicht von allein aus. Die rechtliche Stimulierung setzt voraus, daß Ursprungsbetrieb und Urheber von wissenschaftlich-technischen Ergebnissen an ihrer Verbreitung interessiert werden und deren Wirkung im Wertbildungsprozeß Rechnung getragen wird. Gemäß ihrem immateriellen Charakter ist eine spezifische Regelung der Fondsinhaberschaft an solchen Resultaten zu sichern. Hier offenbart die gegenwärtige Regelung Unzulänglichkeiten und Widersprüche: Wissenschaftlich-technische Ergebnisse im Bereich der sozialistischen Wirtschaft (anders beim Ausschließungspatent!) stehen der ganzen Gesellschaft zu, die Fondsinhaberschaft des Ursprungsbetriebes ist nicht anerkannt. Zwar hat der Ursprungsbetrieb die Erfindung[66] anzumelden und die Patentgebühren zu zahlen, soweit aber auf Grund der Patentschrift die Nutzung durch andere sozialistische Betriebe oder Staatsorgane möglich ist, hat er daraus keinen Vorteil, es entstehen lediglich Vergütungsansprüche des Urhebers. Hier wird also den wissenschaftlich-technischen Ergebnissen bzw. den seine Verwertung ermöglichenden Nutzungsrechten kein Warencharakter zuerkannt. Gleiches gilt für andere einfach nutzbare Neuererleistungen. Eine ökonomische Beziehung zum Ursprungsbetrieb ergibt sich dann, wenn der Erwerber das Ergebnis erst infolge Lüftung einer bis dahin bewahrten Geheimhaltung, der Übertragung von besonderem know-how oder zusätzlichen Unterstützungsleistungen verwerten kann. Es sind aber nicht allein diese Leistungen zu bezahlen, der Ursprungsbetrieb partizipiert auch am Extragewinn aus der Verwertung der Resultate beim Erwerber.

Dieses Konzept kann u. E. nicht befriedigen. Änderungen wären in der Richtung möglich, daß dem Ursprungsbetrieb jeder Neuerung (zumindest aber jeder geschützten Neuerung!) die Fondsinhaberschaft an dem Nutzungsrecht zuerkannt wird, bei gleichzeitiger Verpflichtung, die Resultate breiter Verwertung und Nachnutzung zuzuführen. Durch teilweise oder völlige Übertragung dieser Nutzungsbefugnis (verstanden als tatsächliche Befähigung des Erwerbers zur Verwertung der Resultate) als Ware soll er ein Entgelt erhalten. Dieses muß die Amortisation der ursprünglichen Forschungskosten und die Beteiligung an dem beim Erwerber infolge Verwertung entstehenden Extragewinn in einer solchen Weise garantieren, daß beide an breiter Nutzung interessiert sind. Eine übermäßige Gewinnbildung beim Ursprungsbetrieb könnte durch Restriktionen kompensiert werden

---

65 Vgl. Autorenkollektiv, Wirksamkeit des Wirtschaftsrechts, Berlin 1979, S. 246ff.

66 Vgl. Gesetz über den Rechtsschutz für Erfindungen — Patentgesetz vom 17. 10. 1983 (GBl. I Nr. 29, S. 286).

(Höchstgrenze aller Entgelte für die Nachnutzung *eines* Ergebnisses, Begrenzung für Zuführung zu Stimulierungsfonds, nach erfolgter Wiedererwirtschaftung der Forschungskosten teilweise Abführung derartiger Erlöse als nicht erwirtschafteter Gewinn).

Vor allem für Staatsplanthemen und andere wichtige Aufgaben ist als eine zu erreichende Planzielstellung der Nachnutzungsgrad und ggf. der Kreis späterer Nachnutzer zu fixieren. Hier ist über den Plan des Erarbeiters der wissenschaftlich-technischen Leistung *sein* Interesse an der Nachnutzung anzuregen, weil nur dann der Plan auch real erfüllt ist. Das gleiche gilt für den Plan des Erwerbers (z. B. Effekte und Gewinn, die seinen Planteilen zugrunde liegen) in bezug auf dessen Interesse an tatsächlicher Nachnutzung.

Auch in diesen Fällen sollte jedoch nicht auf die Gestaltung eines Nachnutzungsverhältnisses verzichtet werden, das eine entsprechende Nutzenbeteiligung ermöglicht. Sonst können leicht Fehlwirkungen entstehen, indem aus volkswirtschaftlich unbedeutenderen Nutzungen unverhältnismäßig stärkere Stimulierungen erwachsen.

Was den Abschluß von Nachnutzungsverträgen betrifft, so ist folgende *Interessenlage der Beteiligten* zu analysieren:

Der *Abgebende* ist an einer ausreichenden Information über bei ihm vorliegende wissenschaftlich-technische Ergebnisse nur ungenügend interessiert, weil er lediglich die Informationskosten plus kalkulierter Gewinnspanne erhält. Zudem kennt er auf Grund seiner Wirtschaftstätigkeit nur einen geringen Anwenderkreis und kann nicht gezielt anbieten oder nur punktuell mit Neuerungen helfen. Er trifft insofern nicht das Interesse eines möglichen Erwerbers, der evtl. komplex wissenschaftlich-technische Ergebnisse beratend angeboten haben möchte..

Die in der Neuererverordnung zwar vorgesehene Stimulierung der Interessen der Neuerer an der Verbreitung *ihrer* Neuerung ist zum einen illusionär (der Neuerer müßte quasi Urlaub nehmen und als Handlungsreisender seine Neuerungen anbieten) und zum anderen unzweckmäßig (es wird nicht selten betriebliches know-how unberechtigt offenbart und dadurch unter Umständen der Nutzungsvertrag verhindert).

Der potentielle *Nachnutzer* muß sich zuerst die erforderliche Information beschaffen. Das macht häufig erheblichen Aufwand, weil er nicht gezielt suchen kann. Außerdem muß er z. Z. damit rechnen, daß das wissenschaftlich-technische Ergebnis mit vielen Risiken behaftet ist, die er allein tragen muß (ob geeignet, ob ausreichend offenbart, die Applikation für seinen Zweck, die ökonomische Verwertbarkeit). Der mögliche Nutzen erscheint ihm kaum attraktiv. Wenn er infolge der Nachnutzung evtl. Mittel seines Fonds WT einspart, wird das nicht ausreichend wirksam und nutzbar, um evtl. Risiken abzufangen. Im Preis seiner wissenschaftlich-technischen Leistung darf er nur die tatsächlich anfallenden niedrigen Kosten infolge der Nachnutzung kalkulieren. Als eine mögliche Lösung wäre zu erwägen, in den Zirkulationsprozeß der wissenschaftlich-technischen Ergebnisse einen *kommerziell organisierten Absatzmittler* einzuschalten.[67] Das könnten EDV-Nutzer-Gemeinschaften, Wissenschaftlich-Technische Zentren (WTZ) der Erzeugnisgruppen, Ingenieur- und Rationalisierungsbüros, Anwendungsgemeinschaften für Industrieroboter, Beratungs- und Applikationszentren der Mikroelektronik u. ä. sein, denen folgende Aufgaben zukämen:

---

[67] Vgl. G. Bretschneider/B. Müller, Leitung, Planung und ökonomische Stimulierung der Mehrfachnutzung von wissenschaftlich-technischen Ergebnissen in der DDR, in: Mehrfachnutzung wissenschaftlich-technischer Ergebnisse — Lizenzen, H. 7/1977, S. 35ff. (Bezirksneuererzentrum Suhl).

— Sie erfassen für ihr Aufgabenprofil möglichst lückenlos die wissenschaftlich-technischen Ergebnisse. Der Abgebende wird durch die Zahlung einer Ankaufgebühr an der Abgabe der Information interessiert; die Vermittlungseinrichtung, mit eigenen Mitteln vorfinanziert, ist auf den Erwerb vollständiger, aussagefähiger und auf den neuesten Stand fortgeschriebener Unterlagen interessiert, um diese erfolgreich anbieten zu können.

— Sie sind in der Lage, auf Grund der speziellen Marktbearbeitung potentiellen Kunden komplexe Rationalisierungsangebote zu unterbreiten, Lösungen für den Zweck des Anwenders zu applizieren und bei Bedarf sachkundig Auskünfte zu geben. Sie erteilen solche Auskünfte gegen eine bereits gewinnbringende Informationsgebühr. Besteht ein Interesse an einem Nachnutzungsvertrag, vermitteln sie diesen und erhalten bei erfolgreichem Abschluß eine Vermittlungsprovision. Daraus können sie sowohl die Ankaufsgebühr und ihre Vermittlungskosten decken sowie einen Gewinn erwirtschaften. Günstig wäre, durch Provision leistungsabhängig die Mitarbeiter zu beteiligen, um so eine direkte Interessenverknüpfung zu schaffen.

— Bedarf es für den konkreten Anwendungszweck des Nachnutzers einer Applikation, die durch die Einrichtung erbracht wird, steht ihr entsprechend eine Beteiligung am Nachnutzungsentgelt zur Verfügung.

Die Übertragung der für die erfolgreiche Nachnutzung erforderlichen Kenntnisse wird gegenwärtig durch den Nachnutzungsvertrag als spezieller Typ des Vertrages über wissenschaftlich-technische Leistungen vermittelt. Doch scheint uns das Synallagma dieses Vertrages bislang nicht genügend ausgeprägt: Nach § 62 des Vertragsgesetzes besteht die Leistungspflicht in der vereinbarten Übergabe des wissenschaftlich-technischen Ergebnisses und in der Gewährung der zur Nutzung erforderlichen Unterstützung. Dafür ist ein Nachnutzungsentgelt zu zahlen. Eine nähere Ausgestaltung ist durch § 18 der 1. DVO/VG und die §§ 26ff. der Anordnung über die Anwendung der wirtschaftlichen Rechnungsführung vorgenommen worden. Richtiger wäre wohl, den Inhalt des Vertrages in der Übertragung der teilweisen oder ausschließlichen Nutzungsbefugnis an geheimgehaltenen oder geschützten Kenntnissen zu sehen, die zur erfolgreichen Verwertung wissenschaftlich-technischer Ergebnisse befähigen. Zur Vergabe ist jeder berechtigt, der über solche wissenschaftlich-technischen Ergebnisse verfügt, sofern diese nicht durch Vertrag (z. B. Lizenzvertrag, Exklusivklausel gem. § 18 (4) 1. DVO/VG) oder durch Gesetz (z. B. Preisbildung für wiederverwendungsfähige Lösungen) ausgeschlossen ist. Für die Übertragung der Nutzungsbefugnis sollte neben dem Ersatz des Preises für Applikation und Unterstützung eine angemessene Beteiligung am Extragewinn des Anwenders vereinbart werden dürfen. 20 % der Nachnutzungserlöse sind gemäß § 28 der Anordnung über die Anwendung der WRF dem Gewinn, der Rest der Refinanzierung des Fonds Wissenschaft und Technik zuzuführen. Neben der Wirkung des Gewinns auf die Bildung der Stimulierungsfonds wäre eine direkte Wirkungsfolge (als Art Provision) auf die materielle Interessiertheit der an Vorbereitung und Realisierung der Nachnutzung beteiligten Werktätigen zu erwägen.

3. Der Beitrag des sozialistischen Rechts zur Stimulierung wissenschaftlich-technischer Leistungen in der Wissenschaft

3.1. Rechte und Pflichten innerhalb von Forschungseinrichtungen zur Stimulierung wissenschaftlich-technischer Leistungen und Durchsetzung des Leistungsprinzips[1]

Die Forschungseinrichtungen sind wesentliche Bestandteile im Zyklus Wissenschaft – Technik – Produktion. Sie bilden eine entscheidende Grundlage für das Tempo und die Effektivität in der Forschung, bei der Entwicklung neuer Technik und Technologien sowie bei der Überleitung wissenschaftlich-technischer Ergebnisse in die Produktion.

Spezifisch gegenüber den relevanten Rechten und Pflichten in anderen gesellschaftlichen Verhältnissen ist, daß sie in der Endkonsequenz auf Handlungen orientieren, deren Resultate nicht eindeutig bestimmbar, sondern nur wahrscheinlich sind. Aber selbst innerhalb der wissenschaftlichen Produktion ist die Wahrscheinlichkeit differenziert; sie ist geringer in der Erkundungs- und Grundlagenforschung, aber höher, je mehr sich die Forschung unmittelbar der materiellen Produktion nähert. Das Maß der Wahrscheinlichkeit des Handlungsresultats wird beeinflußt durch die eingesetzte verantwortungsvolle schöpferische Aktivität. Darauf zielen auch die rechtlichen Regelungen zur Stimulierung wissenschaftlich-technischer Leistungen innerhalb von Forschungseinrichtungen ab.

Auch wenn über die Einwirkungs- und Regelungsmöglichkeiten des sozialistischen Rechts bei der Erarbeitung von wissenschaftlich-technischen Ergebnissen unterschiedliche Meinungen existieren, muß man auf Grund von Rechtsnormanalysen und rechtspraktischen Untersuchungen davon ausgehen, daß die Stimulierung wissenschaftlich-technischer Leistungen durch das Recht bereits in der Phase der Planung wissenschaftlich-technischer Aufgaben und Themen zu beginnen hat.

Der *Staatsplan* Wissenschaft und Technik als grundlegendes Steuerungsinstrument zur Gewährleistung der volkswirtschaftlichen Gesamtziele und zur Sicherung der notwendigen Konzentration auf bedeutsame Tendenzen des wissenschaftlich-technischen Fortschritts ist auch für die Forschungseinheiten *Ausgangspunkt* der Planung von Wissenschaft und Technik im eigenen Wissenschaftsbereich. Dennoch kann sich die Planung von Wissenschaft und Technik in den Forschungseinheiten *nicht nur* auf Themen orientieren, die im Staatsplan eingeordnet sind, weil damit nicht die gesamte Breite der notwendigen Forschungen erfaßt wird. Den Plänen der Forschungs*einrichtungen* (z. B. der Akademie der Wissenschaften und der Universitäten und Hochschulen) und der Forschungs*einheiten*

[1] Siehe zu den neuen rechtlichen Regelungen dieses Gegenstandsbereiches S. 8 Anm. 2.

(Zentralinstitute, Institute der AdW sowie Sektionen der Universitäten und Hochschulen) muß unter dem Gesichtspunkt der Verwirklichung einer langfristigen Forschungsstrategie vor allem in der *Erkundungs-* und *Grundlagenforschung* eine größere Bedeutung beigemessen werden.

Bezüglich der Planung und Stimulierung wissenschaftlich-technischer Leistungen sind die von Linden[2] aufgeworfenen Probleme als Prämissen weiterer Überlegungen zu beachten. Dazu gehören vor allem:

- das Verhältnis von zentraler Planung komplexer Themen und konkretisierter Planung in den Forschungseinrichtungen (Notwendigkeit der Auflösung zentraler Vorgaben in Einzelaufgaben);
- das Verhältnis von Stabilität und Dynamik der Planung (Forderung nach flexibler, zum Teil gleitender Planung in Wissenschaft und Technik);
- das Verhältnis von Planung und Planabrechnung in der materiellen und nichtmateriellen Produktion (Notwendigkeit der Beachtung der Besonderheiten der nichtmateriellen Produktion).

Linden ist zuzustimmen, wenn er konstatiert, daß in der Praxis die Planung und Abrechnung der Aufgaben in Wissenschaft und Technik im wesentlichen den Prinzipien der industriellen Warenproduktion folgen und die ihrem Charakter nach stochastischen Prozesse mit wahrscheinlichen Ergebnissen unbeachtet blieben.[3] Auch wenn in Wissenschaft und Technik vielfach nicht Ergebnis-, sondern Aufgaben- und Themenplanung vorherrschen, werden durch die Planungspraxis die notwendige Aufgaben- und Themenplanung durch die Hintertür oft zur einfachen Ergebnisplanung. Das wahrscheinliche Ergebnis wird zum tatsächlich geforderten, das geforderte Ergebnis wird dann auch zum tatsächlich realisierbaren. Die *Wahrscheinlichkeit* als eine Qualität wissenschaftlich-technischer Ergebnisse verschwindet weitgehend. Das muß z. B. auf die Risikofreudigkeit Einfluß haben. Dies wird auch durch den bestehenden Planungsmechanismus wissenschaftlich-technischer Aufgaben und Themen nicht wesentlich korrigiert, weil dort jährliche Planerfüllung im Mittelpunkt steht und mögliche gesamtwirtschaftliche Nachteile aus nicht realisiertem wissenschaftlich-technischem Fortschritt sich nicht unmittelbar in den Fonds der Forschungseinrichtungen widerspiegeln und somit auch nicht entscheidend auf den einzelnen Wissenschaftler durchschlagen.

Es geht also darum, die *Besonderheiten wissenschaftlicher Produktion stärker als bisher zu Ausgangspunkten ihrer Planung zu nehmen*, damit die Forschungsplanung auf allen Ebenen selbst mehr Potenzen zur Stimulierung schöpferischer wissenschaftlich-technischer Leistungen freilegt. Zu beachten ist auch, daß die Konkretheit der Planung (Ergebnis) in der Linie Grundlagenforschung — angewandte Forschung — Entwicklung zunimmt.

Hier ist den juristischen Konsequenzen, die daraus entstehen, nachzugehen. Dazu gehört die Frage, welches rechtliche Instrumentarium die Regelungen der Planungsordnung,[4] der Verordnung über die Leitung, Planung und Finanzierung der Forschung an

---

[2] Vgl. W. Linden (Hrsg.), Wissenschaftlich-technischer Fortschritt — Sozialistisches Recht, Teil I, Halle 1981, S. 60ff. (Konferenzmaterial).

[3] Vgl. ebenda, S. 63.

[4] Anordnung (im folgenden: AO) vom 28. 11. 1979 über die Ordnung der Planung der Volkswirtschaft der DDR 1981 bis 1985 (GBl.-Sdr. Nr. 1020 Teil L, Ziff. 19).

der Akademie der Wissenschaften und an den Universitäten und Hochschulen[5] sowie deren interne Planungsordnungen[6] bieten, damit bereits in der Planungsphase zur Übernahme anspruchsvoller Planaufgaben stimuliert wird. Ferner ist zu fragen, wie die rechtlichen Regelungen zur Stimulierung wissenschaftlich-technischer Leistungen unmittelbar an die in der Planungsordnung enthaltenen Ziele und Aufgaben anknüpfen und wie sie verbindlich sichern, daß diese schnell und effektiv erreicht bzw. gelöst werden.

Aus der Planungsordnung selbst ist nur *mittelbar* eine stimulierende Wirkung auf die Erbringung wissenschaftlich-technischer Leistungen abzuleiten. Mittelbar insofern, als sich diese vor allem über die grundsätzlichen Orientierungen auf die in den Plan Wissenschaft und Technik aufzunehmenden Ziele und Aufgaben vollzieht. Hierbei spielen allerdings die Niveauziele[7] eine bedeutende Rolle. Dennoch scheint ein behaupteter Übergang zur durchgängigen Niveauplanung von Wissenschaft und Technik[8] illusorisch und undifferenziert, weil vorhandene Unterschiede zwischen Grundlagen- und angewandter Forschung unberücksichtigt bleiben. Zudem ist die stimulierende Wirkung solcher selbstgestellten Niveauziele zu bezweifeln, da die Kontrollparameter objektiv nicht sofort nach Fertigstellung des wissenschaftlichen Ergebnisses angelegt werden können, sondern immer erst mit einer bestimmten Produktionseffektivität oder dem möglichen Export solcher Technik und Technologien in wissenschaftlich-technisch führende Länder.[9]

Die in der Planungsphase bestehenden Rechte und Pflichten, mit denen bereits in diesem Stadium auf schöpferische wissenschaftlich-technische Leistungen orientiert werden soll, sind vor allem Mitwirkungsrechte und -pflichten bei der Planung und bei der Bestimmung strategischer Forschungslinien, so wie sie z. B. im § 5 (2) und § 7 der Forschungsverordnung und in Ziff. 3, 4 und 6 der Ordnung für die Arbeit mit Staatsaufträgen Wissenschaft und Technik sowie im § 32ff. des Arbeitsgesetzbuches geregelt sind. Besondere Bedeutung kommt in diesem Zusammenhang den wissenschaftlichen Räten zu, die ihre beratende und koordinierende Tätigkeit auf die Sicherung eines hohen theoretischen Niveaus der Forschung und eines entsprechenden wissenschaftlichen Vorlaufs für die gesellschaftliche Praxis zu richten haben. Als Organe des Ministers für Hoch- und Fachschulwesen und des Präsidenten der AdW der DDR sind sie auf Grund ihrer Zusammensetzung (Wissenschaftler aus der AdW, den Universitäten und Hochschulen, aus staatlichen und wirtschaftsleitenden Organen sowie der unmittelbaren Produktion) dafür verantwortlich, vor allem die *Langfristigkeit* und *Fundiertheit* der wissenschaftlich-technischen Arbeiten zu sichern und die *schnelle Überleitung* von Forschungsergebnissen in die Produktion zu beeinflussen.

Auf der Grundlage einer notwendigen *Erhöhung der Verantwortung der wissenschaftlichen Räte* für die Ausarbeitung von Forschungslinien und -konzeptionen sowie

---

[5] Verordnung (im folgenden: VO) über die Leitung, Planung und Finanzierung der Forschung an der Akademie der Wissenschaften und an Universitäten und Hochschulen — vom 23. August 1972 (GBl. II Nr. 53).

[6] Zum Beispiel Planungsordnung der Akademie der Wissenschaften der DDR 1981 bis 1985 — Methodische Regelungen (Stand Mai 1981), 2/6.

[7] Vgl. AO vom 28. 11. 1979 über die Ordnung der Planung der Volkswirtschaft der DDR 1981 bis 1985 (GBl.-Sdr. Nr. 1020, Teil L, Ziff. 19, S. 26).

[8] So aber bei: G. Feige, Neue Aufgaben der staatlichen Leitung und Planung des wissenschaftlich-technischen Fortschritts, in: Staat und Recht, 3/1977, S. 239.

[9] Vgl. z. B.: W. A. Trapesnikow, Leitungstätigkeit und wissenschaftlich-technischer Fortschritt, in: Sowjetwissenschaft, Gesellschaftswissenschaftliche Beiträge, 5/1982, S. 686.

deren Umsetzung in Planentwürfe muß natürlich auch das Verhältnis ihrer Planungstätigkeit zur *unmittelbaren* Planung der Forschung in den Forschungseinheiten betrachtet werden. Dieses Verhältnis ist deshalb wichtig, weil hierbei Fragen der Rechte und Pflichten im Planungsprozeß angesprochen werden. So sollten die wissenschaftlichen Räte das Recht haben, den unmittelbaren Forschungseinheiten zu empfehlen, *welche* Forschungsaufgaben langfristig zu bearbeiten sind. Sie sollten das Recht haben, noch im Prozeß der Erfüllung von Planaufgaben „regulierend" einzugreifen, d. h., *neue Forschungslinien* vorzuschlagen, wenn die beschlossenen Forschungslinien offensichtlich nicht erfolgreich verfolgt werden können bzw. sich andere Bedingungen (wissenschaftsstrategische, ökonomische usw.) herausgebildet haben. Die Forschungseinheiten ihrerseits sollten das Recht haben, empfohlene Forschungslinien und -aufgaben der wissenschaftlichen Räte kritisch zu werten bzw. eigene, alternative Planvorschläge entgegenzusetzen und auch auszuarbeiten.

Die Planungsverhältnisse speziell im Zusammenwirken von wissenschaftlichen Räten und Forschungeinrichtungen und deren Einheiten so mit wechselseitigen Rechten und Pflichten auszugestalten, würde deren Verantwortung im Planungsprozeß erhöhen und diesen Prozeß entsprechend den Besonderheiten wissenschaftlicher Leistungen und Ergebnisse beweglicher gestalten. Das Verhältnis der genannten Rechte und Pflichten in der Planungsphase ist auch deshalb bedeutsam, weil ja andere Rechte und Pflichten bezüglich der unmittelbaren Erbringung wissenschaftlich-technischer Leistungen zwischen den Forschungseinrichtungen und ihren Einheiten, zwischen den Einheiten selbst sowie zwischen Forschungseinheiten und Praxispartnern bestehen. In diesem Prozeß können die wissenschaftlichen Räte nur *Kontrollrechte* über die ordnungsgemäße Verwirklichung der Forschungsprogramme besitzen und in bestimmtem Umfang die Überleitung wissenschaftlich-technischer Ergebnisse in die gesellschaftliche Praxis beeinflussen.

Zur Umsetzung der Planaufgaben besitzen die Forschungseinheiten differenzierte Rechte und Pflichten, die vor allem der *effektiven Organisation der Forschungstätigkeit* dienen (z. B. § 4 der Forschungsverordnung). Diese ist heute — mehr denn je — nur durch umfangreiche Koordinierungsarbeit, d. h. durch die Wahrnehmung der Rechte und die Erfüllung der Pflichten zur Herstellung notwendiger Kooperations- und Vertragsbeziehungen möglich, um die gesellschaftlich notwendigen wissenschaftlich-technischen Leistungen auf der Grundlage der Pläne und der Vertragsbeziehungen auch erbringen zu können.

Damit dieser Prozeß von der Planung bis zur Erbringung von wissenschaftlich-technischen Ergebnissen auch zu hohen Forschungsleistungen und deren Überleitung in die Produktion führt, werden die beteiligten Rechtssubjekte (individuelle und kollektive) durch verschiedene Maßnahmen stimuliert. In diese Richtung wirken — in enger Verbindung — die Rechte und Pflichten der Forschungseinheiten, Fonds zu bilden, Preise entsprechend den gesetzlichen Regelungen für wissenschaftlich-technische Ergebnisse festzulegen bzw. zu vereinbaren sowie Finanzierungen zu vereinbaren oder in Anspruch zu nehmen. *Unmittelbar* stimulierende Wirkung auf die Forschungseinheiten geht von den Prämien-, Kultur- und Sozialfonds der Akademie und der Universitäten und Hochschulen (z. B. §§ 17 [2] und [3], 18 der Forschungsverordnung) aus. Sie sind von besonderer Bedeutung, weil auf ihrer Grundlage der direkte Zusammenhang zwischen den Forschungsergebnissen der Forschungseinheiten und ihrer Kollektive bis hin zum Beitrag der einzelnen Wissenschaftler, z. B. über die Vergabe von Prämien, hergestellt werden kann.

Die Rechte und Pflichten, die die Forschungseinrichtungen und ihre Einheiten zur Bewältigung der Aufgaben von der Planung bis zur Überleitung von Forschungsergebnissen anwenden müssen, lassen sich folgendermaßen systematisieren:

— *Planungsrechte* und *-pflichten*, die die Mitwirkungsrechte und -pflichten, Beratungsrechte und -pflichten und z. T. Koordinierungsrechte und -pflichten (die in der Phase der Forschungsplanung notwendig sind) umfassen;
— *Organisationsrechte* und *-pflichten*, zu denen vor allem Koordinierungs- und Kooperationsrechte und -pflichten sowie die Schutzrechtsarbeit gehören;
— *Leistungsrechte* und *-pflichten*;
— *Stimulierungsrechte* und *-pflichten*, die vor allem durch das System der Leistungsbewertungs-, Fondsbildungs-, Finanzierungs- und Preisbildungsrechte und -pflichten sowie durch die (eigentlichen) Rechte und Pflichten zur direkten Anwendung materieller und ideeller Stimuli gebildet werden.

Diese Gruppen von Rechten und Pflichten haben mehr oder weniger ausgeprägt stimulierende Potenzen zur Schaffung von Bedingungen, die sich günstig auf schöpferische wissenschaftlich-technische Leistungen auswirken können. Die mehr mittelbar stimulierende Potenz der drei erstgenannten Gruppen wird über die Realisierung konkreter, mit den Rechtsnormen verbundener Zielstellungen wirksam. Es handelt sich hierbei um Zielstellungen, die mit einer hohen Wirksamkeit des Funktionierens der Leitungs- und Planungsbeziehungen des wissenschaftlich-technischen Fortschritts verbunden sind. Diese Auffassung entspricht unserem weiten Begriff von der rechtlichen Stimulierung wissenschaftlich-technischer Leistungen. Dagegen ist die stimulierende Potenz der vierten Gruppe der Stimulierungsrechte und -pflichten im engeren Sinne, unmittelbar, weil Handlungsresultate direkt mit juristisch verbindlich geregelten Vor- bzw. Nachteilen für die Rechtssubjekte verbunden werden.

Tatsächlich wirken alle hier genannten Gruppen von Rechten und Pflichten *als System*. Bedeutsam ist dabei das Verhältnis von Recht und Wissenschaftskonzeption. Das Recht hat diesbezüglich natürlich keine eigenständige Konzeption, sondern wirkt unterstützend bei der Verwirklichung der vom Willen der herrschenden Klasse und ihrer Partei geprägten Wissenschaftskonzeption der sozialistischen Gesellschaft.[10] In diesem Zusammenhang ist auch das Problem zu sehen und zu lösen, *welche* wissenschaftlich-technischen Leistungen durch das Recht stimuliert werden sollen, *wie* das durch eine adäquate Rechte-Pflichten-Struktur erreichbar ist und *welcher Art* die notwendige Stimulierung sein muß, um die Wissenschaftskonzeption durchzusetzen und dabei auf Höchstleistungen zu orientieren. Dieses Problem ist aber nicht allein durch die Schaffung stimulierender Bedingungen und die Bereithaltung bestimmter Stimuli durch das Recht im Bereich der Wissenschaft zu lösen.

In bezug auf die Rechte und Pflichten, mit denen die Forschungseinrichtungen in der Planung zu hohen wissenschaftlich-technischen Leistungen stimulieren sollen, treten bereits in der Planungsphase einige Probleme der *Auswahl und Bewertung von Forschungsaufgaben* und ihrer zweckmäßigen Verbindung mit den Plänen der kooperierenden Forschungs- und Wirtschaftseinheiten auf. Die Möglichkeiten, noch vorhandenen Subjektivismus bei der Auswahl der Forschungs- und Entwicklungsthemen für den Staatsplan Wissenschaft und Technik zu reduzieren, sind noch nicht ausreichend genutzt. In

---

[10] Vgl. E. Poppe, Sozialistisches Recht und Wissenschaft, Berlin 1982, S. 7 (Sitzungsberichte der AdW der DDR Nr. 9 G/1981).

der Planungsordnung (Planung von Wissenschaft und Technik) ist die Forderung fixiert, daß Staatsaufträge zur Durchsetzung komplexer volkswirtschaftlicher Neuerungsprozesse zu erteilen sind, damit der absolute Vorrang derjenigen wissenschaftlich-technischen Aufgabenstellungen gewährleistet ist, die durch ihre Breitenentwicklung den wissenschaftlich-technischen Fortschritt am nachhaltigsten beschleunigen und deshalb für die volkswirtschaftliche Leistungsentwicklung am wichtigsten sind.[11] Dies ist insofern keine ausreichend verbindliche Regelung, weil hier viele alternative Bewertungsmöglichkeiten durch nicht eindeutige Formulierungen gegeben sind. Ob die geforderten Vorgaben von den Forschungseinrichtungen erreicht werden können, läßt sich zudem zeitlich erst nach der Vergabe von Staatsplanthemen genauer, aber auch nicht absolut sicher voraussagen. Dieser Zeitpunkt ist erst mit der Durchführung von Verteidigungen wissenschaftlich-technischer Aufgaben gegeben, auch wenn man davon ausgeht, daß Verteidigungen auf der Grundlage der Ergebnisse vorbereitender Arbeiten durchgeführt werden.

Ein anderes Problem, das innerhalb der Planung von wissenschaftlich-technischen Aufgaben und Themen auftaucht, ist das der *durchgängigen Verbindlichkeit* von Planauflagen *für alle Partner*, die bei der Erfüllung von Staatsplanthemen in *einer Kooperationskette* zusammenarbeiten. Damit der notwendige Effekt bei der Bearbeitung des Staatsplanthemas auch eintreten kann, sollte das Thema innerhalb der Kooperationskette möglichst durchgängig als *Z-Planthema* eingeordnet und bei allen Bearbeitern mit der notwendigen Konsequenz in der Leitung der damit verbundenen Prozesse behandelt werden. Davon hängt beispielsweise auch ab, wie die kadermäßige und materiell-technische Absicherung der jeweiligen Teilprozesse, aber auch des Gesamtprozesses vorgenommen wird. Allerdings kann nicht in jedem Fall ein Thema in den Rang des Z-Planes erhoben werden. Der administrative Aufwand in der Planung und Plankontrolle dieser Themen würde damit zu groß. Bestimmte Themen können ja durchaus auch B-Themen bleiben, sie müssen dann aber vorrangig in die Lösung von Z-Planthemen eingeordnet werden.

Beachtliche Potenzen zur Stimulierung schöpferischer Leistungen liegen in der richtigen Anwendung und Verwirklichung der Rechte und Pflichten, die im Zusammenhang mit den *Verteidigungen* wissenschaftlich-technischer Aufgaben und Ergebnisse stehen. Diese sind besonders geeignet, über niveauvolle und präzise Aufgabenstellung sowie konsequente Kontrolle und Einschätzung der Aufgabenerfüllung zur *differenzierten Leistungsbewertung* beizutragen.[12] Bisweilen werden aber noch wissenschaftliche Aufgabenstellungen unter pragmatischen Gesichtspunkten, z. B. der „Machbarkeit", (wobei es sich hier oft um subjektive Empfindungen handelt) auf kleinere Dimensionen heruntergeholt. Damit wird faktisch bereits das Nachlaufen hinter dem Welthöchststand „eingeplant", schöpferische Aktivitäten werden auf wissenschaftliches Mittelmaß reduziert.

Unsere Untersuchungen in Wissenschaftseinrichtungen haben ergeben, daß immerhin nahezu die Hälfte der Befragten zur Zeit der Befragung an einer Aufgabenstellung arbeiteten, zu der keine Eröffnungsverteidigung durchgeführt wurde. Nicht befriedigen kann auch der Zustand hinsichtlich der Häufigkeit von Abschlußverteidigungen. Ein Drittel der Befragten gab an, daß in den letzten drei Jahren zu einer Arbeitsaufgabe, an der sie ar-

---

[11] AO vom 28. 11. 1979 über die Ordnung der Planung der Volkswirtschaft der DDR 1981 bis 1985 (GBl.-Sdr. Nr. 1020, Teil L, Ziff. 19, S. 22).

[12] Vgl. H. Hörnig, Wissenschaft in unserer Gesellschaft, in: Einheit, 2/1983, S. 131.

teten, keine Abschlußverteidigung stattfand. In diesen Fällen wird von vornherein darauf verzichtet, die Verteidigungen als prozeßhafte Leistungsbewertungen zu nutzen und stimulierend auf die Leistungsbereitschaft der Wissenschaftler einzuwirken.

Eine eindeutige Orientierung auf das Erreichen von Spitzenleistungen als Maßstab für die Durchführung von Verteidigungen und die Anwendung von Stimuli erfolgte in der seit dem 1. 1. 1984 gültigen Anordnung über die Anwendung der wirtschaftlichen Rechnungsführung in der Forschung und Entwicklung.[13] Wenn auch deren Bestimmungen nur zum Teil (Abschnitt V) im Geltungsbereich der Forschungsverordnung anwendbar sind, so bieten sie doch verallgemeinerungsfähige Ansatzpunkte für die Verknüpfung von institutioneller bzw. kollektiver und individueller Stimulierung.

Mit der Planung eng verbunden und unmittelbar in die Leitungsprozesse der Forschung eingebunden ist die *Finanzierung von Forschungsaufgaben*. Die Finanzierung der Forschung wird vor allem über zwei grundlegende Prinzipien realisiert. Zum einen handelt es sich um die Finanzierung aus Staatshaushaltsmitteln, zum anderen um die Finanzierung durch die Bildung von Fonds Wissenschaft und Technik. Die rechtlichen Regelungen zur Forschungsfinanzierung sollen primär die Forschungseinrichtungen als Ganzes zu hohen wissenschaftlich-technischen Leistungen stimulieren. Doch nicht in jedem Fall, vor allem nicht bei der Finanzierung von Forschungsaufgaben im Bereich der wissenschaftlichen Einrichtungen, z. B. der Akademie der Wissenschaften und der Universitäten und Hochschulen, ist die Finanzierungsregelung unmittelbar mit der Leistung der Forschungseinrichtungen gekoppelt. Das wird in dem Grundsatz deutlich, wonach die Forschungseinrichtungen erzielte Einnahmen an den Staatshaushalt abzuführen haben, unabhängig davon, ob die Forschungen aus Mitteln des Staatshaushaltes oder aus Mitteln der Auftraggeber finanziert wurden (vgl. § 13 der Forschungsverordnung). Hier sollte u. E. überlegt werden, ob nicht ein bestimmter Teil der Einnahmen über den Prämien-, Kultur- und Sozialfonds unmittelbar für die Stimulierung der Forschungseinrichtungen und deren Kollektive wirksam gemacht werden kann. Damit könnten die Forschungseinrichtungen bis zu einem gewissen Grad das Volumen der materiellen Stimulierung ihrer Kollektive und Wissenschaftler *selbst beeinflussen.*

Die bisherigen Ausführungen machen deutlich, daß die Regelungen mit Stimulierungscharakter sich in den einzelnen Phasen des Prozesses der wissenschaftlich-technischen Leistungen ergänzen und aufeinander aufbauen müssen. Wie der Zusammenhang von notwendigen Handlungen in den einzelnen Phasen und den dazu gültigen Rechtsvorschriften hergestellt werden kann, soll eine Abbildung (s. Abb. 1) schematisch veranschaulichen. Der dargestellte Handlungskomplex reicht von der Planung der Aufgaben und Themen über ihre Verteidigung bis hin zur entsprechenden Finanzierung und der Erarbeitung der Leistungen. Dabei sind die Handlungen unter dem Gesichtspunkt der wissenschaftlichen, materiell-technischen, der politisch-ideologischen sowie der finanziellen Vorbereitung von Arbeiten zusammengefaßt worden, die zu wissenschaftlich-technischen Leistungen führen sollen. Dieser notwendigen inneren Komplexität werden aber die geltenden Rechtsvorschriften, die diesen Prozeß regeln, nicht in jedem Fall gerecht. Sicher sind die unterschiedlichen Zeitpunkte des Inkrafttretens der entsprechenden Rechtsvorschriften eine Ursache dafür. Für die Zukunft wäre zu überlegen, ob nicht gerade diese Phase der Vorbereitung wissenschaftlich-technischer Ergebnisse im o. g. Sinne überschaubarer geregelt werden sollte, womit nicht zuletzt auch das Stimulierungspotential erhöht werden könnte.

---

[13] GBl. I 1983 Nr. 36, S. 387.

Handlungen		Rechtsvorschriften
Planung d. Aufgaben u. Themen		AO über d. Ordnung d. Plg. der VW der DDR 1981–1985, Teil Plg. W. u. T.; Beschluß über d. Ordnung für d. Arbeit mit Staatsaufträgen Wissenschaft u. Technik
Planung d. Arbeitsablaufs	Sicherung d. erforderl. mat.-t. Basis; Sicherung d. erforderl. Koop.-Leist. u. Zulieferungen	AO über d. Nomenklatur d. Arbeitsstufen u. Leistungen von Aufgaben des Planes W. u. T. Vertragsgesetz; 1. DVO
Erarbeitung d. Pflichtenheftes od. d. Themen oder Aufgabenblätter		VO über d. weit. Vervollkommnung d. wirtschaftl. Rechnungsführung auf d. Grundlage d. Planes (bes. Abschn. III.); AO über d. Rahmenrichtlinie für d. Ermittlung, Planung, Kontrolle u. Abrechnung d. Effektivität d. Maßnahmen des w.-t. F., Plichtheft-VO
Verteidigung der Zielstellungen d. Pflichtenheftes		1. DB zur Pflichtheft-VO
	Finanzierung a) Bildung Fonds W. u. T. od. b) aus Staatshaushalt	AO über die Anwendung der wirtschaftlichen Rechnungsführung in der Forschung und Entwicklung; Forschungs-VO
Erarbeitung d. wiss.-techn. Ergebnisse innerhalb der geplanten u. vertragl. gebundenen Kooperationsbeziehungen		AO über d. Nomenklatur d. Arbeitsstufen u. Leistungen von Aufgaben d. Planes W. u. T. Pflichtenheft-VO, 1. DB zur Pflichtenheft-VO AO über die Anwendung der wirtschaftlichen Rechnungsführung in der Forschung und Entwicklung

Abb. 1: Zusammenhang zwischen Handlungsabläufen und geltenden Rechtsvorschriften

3.2. Gemeinsamkeiten und Besonderheiten der rechtlichen Stimulierung in der Grundlagen- und angewandten Forschung

Für den Beitrag des Rechts zur Stimulierung von wissenschaftlich-technischen Leistungen sowohl in der Grundlagenforschung wie auch in der angewandten Forschung gibt es eine Reihe grundlegender Gemeinsamkeiten. In beiden Fällen umfaßt die rechtliche Stimulierung die Phasen *Planung*, *Erarbeitung* und *Überleitung* wissenschaftlich-technischer

Leistungen. In beiden Fällen sollen wissenschaftlich-technische und ökonomische Potentiale durch vertragliche Bindung rechtlich so organisiert werden, daß sie die größtmögliche Wirksamkeit erzielen. Auf der Grundlage der effektiven Forschungsfinanzierung, der Bildung von Fonds in den Forschungseinrichtungen (Prämienfonds, Kultur- und Sozialfonds) sowie des leistungsabhängigen Einsatzes von Lohn und Gehalt sollen Wissenschaftler zu hoher Leistungsbereitschaft, zu ständiger Vervollkommnung ihrer Leistungsfähigkeit und zu Verantwortungsbewußtsein gegenüber ihrer Forschungseinrichtung und der Gesellschaft angehalten werden. Das wird sowohl aus den Grundsätzen der Bildung des Prämien- als auch des Kultur- und Sozialfonds sowie z. B. aus den Grundsätzen des Gehaltsregulativs an der Akademie der Wissenschaften der DDR sichtbar. Gemeinsam ist auch beiden Bereichen, daß die in ihnen arbeitenden Wissenschaftler den gleichen arbeitsrechtlichen Normen bei der Bewertung ihrer Leistungen unterliegen. Die Produktion wissenschaftlich-technischer Ergebnisse ist in beiden Bereichen der Forschung ein an Wahrscheinlichkeiten gebundener Prozeß, wenn auch mit differenziertem Inhalt und Ausmaß.

Auf der Basis dieser Gemeinsamkeiten zwischen Grundlagen- und angewandter Forschung wirkt eine Reihe von Unterschieden, die bei der rechtlichen Stimulierung wissenschaftlich-technischer Leistungen in diesen Bereichen beachtet werden müssen. Sie stehen in enger Verbindung mit unterscheidbaren Bedingungen der Produktion und unterschiedlichen Teilzielstellungen in beiden Bereichen.

Nach allgemeinem Verständnis hat die Grundlagenforschung innerhalb des Systems Forschung-Technik-Produktion „die Aufgabe der Erkundung und Erschließung wissenschaftlichen Neulands, von der eingehenden Sondierung origineller Ideen, dem Aufdecken von Gesetzmäßigkeiten in der Natur und der Ableitung theoretischer Beziehungen bis hin zur Erarbeitung solcher Forschungsergebnisse, die zur Basis für neuartige Verfahren und Erzeugnisse werden können“[14]. Angewandte Forschung baut auf diesen grundlegenden Erkenntnissen auf und schafft Bedingungen dafür, daß diese Erkenntnisse technisch und technologisch in konkreten Bereichen der Volkswirtschaft umgesetzt werden können. Die Grundlagenforschung ist in hohem Maße Bearbeitung von komplexen Forschungsaufgaben, deren Ergebnisse als Vorlauf für künftige Planzeiträume mit hoher Wahrscheinlichkeit in mehreren Bereichen der Volkswirtschaft angewandt werden (§ 2 der Forschungsverordnung).

Mit dieser Charakterisierung von Grundlagenforschung ist verbunden, daß sie zeitlich sowie sachlich-inhaltlich weiter von der materiellen Produktion entfernt ist als die angewandte Forschung. Grundlagenforschung wird in der Regel über größere Zeiträume geplant als angewandte Forschung, deren zeitliche Überschaubarkeit relativ sicher ist. Orientiert man sich aber an der gesellschaftlichen Notwendigkeit, den Forschungsprozeß von der Grundlagenforschung über die angewandte Forschung bis hin zur Überleitung der wissenschaftlich-technischen Ergebnisse *einheitlich* zu gestalten, und mißt daran z. B. die Regelung in der Pflichtenheftverordnung, wonach der Hauptfristenplan in der Regel nur Arbeiten zuläßt, die nach höchstens zwei Jahren abgeschlossen sein müssen (§ 4 [3] Pflichtenheftverordnung), dann wird deutlich, daß die Anwendung des Pflichtenheftes nur in den Fällen die komplexe Leitung der Forschungsprozesse von der Grundlagenforschung

[14] W. Scheler, Wechselbeziehungen zwischen Grundlagenforschung und Produktion, in Einheit, 8/1983, S. 725.

bis zur Überleitung sichern kann, in denen diese Zeit eingehalten wird und die Grundlagenforschung in der Regel mit einem Erzeugnis oder Verfahren endet.

Die Grundlagenforschung ist zwar mit einem höheren *Erkenntnisrisiko* als die angewandte Forschung verbunden. Andererseits entstehen aber gerade für die angewandte Forschung erhöhte *ökonomische* Risiken, weil deren Ergebnisse unmittelbar nach relativ kurzen Zeiträumen wirksam werden müssen. Diese Risiken werden vor allem über entsprechende Finanzierungs- und Stimulierungsregelungen (z. B. § 34 der Anordnung über die Anwendung der wirtschaftlichen Rechnungsführung in der Forschung und Entwicklung sowie § 8 Abs. 2 und 3 der Ersten Durchführungsverordnung zum Vertragsgesetz)[15] rechtlich bewertet und deren negative Folgen für die Forschungseinrichtungen minimiert. Ungeachtet dessen ist es unverzichtbar, nach Wegen zu suchen, mit denen dort, wo es notwendig und sinnvoll ist, das Eingehen von Risiko bei der Lösung wissenschaftlich-technischer Aufgaben gezielter zu stimulieren. Dabei sollte auch stärker zwischen der Übernahme risikobehafteter Aufgaben und der Bewältigung von konkreten Risikosituationen bzw. der Ergebniserreichung differenziert werden. Voraussetzung ist allerdings, daß entsprechende Risiken erkannt und offengelegt werden. Hierauf kann mittels Recht nur indirekt eingewirkt werden. Ob z. B. Gutachter- bzw. Expertenurteile innerhalb der Verteidigungen die Risikoanalyse einschließen, ist bisher dem Belieben der Mitwirkenden überlassen. Erforderlich ist zunächst, daß auch innerhalb rechtlicher Regelungen die für das Auftreten von Risiko kritischen Punkte im Gesamtzyklus Wissenschaft—Technik—Produktion differenzierter beachtet werden. Dazu zählen:

1. der Übergang von einer allgemeinen Theorie zu speziellen Theorien bestimmter Phänomene;
2. der Übergang von der experimentellen (labormäßigen) Prinziplösung zur Entwicklung technisch-technologischer Prototypen, die zugleich neue theoretische und experimentelle Forschungsarbeiten induzieren;
3. der Übergang zur volkswirtschaftlichen Nutzung technischer Innovationen;
4. der Übergang zu einem neuen Anwendungsbereich oder einer neuen technologischen Variante.[16]

Zum anderen stellt sich natürlich das Problem, welche Handlungen in diesen Übergängen vom Recht so stimuliert werden können, daß eine Beschleunigung der wissenschaftlichen Arbeiten und die Hebung ihres Niveaus erzielt werden können. Diese Möglichkeiten nehmen sicher von Punkt 1. bis 4. zu. Ob sie bei Punkt 1. überhaupt in Betracht kommen, ist fraglich.

Ein wichtiges Problem der rechtlichen Stimulierung von wissenschaftlich-technischen Leistungen in der Grundlagen- und angewandten Forschung ist ihr Bezug zu den *gegenwärtigen* und *zukünftigen* ökonomischen Notwendigkeiten in der Volkswirtschaft. Es ist sicher nicht möglich, eine unmittelbare, mechanische Verbindung zwischen gegenwärtigen ökonomischen Notwendigkeiten und Stimulierung der angewandten Forschung sowie zukünftigen ökonomischen Notwendigkeiten der Volkswirtschaft und Stimulierung der

---

[15] Erste Durchführungsverordnung (im folgenden: 1. DVO) zum Vertragsgesetz — Wirtschaftsverträge über wissenschaftlich-technische Leistungen vom 25. März 1982 (GBl. I Nr. 16, S. 325).

[16] Vgl. Autorenkollektiv, Leitung E. Albrecht, Zyklus Wissenschaft — Technik — Produktion. Wissenschaftstheoretische Studien zur Wechselwirkung von wissenschaftlicher und technischer Revolution im 20. Jahrhundert, Berlin 1982, S. 97.

Grundlagenforschung herzuleiten. Aus der näheren Verbindung der angewandten Forschung mit der materiellen Produktion folgt nicht absolut, daß die gegenwärtigen ökonomischen Notwendigkeiten einen größeren Druck auf das Tempo dieser Forschung ausüben, als es die zukünftigen ökonomischen Notwendigkeiten der Volkswirtschaft auf das Tempo der Grundlagenforschung tun. Dennoch wird der unmittelbare ökonomische Druck in der Regel schneller auf die angewandte Forschung wirken, und die entsprechenden rechtlichen Stimulierungsregelungen werden dies berücksichtigen müssen.

Stimuliert werden müssen vor allem die effektivsten Methoden der Erkenntnisgewinnung; relativ kurze Zeitdauer der Forschung; schnelle Überleitung in die Produktion; rasches Erreichen der geplanten Produktionskapazitäten in allen geplanten Parametern. Zu beachten ist aber auch die Differenzierung der Wissenschaftsentwicklung nach inneren Gesetzmäßigkeiten, insbesondere, daß die Zusammenhänge zwischen Grundlagenforschung und Ökonomie zunächst nur mittelbar zum Ausdruck kommen. Das muß auch bei der rechtlichen Stimulierung von wissenschaftlich-technischen Leistungen in der Grundlagenforschung gebührend berücksichtigt werden. Noch werden die Ergebnisse solcher Leistungen häufig nach den allgemeinen Kriterien „gesellschaftliche Nützlichkeit“ und Praxiswirksamkeit sowie nach deren Anzahl beurteilt. Diese Kriterien reichen jedoch nicht aus, weil sie weder nach Grundlagen- und angewandter Forschung noch nach den verschiedenen Wissenschaftsdisziplinen differenzieren.[17]

3.3. Rechte und Pflichten zur Stimulierung der Wissenschaftler bei der Umsetzung der Aufgaben und Themen des Staatsplanes Wissenschaft und Technik in Forschungspläne

Mehr als in anderen Bereichen der gesellschaftlichen Reproduktion tragen die Wissenschaftler durch ihre eigenen Aktivitäten bei der Prognostizierung wissenschaftlicher Entwicklungslinien sowie ihre Teilnahme am Planungsprozeß dazu bei, zentrale staatliche Anforderungen an die Wissenschaftsentwicklung insgesamt und damit auch an deren gesamtgesellschaftliche Planung zu fixieren. Sind diese gesamtgesellschaftlichen Anforderungen aufgestellt und durch komplexe Aufgaben in die zentrale staatliche Planung eingegangen, kommt es darauf an, die gesamtgesellschaftlichen Vorgaben für die Entwicklung von Wissenschaft und Technik in den Forschungseinheiten und deren Kollektiven mit konkreten Planvorhaben zu untersetzen. Damit ist die Dialektik von Zentralismus und demokratischer Aktivität der Forschungseinheiten, ihrer Kollektive und Mitarbeiter berührt.

Verhältnisse der Mitwirkung von Werktätigen bei der Planung der betrieblichen Aufgaben sind grundlegend im Arbeitsgesetzbuch (AGB) (z. B. § 32 Plandiskussion und § 34 sozialistischer Wettbewerb) geregelt. Diese Regelungen sind natürlich nicht spezifisch auf die Mitwirkungsaktivitäten von Wissenschaftlern in der Forschungsplanung ausgerichtet. Sie gelten sowohl für die Plandiskussion in der materiellen Produktion als auch in der Forschung. Im Bereich der Akademie- und Hochschulforschung ist besonders über

[17] Vgl. W. Linden (Hrsg.), Wissenschaftlich-technischer Fortschritt — Sozialistisches Recht, Teil I a. a. O., S. 63.

die Regelung des § 4 Abs. 2 der Forschungsverordnung der Zusammenhang zwischen *zentraler staatlicher Planung* von Wissenschaft und Technik und *Mitwirkung der Wissenschaftler* hergestellt. Sie fordert die Forschungseinrichtungen auf, Bedingungen zu schaffen, die es den Wissenschaftlern ermöglichen, aktiv an der Planung von Wissenschaft und Technik teilzunehmen. In unserer Untersuchung zeigte sich, daß immerhin 63,2 % der Befragten diese Regelung in der Forschungsverordnung bekannt ist. Von diesen halten sie 93,9 % für richtig und 81,4 % meinen, daß es ihnen möglich ist, dieser Forderung nachzukommen.

Eine wesentliche Voraussetzung, um bewußt Mitwirkungsaktivitäten in der Planung zu entwickeln, ist die *ausreichende Information* über die Einbindung und Zielstellung einer konkreten Forschungsarbeit, über Bedingungen und Effekte ihrer Realisierung. Dreiviertel aller Befragten fühlten sich in dieser Hinsicht entsprechend informiert. Fragt man indes nach *konkreteren* Faktoren, werden die Antworten differenzierter. Eine große Zahl der Befragten (44,2 %) gab an, z. B. über die langfristige *Forschungsstrategie* des Instituts oder Bereichs *nicht* ausreichend informiert zu sein. Diese Informationslücke ist ein echtes Hindernis, um bereits in der Planungsphase alle Aktivitäten konzentriert auf die Lösung volkswirtschaftlich und wissenschaftsstrategisch wichtiger Projekte und Forschungslinien zu lenken. Als zweithäufigstes Informationsdefizit wird das über die *Gründe für Abänderungen* von Themen, Aufgaben und Zielen genannt. Hier kann in der Praxis das Problem auftauchen, daß derjenige, der Themen und Aufgaben wechseln muß und zuwenig Informationen über die Gründe dafür erhält, auch schwerer motivierbar ist, neue Aufgaben mit hoher Zielstrebigkeit und Verantwortungsbewußtsein zu lösen. Die Untersuchungen ergaben, daß diese Informationslücken vor allem durch die Nichtwahrnahme von Pflichten der Leiter zustande kommen.

Die Rechte und Pflichten, die die Forschungseinrichtungen und deren Kollektive sowie Mitarbeiter rechtlich stimulieren sollen, an der Planung teilzunehmen und mit ihren Planvorschlägen zum hohen gesamtgesellschaftlichen Niveau der Forschungsplanung beizutragen, sind zudem nicht spezifisch auf die Aktivitäten in der Wissenschaftsplanung bezogen.[18] Selbst die genannte Regelung des § 4 der Forschungsverordnung, aber auch andere auf die Wissenschaft bezogene Regelungen sind nur *Aufforderungen* an die Wissenschaftler, sich an der Planung zu beteiligen, ohne daß konkrete Rechte und Pflichten geregelt werden, die der Wissenschaftler wahrnehmen kann oder erfüllen muß. Ebenso vermißt man bestimmte rechtliche Folgen solcher Mitwirkungshandlungen.

Die Überlegungen sollten dahin gehen, ob nicht unter dem Einfluß einer objektiv verstärkten Tendenz zur Kollektivität der wissenschaftlichen Produktion erhöhte Verantwortung und Initiative des *einzelnen Wissenschaftlers* bereits im Planungsprozeß, d. h. bei der Mitwirkung an der Planung, gefordert und gefördert werden sollte. Zwar gehören diese Rechte und Pflichten zur Grundstruktur des Inhalts der Arbeitsaufgabe wissen-

---

[18] Interessant ist in diesem Zusammenhang, daß im § 9 Abs. 4 der VO über die Planung, Bildung und Verwendung des Prämienfonds für volkseigene Betriebe (GBl. I 1982 Nr. 34, S. 595) geregelt ist, daß Arbeitskollektive und einzelne Werktätige, die sich hohe Planziele stellen und dazu beitragen, daß die anteiligen Planaufgaben mit geringeren materiellen und finanziellen Fonds erfüllt und überboten werden, einen Vorteil in der Höhe der Jahresendprämie haben sollen.

schaftlicher Mitarbeiter in Forschungseinrichtungen,[19] ob sie aber bereits ausreichend zur Übernahme hoher Forschungsverpflichtungen anregen, bleibt zumindest zu bezweifeln.[20]

Bei der Lösung aller Aufgaben der Forschung und Entwicklung, die zu Erzeugnissen, Verfahren und Technologien führen, werden die Wissenschaftler speziell über die *Ausarbeitung der Pflichthefte* in den Prozeß der Umsetzung staatlich vorgegebener volkswirtschaftlicher Zielstellungen in konkrete Arbeitsziele und persönliche Planaufgaben einbezogen. Sie schaffen damit auch selbst eine verbindliche Grundlage für die Finanzierung und Stimulierung der wissenschaftlich-technischen Arbeit und für die Leistungsbewertung ihrer eigenen Forschungs- und Entwicklungskollektive.[21]

Eine wesentliche Planungsaktivität, die zwar juristisch gefordert (§ 10 Forschungsverordnung), aber noch nicht konsequent praktiziert wird, ist das Angebot von Forschungsaufgaben an die Auftraggeber. Dies ist zunächst die Pflicht des jeweiligen Leiters der Forschungsbereiche und Institute sowie der Rektoren der Hochschulen und der Direktoren der Sektionen. Sie muß aber in den jeweiligen Forschungseinheiten konkret untersetzt werden und auch die Mitarbeiter mit einbeziehen. Unsere Analyse hat ergeben, daß 60,5% der Befragten zum Zeitpunkt der Untersuchung diese rechtliche Regelung nicht kannten. Bemerkenswert ist dabei, daß sie immerhin 31,3 % der Bereichs- und 48,4 % der Abteilungs- und Forschungsgrupppenleiter nicht bekannt war. Das könnte ein Hinweis dafür sein, daß diese Leitungsebene zu wenig bei der Ausarbeitung von Angeboten an die Auftraggeber herangezogen wird. 11,6% der Befragten meinten dann auch, diese rechtliche Forderung würde in bezug auf ihre Arbeit vernachlässigt.

3.4. Zusammenhänge zwischen der materiellen Stimulierung der Leistungen der Forschungseinheiten und ihrer Wissenschaftler

Wesentliche rechtliche Voraussetzungen zur materiellen Stimulierung der Forschungseinrichtungen werden durch die Forschungsverordnung und die Anordnung über die Anwendung der wirtschaftlichen Rechnungsführung in der Forschung und Entwicklung geschaffen. Die Forschungseinrichtungen können demnach zur Stimulierung hoher Forschungsleistungen Prämienfonds bilden und entsprechend einsetzen. Vergleicht man beide Rechtsvorschriften miteinander, so sind bestimmte Unterschiede festzustellen. Zunächst ist dafür kennzeichnend, daß die wissenschaftlichen Einrichtungen im Geltungs-

---

[19] Vgl. R. Klar, Zur Bedeutung der Arbeitsaufgabe für die Tätigkeit wissenschaftlicher und ingenieurtechnischer Mitarbeiter von Forschungseinrichtungen, in: W. Linden (Hrsg.), Wissenschaftlich-technischer Fortschritt — Sozialistisches Recht, Teil II, Halle 1981, S. 218 (Konferenzmaterial).

[20] W. Linden merkt in diesem Zusammenhang an, daß es bisher nicht bekannt geworden ist, daß jemand dafür belobigt oder anders ausgezeichnet wurde, daß er eine großartige Aufgabe gefunden hat — vgl. W. Linden (Hrsg.), Wissenschaftlich-technischer Fortschritt—Sozialistisches Recht, Teil I, a. a. O., S. 55.

[21] Vgl. VO vom 17. 12. 1981 über das Pflichtenheft für Aufgaben der Forschung und Entwicklung (GBl. I 1982 Nr. 1, S. 1); vgl. ferner: H. Weiz, Das Pflichtenheft in Forschung und Technik, in: Einheit, 2/1983, S. 155.

bereich der Forschungsverordnung überwiegend *haushaltsfinanzierte* Forschung betreiben und die Forschungseinrichtungen im Geltungsbereich der Anordnung über die Anwendung der wirtschaftlichen Rechnungsführung in der Forschung und Entwicklung *fondsgebundener* (Fonds Wissenschaft und Technik) ihre Forschung finanzieren. Darüber hinaus besteht bei den letztgenannten Forschungseinrichtungen eine engere Verbindung von Prämienfonds und Zuführung von zusätzlichen Prämienmitteln (vgl. §§ 32ff. der o. g. Anordnung). Damit wurde vor allem ein unmittelbarer Zusammenhang zwischen materieller Stimulierung der Forschungseinrichtungen und den Prämien ihrer Mitarbeiter geschaffen.

Problematisch ist es, dieses Beispiel auch auf die Abhängigkeit zwischen materieller Stimulierung der Forschungseinrichtungen und dem Gehalt der Wissenschaftler auszudehnen. Auf Grund der von konkreten Leistungen unabhängigen Haushaltsfinanzierung der Forschungseinrichtungen im Geltungsbereich der Forschungsverordnung und der staatlich verfügten Lohnzuwachsraten für die Einrichtungen sind Variationen des Gehalts ähnlich der obengenannten Regelung nicht möglich. Das darf aber nicht dazu führen, daß die Gehälter der Wissenschaftler allgemein nicht leistungsgebunden vergeben werden. Auch in der Wissenschaft gilt unter Beachtung ihrer Spezifika, daß „eine stärkere Differenzierung der Löhne in Abhängigkeit von der Produktivität und der Effektivität der Arbeit . . . Ausdruck sozialer Gerechtigkeit und außerdem eine notwendige Bedingung für den ökonomischen und sozialen Fortschritt der Gesellschaft (ist)“[22]. Dies verlangt, daß die Forschungseinrichtungen konsequent ihre Rechte und Pflichten wahrnehmen, um bei der Entscheidung über die Verwendung des Lohnfonds, des Lohnfonds-Zuwachses sowie der Umverteilung der variablen Gehaltsanteile solche Leistungen vorrangig zu stimulieren, die ein Höchstmaß an wissenschaftlicher Produktivität und Kreativität aufweisen. Im Geltungsbereich der o. g. Anordnung über die Anwendung der wirtschaftlichen Rechnungsführung wurde eine besonders enge Verbindung unter anderem zwischen der Nichterfüllung von Aufgaben des Staatsplanes Wissenschaft und Technik und der möglichen Minderung zusätzlicher Zuführungen zum Prämienfonds (§ 32 Abs. 3) geschaffen. Diese kann bis zu 50 % betragen.

Die Regelungen zur materiellen Stimulierung der wissenschaftlichen Einrichtungen im Geltungsbereich der Forschungsverordnung sind nicht gleichermaßen detailliert. Durch die prinzipielle Haushaltsfinanzierung der Forschung und die praktische Bedeutungslosigkeit des Forschungszuschlages werden hier die geplanten Prämienmittel (für Akademie der Wissenschaften ein normativer Prämienbetrag je Beschäftigten) weniger dynamisch verwendet. Das kommt auch darin zum Ausdruck, daß die Einrichtungen der AdW und die Hochschulen unabhängig von der Freigabe der Prämienmittel und ihrer Zuführung zum verfügbaren Prämienfonds über einen Mindestbetrag an Prämienmitteln verfügen, der bis zu 80 % des geplanten Prämienfonds bzw. Prämienzuschlages zum Prämien-, Kultur- und Sozialfonds betragen kann. Die gerechte materielle Stimulierung der Forschungseinrichtungen in diesem Bereich der Forschungsverordnung wird noch dadurch erschwert, daß sich für Ergebnisse der Grundlagenforschung, aber auch für bestimmte Ergebnisse der angewandten Forschung keine exakten Qualitätskennziffern festlegen

[22] W. S. Rogowin, Die Verteilungsverhältnisse als Faktor der Intensivierung der Produktion, in: Sowjetwissenschaft, Gesellschaftswissenschaftliche Beiträge, 5/1982, S. 700.

lassen, nach denen diese Leistungen bei der Verteidigung der Forschungsergebnisse bewertet werden können.

Da im Bereich der Forschungsverordnung das Verhältnis von Leistungsbewertung und materieller Stimulierung der Forschungseinrichtungen infolge der Ungenauigkeit oder des Fehlens von qualitativen Bewertungskriterien nicht so exakt und unmittelbar wie im Geltungsbereich der obengenannten Anordnung über die Anwendung der wirtschaftlichen Rechnungsführung ist, kann auch die materielle Stimulierung von wissenschaftlich-technischen Leistungen nicht diese Unmittelbarkeit erreichen. Deshalb werden z. B. im Bereich der Akademie der Wissenschaften die Regelungen zur Bildung und Verwendung von Prämienfonds sowie des Kultur- und Sozialfonds durch entsprechende Ordnungen des Präsidenten weiter konkretisiert.[23] So sind u. a. in der Ordnung über die Prämien- und die Kultur- und Sozialfonds die Regelungen der §§ 17 und 18 der Forschungsverordnung modifiziert worden. Die Wirkung auf die Qualität der Forschungsleistungen ist aber auch in diesem Falle letztlich damit verbunden, daß annähernd objektive Bewertungskriterien vorliegen.

---

[23] Vgl. Ordnung über die Planung, Bildung und Verwendung der Prämienfonds und der Kultur- und Sozialfonds der AdW der DDR vom 11. 12. 1972; Ordnung über die leistungsgerechte Verwendung des Zentralen Fonds der materiellen Interessiertheit des Präsidenten der AdW der DDR vom 25. 6. 1973.

4. Rolle des Rechts bei der individuellen Stimulierung wissenschaftlich-technischer Leistungen

4.1. Schöpfertum als Kern wissenschaftlich-technischer Leistungen

Individuelle Stimulierung ist auf jene Wissenschaftler, Ingenieure, Arbeiter als Einzelpersonen und innerhalb ihrer Kollektive gerichtet, die an der Erarbeitung und Überführung wissenschaftlich-technischer Leistungen beteiligt sind. Soweit sie rechtlich geregelt ist, werden diese zunächst als individuelle Rechtssubjekte angesprochen. Die ihnen zugeordneten Rechte und Pflichten sind aber nur innerhalb von Rechtsverhältnissen sinnvoll bzw. durchsetzbar, an denen staatliche Organe, Wirtschafts- und Wissenschaftsorganisationen mit ihren Rechten und Pflichten beteiligt sind, die — wie schon dargelegt — deren Leiter zu realisieren haben. Insofern ist auch die individuelle Stimulierung nicht losgelöst von den verschiedenen Ebenen im Leitungsprozeß und den ihnen bestehenden Rechtsverhältnissen zu sehen.

Die angezielten Arbeitsergebnisse umfassen übrigens nicht nur Erfindungen und Neuerungen. Das Spektrum der betroffenen, durch individuelle Stimulierung zu fördernden Erscheinungen ist breiter. Es geht um jene Handlungen und Resultate mit schöpferischem Charakter, mit denen innerhalb eines Arbeitsrechtsverhältnisses solche Aufgabenstellungen erfüllt werden, die ein wissenschaftlich-technisches Ergebnis zum Ziel haben und zu dessen Erreichung beitragen.

Unumstritten ist, daß wissenschaftlich-technisches Schöpfertum als Kern der Erarbeitung wissenschaftlich-technischer Leistungen und des wissenschaftlich-technischen Fortschritts insgesamt anzusehen ist, weil es Quelle jener neuen Ergebnisse ist, die den Prozeß auf diesem Gebiet darstellen, und „die modernen technischen Entwicklungen ... auf dieses Schöpfertum geradezu angewiesen“[1] sind. Deshalb ist auch „ein verstärktes Bemühen um das Aufdecken von leistungsfördernden und leistungshemmenden Faktoren, um eine höhere Kreativität“[2] notwendig. Erhöhte Anstrengungen und Erfolge bei der Produktion schöpferischer Leistungen und der Entwicklung kreativer Persönlichkeiten bzw. Persönlichkeitseigenschaften sind zu Brennpunkten geworden, denen in der sich verschärfenden Auseinandersetzung der beiden Weltsysteme um führende Positionen in Wissenschaft und Technik zentrale Bedeutung zugemessen wird. Dementsprechend wenden sich die Wissenschaften immer mehr der Erforschung und Stimulierung des wissen-

---

[1] K. Hager, Gesetzmäßigkeiten unserer Epoche — Triebkräfte und Werte des Sozialismus, Berlin 1983, S. 44.

[2] H. Hörnig, Zur Stellung und Verantwortung der Wissenschaft im gesellschaftlichen Produktionsprozeß, in: Einheit, 2/1983, S. 131.

schaftlich-technischen Schöpfertums zu. Daß verschiedenste Wissenschaften hierzu beitragen, spiegelt wider, wie vielfältig die Faktoren und Beziehungen sind, die an der Entstehung kreativer Leistungen und Eigenschaften beteiligt sind. Das sozialistische Recht bzw. die Rechtswissenschaft ordnet sich in diese Bemühungen ein. Es geht dabei von der (in Abschn. 1 charakterisierten) Tatsache aus, daß bei weitem nicht alle diese Faktoren und Beziehungen der rechtlichen Regelung zugänglich sind. Sozialistisches Recht kann zudem wissenschaftlich-technisches Schöpfertum nicht direkt hervorbringen, sondern nur dazu beitragen, entsprechende objektive und subjektive Wirkungsbedingungen zu gestalten und zu beeinflussen.[3] Das erfolgt durch die Regelung solcher gesellschaftlichen Verhältnisse bzw. die Statuierung von Rechtsverhältnissen, in denen schöpferische Arbeit gefördert und gefordert werden kann. Aber auch dabei ist zu berücksichtigen, daß schöpferische Tätigkeit und Routinetätigkeit nicht scharf getrennt behandelt und geregelt werden können, da sie im Arbeitsprozeß als Einheit auftreten.

Ein Ausgangspunkt ist dabei, daß die Intensivierung der gesellschaftlichen Produktion in nicht geringerem Maße als die Vervollkommnung der materiell-technischen Basis eine höhere Wirksamkeit der lebendigen Arbeit erfordert.[4] Wenn wir davon ausgehen, daß der Mensch als Subjekt der Produktion und Hauptproduktivkraft durch seine schöpferische Arbeit die materiell-technische Basis entwickelt, so ist die Erhöhung des Nutzeffekts dieser Arbeit eine wesentliche Voraussetzung, um die materiell-technische Basis selbst effektiver zu gestalten und zu nutzen. Zu den Hauptaspekten sind dabei die Erhöhung des Wirkungsgrades des gesellschaftlichen Arbeitsvermögens, vor allem durch höchstmögliche Nutzung des geistigen Potentials der Werktätigen, und die Entwicklung von Schöpfertum und Initiative zu zählen.[5] In Verbindung damit geht es freilich nicht schlechthin um die Förderung wünschenswerter und dem Sozialismus

---

[3] Hier liegt ein Spezialfall jenes Sachverhaltes vor, zu dem Klenner vorschlägt, sich darauf zu „einigen, daß nicht das Recht den Menschen, sondern der Mensch unter anderem mit Hilfe des Rechts sich selbst gestaltet. Daß bei der Persönlichkeitsentwicklung das Recht schon deshalb eine nicht hinreichende Bedingung ist, zeigt sich auch darin, daß es wohl die *äußeren* Bedingungen der Freiheit, nicht aber deren innere Bedingungen direkt zu beeinflussen vermag" — (H. Klenner, Marxismus und Menschenrechte, Studien zur Rechtsphilosophie, Berlin 1982, S. 134).

[4] Vgl. H. Koziolek, Höherentwicklung der materiell-technischen Basis auf dem Wege der Intensivierung, in: Einheit, 10/1981, S. 991.

[5] Daß dabei rechtliche Regulierungen eingebettet sein müssen in gesellschaftlich fördernde Bedingungen, ist u. a. aus Ergebnissen von M. Lötsch (Einige Bemerkungen zur Dialektik des Annäherungsprozesses, in: Informationen zur soziologischen Forschung in der DDR, 6/1981, S. 19) zu schlußfolgern. Er konstatiert, daß die Ausschöpfung der inneren Strukturen des geistigen Gesamtarbeiters weit vom Optimum entfernt ist, und schlußfolgert: Wenn die entscheidenden Voraussetzungen für den volkswirtschaftlichen Leistungsanstieg durch wissenschaftlich-technische Vorleistungen zu schaffen sind, dann sind die wichtigsten Anforderungen an die Intelligenzentwicklung vor allem aus einer spezifischen Funktion abzuleiten, und die Gruppen der Intelligenz, deren Tätigkeit für die Beschleunigung des wissenschaftlich-technischen Fortschritts besonders wichtig sind, rücken in den Mittelpunkt der Aufmerksamkeit.
Es wäre darum falsch, bezüglich der Entwicklung dieser Intelligenzgruppen die wachsende „Gleichartigkeit" und „Homogenisierung" an die erste Stelle zu rücken. Ferner zieht er Schlußfolgerungen für die bessere Gewährleistung von Hilfsfunktionen, die für wissenschaftliche For-

wesenseigener Verhaltensweisen und Eigenschaften. Nick[6] hat zu Recht darauf hingewiesen, daß das Tempo des wissenschaftlich-technischen Fortschritts die Entstehung neuer Gedanken auf *bestimmten* Gebieten und zum *notwendigen* Zeitpunkt erfordere, wobei die neuen Verfahren und Erzeugnisse hohen Anforderungen genügen müßten, die wir uns nicht aussuchen könnten. Hager hat mit Nachdruck betont: „Die gesellschaftliche und damit auch die ökonomische Effektivität der Wissenschaft wird zunehmend durch den Zeitfaktor bestimmt. Das betrifft ... die Beschleunigung des gesamten Kreislaufs aller Phasen der Reproduktion."[7]

Dies sind nur einige grundlegende Erfordernisse, zu denen nicht zuletzt auch solche wie die Orientierung am Weltniveau, das Verhältnis von Aufwand und Nutzen, die Anwendungsbreite von Ergebnissen u. a. m. gehören.

Worauf weisen all diese Aspekte hin? *Erstens* auf die gewachsenen Anforderungen und komplizierten Bedingungen in bezug auf die wissenschaftlich-technische Arbeit; *zweitens* – im Zusammenhang damit – auf die erhöhte objektive Verantwortung der daran Beteiligten; *drittens* auf höhere Erwartungen auch an ihr Verantwortungsbewußtsein, d. h. ihr Engagement und die notwendige Bewußtheit von der Tragweite effektiver wissenschaftlich-technischer Arbeit, die letztlich politische Bezugspunkte umfaßt und ideologische Haltungen einschließt.

Was die Zusammenhänge zwischen diesen Aspekten anlangt, so gilt, daß die aus neuen Bedingungen und Anforderungen erwachsene höhere Verantwortung erst dann wahrgenommen werden kann, wenn sie als solche erkannt und anerkannt wird, sich in Bewußtseinsinhalten und Verhaltensbereitschaften bzw. Fähigkeiten ausdrückt. Hier gilt wie in anderen Bereichen: Veränderte objektive Bedingungen ziehen nicht zwangsläufig Veränderungen im subjektiven Bereich nach sich. Das heißt: Die gewachsenen Anforderungen und die komplizierten Bedingungen in bezug auf wissenschaftlich-technische Arbeit lösen nicht mechanisch erhöhtes Verantwortungsbewußtsein, stärkeres Engagement und Höchstleistungen aus. Hier sind *vermittelte* Glieder notwendig. Dazu gehört auch die politisch-ideologische Arbeit, die sowohl an objektiven Erfordernissen wie an subjektiven Potenzen und Interessen anknüpft.

Eine der Voraussetzungen wirksamer ideologischer Arbeit und effektiver Leitungstätigkeit sind verbindliche Verhaltensnormen in Gestalt solcher Rechte und Pflichten, die im Sinne der oben definierten Stimulierung objektive Erfordernisse und subjektive Voraussetzungen verknüpfen. Gemeinsamer Inhalt von rechtlichen Regelungen mit stimulierendem Anspruch ist, daß sie Reaktion auf erbrachte Leistung (im Sinne von Kontrolle, Erfüllungsinformation, Bewertung) oder/und Handlungsorientierung mit Anreizcharakter für künftige Leistungen sind. Die zu stimulierenden Leistungen, die dabei angezielt sind, können abgehobene Einzelergebnisse (z. B. mittels Zielprämien), über begrenzte Zeitabschnitte gezeigte Leistungen (z. B. durch Jahresendprämien) oder längerfristiges Leistungsniveau (durch Gehälter) betreffen.

Allen Stimuliformen ist ferner gemeinsam, daß sie letztlich immer auf Handlungen bzw. Handlungsresultate gerichtet sind. Hier findet sich – wie schon in Abschn. 1 ange-

---

schung unabdingbar sind (erforderliche Gruppen von Beschäftigten), für eine realere Struktur der Arbeitsteilung u. a. im Sinne der „Befreiung" von „intelligenzuntypischen" Tätigkeiten usw.

6 Vgl. H. Nick, Vom hohen Anspruch der schöpferischen Arbeit, in Einheit, 3/1982, S. 265.

7 K. Hager, Wissenschaft und Gesellschaft, in: Einheit, 8/1981, S. 756.

deutet — ein Widerspruch, der zwar allgemeingültig für das Wirken des Rechts ist, aber für die Beziehung zwischen Recht und Stimulierung wissenschaftlich-technischer Leistungen besonders markant und spezifisch in Erscheinung tritt: Schöpfertum als individuelle Grundlage für die Erbringung wissenschaftlich-technischer Leistungen betrifft *Subjekteigenschaften*, d. h. Denkprozesse, Einstellungen, Handlungsbereitschaften originärer Art. Diese sind aus den Wirkungsmechanismen der Stimulierung nicht ausschließbar. Recht regelt aber unbestreitbar nur Handlungen. Bedeutet dies, daß das Recht hier versagen muß, daß diese Problematik außerhalb seines Einflußbereiches liegt? Hier scheint es u. E. notwendig, deutlicher zu unterscheiden zwischen dem, was Recht regelt, und dem, worauf es Einfluß nimmt und einwirkt. Unbeschadet der Tatsache, daß es ausschließlich Handeln regelt, wäre es eine Verkürzung und Verfälschung seines Wirkungsmechanismus, wollte man den Einfluß des Rechts auf die subjektiven Grundlagen von wissenschaftlich-technischen schöpferischen Handlungen ausschließen. Denn die Determinierung des Verhaltens, die Veränderung der Wahrscheinlichkeit bestimmter Verhaltensweisen erfolgt über den Einfluß auf Verhaltensvoraussetzungen, d. h. vor allem die Aktivierung von Handlungsbereitschaft, Anstrengungsbereitschaft, Initiative, Verantwortungsgefühl in bezug auf wissenschaftlich-technische Neuleistungen. Dies gilt um so mehr, je stärker man die langfristige Wirkung des Rechts im Auge hat. Dieser Einfluß ist aber schwerer in Normen ausdrück- und regelbar sowie in seinem Effekt kontrollierbar, faßbar, oder — mit anderen Worten — er ist nur über Handlungen zu erfassen, in denen sich Bereitschaften ausdrücken. Außerdem kommt hier zum Ausdruck, daß auch die rechtliche Stimulierung doppelte Wirkung hat. Sie trägt einerseits zur Persönlichkeitsentwicklung des Handelnden und andererseits zur Steuerung von Handlungsweisen im Sinne der Beschleunigung des wissenschaftlich-technischen Fortschritts bei.

Rechtlich geregelte Stimuli sind — so gesehen — Angebote zur Selbstverwirklichung in gesellschaftlich und persönlich sinnvoller Arbeit und Anreize zu gesellschaftlich erwünschtem Handeln. An der Umsetzung normativer Vorgaben nimmt der einzelne teil, indem er seine psychischen Potenzen und Bedürfnisse einbringt und sie dabei verändert. Diese Bedürfnisse, ihre Befriedigung und Veränderung entsprechen gesellschaftlichem Interesse. Aus diesen Gründen ist der einzelne nicht schlechthin Objekt der Stimulierung,[8] sondern *aktives Subjekt* der Gestaltung der gesellschaftlichen Verhältnisse, einschließlich der rechtlich geregelten Beziehungen.

Um welche Bewußtseinsprozesse und Persönlichkeitseigenschaften geht es, wenn vom Einfluß rechtlich geregelter Stimuli auf subjektive Grundlagen wissenschaftlich-technisch schöpferischer Handlungen die Rede ist? Hier sind im wesentlichen drei Gruppen zu unterscheiden, die in unterschiedlichem Maße beeinflußbar und nur Voraussetzungen, *Vorfeld* des schöpferischen Leistungsprozesses sind:

1. *Fähigkeiten*:

a) fachliches Wissen und Können einschließlich methodologischer und methodischer Fähigkeiten und Fertigkeiten/Qualifikationsniveau/Erfahrung;

b) spezielle Befähigung zu schöpferischer Arbeit als wesentliches Arbeitsmittel und als Potenz, um die unter a) genannten Faktoren so zu kombinieren und zu strukturieren, daß

[8] Vgl. dazu auch: U.-J. Heuer, Recht und Wirtschaftsleitung im Sozialismus. Von den Möglichkeiten und der Wirklichkeit des Rechts, Berlin 1982, S. 137.

Neuleistungen entstehen. Dazu gehören Teilfähigkeiten wie Problemsensibilität, Flüssigkeit, Flexibilität und Originalität des Denkens.

Die Stimulierung auf der Fähigkeitsebene liegt zu einem beträchtlichen Teil zeitlich vor dem bestehenden Arbeitsrechtsverhältnis und beginnt praktisch im Schulalter. Innerhalb des Arbeitsrechtsverhältnisses kann nur *indirekt* durch Recht zur Stimulierung beigetragen werden, indem Organisationsformen der Qualifizierung verbindlich fixiert und durchgesetzt werden (von Fachlehrgängen über Sprachqualifikation bis zu Trainingskursen zur Entwicklung kreativer Fähigkeiten), aber auch, indem rechtlich untermauerte Stimuli für die Teilnahme an solchen Qualifikationsformen geschaffen werden, soweit dies sinnvoll ist.

2. *Allgemeine Einstellungen*:

- weltanschauliche Grundhaltungen;
- arbeitsbezogene Einstellungen wie individuelles Berufsethos, Arbeitsmoral und -disziplin, Arbeitszufriedenheit;
- soziale Einstellungen wie Kommunikationsbereitschaft, Kollektivität u. a. m.

Solche Eigenschaften sind Ergebnis der Persönlichkeitsentwicklung über einen längeren Zeitraum und nur sehr mittelbar durch spezielle Stimuli zu beeinflussen. Relativ größer ist hier die Wahrscheinlichkeit, durch Schaffung stimulierender *Bedingungen* zumindest auf arbeitsbezogene und soziale Einstellungen einzuwirken.

3. *Spezielle Motive*:

- Motivinhalte als Ausdruck von Interessen;
- Niveau der Anstrengungsbereitschaft;
- Grad der Identifikation mit einer konkreten Arbeitsaufgabe u. a.

Rechtlicher Stimulus	Persönlichkeits-eigenschaften	Handlungsqualität	Handlungs-ergebnis
Fixierung von Qualifikationsformen; Stimuli zur Teilnahme	Fähigkeiten – fachliches Wissen und Können – schöpferische Spezialbefähigung Allgemeine Einstellungen – weltanschauliche Grundhaltung	fachliche Kompetenz	objektiv: schöpferische Leistungen
		Stabilität	
	– arbeitsbezogene Einstellungen – soziale Einstellungen		subjektiv: Erfolgserleben Bedürfnisbefriedigung
Anwendung materieller und ideeller Stimuli	Spezielle Motive – Motivinhalte – Anstrengungsbereitschaft – Identifikation	Engagement Anstrengungsniveau Initiative	Einstellungsfestigung Motivstabilisierung

Abb. 2: Zusammenhang von Stimulianwendung, Persönlichkeitseinwirkung und Handlungsbeeinflussung

Dies sind u. E. Hauptfelder der Stimulianwendung, in denen den kreativen Prozessen am nächsten gekommen wird, wenngleich die Einwirkung auch hier noch relativ indirekt ist.

Der Zusammenhang von Stimuli, subjektiven Voraussetzungen und Ergebnissen schöpferischer Leistung im Sozialismus wird vereinfacht (s. Abb. 2) dargestellt. Er ist nur im Kontext der eingangs behandelten Beziehungen zwischen gesellschaftlicher Praxis als entscheidender Triebkraft und deren Vermittlung durch Interessen in ideelle Triebkräfte solcher Leistungen zu betrachten.

Die Beziehungen zwischen rechtlichem Stimulus, Motivation und Handeln sind keine direkt zwingenden Abhängigkeiten, sondern tragen Wahrscheinlichkeitscharakter. So können gleiche Stimuli verschiedene Motive oder Handlungsqualitäten (oder keine) auslösen; andererseits können gleiche Motive oder Handlungen durch unterschiedlichste Bedingungen bewirkt werden. Das ist vor allem darin begründet, daß zwischen ihnen eine Vielzahl *vermittelnder Variablen* liegt, die den Wirkungszusammenhang modifizieren, d. h. innere und äußere Bedingungen, z. B. Arbeitsorganisation, Kollektivatmosphäre, Mitwirkungsmöglichkeiten — bis hin zu den Charakteristika der Stimuli selbst.

4.2. Charakter wissenschaftlich-technischen Schöpfertums und Wirkungsmöglichkeiten rechtlich geregelter Stimuli

Die Stimulierung schöpferischer Arbeit ist als ein entscheidender Zugang zur staatlichen und rechtlichen Leitung des wissenschaftlich-technischen Fortschritts anzusehen. Das gilt auch angesichts der gemachten und noch zu behandelnden Einschränkungen hinsichtlich der realen Wirkungsmöglichkeiten des Rechts. Wenn wir von der zunehmenden Bedeutung des Schöpfertums im wissenschaftlich-technischen Fortschritt sprechen, so ist das eine Linie, auf der sich die Stellung des Menschen im System der Produktivkräfte und der Inhalt der Arbeit ändern. Dem muß sowohl in der marxistischen Rechtswissenschaft als auch bei der Gestaltung des sozialistischen Rechts entsprochen werden, indem schöpferische Arbeit, speziell wissenschaftlich-technisches Schöpfertum, mehr als bisher „als eine Arbeit besonderer Art, als allgemeine Arbeit . . . erkannt wird“[9]. Voraussetzung, um hierbei die gegebenen Wirkungsmöglichkeiten des Rechts voll zu nutzen, ist einerseits, daß das Recht als System und mit einer einheitlichen Konzeption Einfluß nimmt. Andererseits setzt dies voraus, daß die spezifischen Besonderheiten schöpferischer Arbeit im wissenschaftlich-technischen Bereich berücksichtigt und diejenigen Besonderheiten und Erscheinungsformen hervorgehoben werden, die der rechtlichen Einwirkung zugänglich sind bzw. ihrer bedürfen.

In diesem Zusammenhang erscheint es sinnvoll, zunächst einige Bemerkungen zur allgemeinen Bestimmung schöpferischer Leistung im wissenschaftlich-technischen Fortschritt voranzustellen. Das kann zwar grundsätzlich nicht Aufgabe rechtswissenschaftlichen Herangehens sein, erklärt sich jedoch daraus, daß u. E. derzeit noch keine einheitlichen Definitionen des Schöpfertums, der schöpferischen Arbeit bzw. Leistung in diesem Bereich vorliegen, die Ausgangspunkte aber dennoch verdeutlicht werden müssen.

---

[9] H. Pogodda, Die Bedeutung der schöpferischen Prozesse im wissenschaftlich-technischen Fortschritt und die Erfordernisse ihrer rechtlichen Regelung, in: Staat und Recht, 1/1974, S. 105.

Unter schöpferischen Leistungen im wissenschaftlich-technischen Fortschritt verstehen wir Ergebnisse des Handelns bzw. der schöpferischen Arbeit der Wissenschaftler, Ingenieure, Arbeiter und ihrer Kollektive, die einen bestimmten Neuheitsgrad im Vergleich zum bestehenden Erkenntnisstand in Wissenschaft und Technik besitzen und mittelbar oder unmittelbar auf die Erreichung eines ökonomischen Nutzeffekts in der Volkswirtschaft (bzw sozialen Nutzeffekts in der Gesellschaft allgemein) gerichtet sind.

Eine Voraussetzung für solche Leistungen und zugleich Eigenschaft dieses Handelns ist wissenschaftlich-technisches Schöpfertum als spezifischer Teil des allgemeinen gesellschaftlichen Schöpfertums. Wir schließen uns hier der Auffassung von Höwing (u. a.) an, die wissenschaftliches Schöpfertum „als das Vermögen und die Tätigkeit" kennzeichnen, „in systematischer, methodischer Form neue Erkenntnisse und Verfahren zu gewinnen bzw. diese durch neuartige Frage- und Problemstellungen oder in anderer Weise vorzubereiten".[10]

Wenn im folgenden einige Besonderheiten und Aspekte der Entstehung und Umsetzung schöpferischer Leistungen behandelt werden, so kann das nur eine Auswahl sein. Sie ist vor allem auf jene konzentriert, die Bezug zu der Aufgabe des Rechts haben, solche Leistungen im Sinne der Beschleunigung des wissenschaftlich-technischen Fortschritts zu stimulieren. Aber auch dabei wird sich zeigen, daß die Bemühungen, die schöpferische Arbeit zu intensivieren, um so erfolgreicher sind, je mehr deren *Besonderheiten* Berücksichtigung finden. Die Erörterung rechtlich relevanter Besonderheiten und Aspekte der Entstehung, Umsetzung und Stimulierung schöpferischer Leistungen muß allerdings einige allgemeine Merkmale einbeziehen, deren Bearbeitung eigentlich anderen Disziplinen zukommt. So sind der *stochastische* Charakter schöpferischer Arbeit und der Wahrscheinlichkeitscharakter wissenschaftlich-technischer Ergebnisse solche allgemeinen Merkmale, die Konsequenzen für rechtlich relevante Aspekte haben. Dazu gehören z. B. solche rechtlich bedeutsamen Fragen wie das Planungs- und das Risikoproblem (vgl. dazu Abschn.2).

Grundsätzlich ist wohl in Betracht zu ziehen, daß ein widerspruchsvolles Verhältnis zwischen der notwendigen Planmäßigkeit schöpferischer Leistungen und solchen Elementen des Schöpfertums wie Intuition, Inspiration, Phantasie usw. besteht. Zwar ist es in der sozialistischen Gesellschaft erstmals möglich, Schöpfertum als Ganzes planmäßig zu entwickeln. Auch kann die Lösung anstehender Probleme nach Notwendigkeit und Zeitraum geplant werden. Es können Kapazitäten von Schöpfertum (z. B. Wissenschaftlerpotential) entsprechend eingesetzt, d. h. geplant werden. Soweit sich die schöpferische Leistung aus bewußter Anwendung logischer Gesetze und Problemlösungsregeln rekrutiert und nach rationalen Kriterien organisierter Zugang zum Problem gesucht werden kann, ist Planbarkeit sicher auch noch nach inhaltlicher Ausrichtung und Zeitpunkt möglich. Dies ist aber in bezug auf *jene* Elemente der schöpferischen Arbeit erschwert, wo *Intuition und Phantasie* tragend sind, wo in der sogenannten Inkubationsphase, dem mehr „inspirierten Zugang", Assoziationen und Kombinationen im nicht bewußten Bereich ablaufen.[11] In der konkreten schöpferischen Arbeit bilden diese Elemente eine

---

[10] Autorenkollektiv, Erkenntnistheoretische Aspekte des Schöpfertums in der Wissenschaft, Berlin 1981, S. 10.

[11] So hat Hörz betont, daß das Unbewußte „als Gefühl des Widerspruchs zwischen Theorie und Praxis, der möglichen Inkonsistenz von Theorien, der Existenz von Analogien und Homologien und die im Unterbewußten gespeicherte veranschaulichte Theorie und verallgemeinerte Er-

Einheit, so daß der genannte Widerspruch als Problem auf die konkrete schöpferische Leistung als Ganzes zu beziehen ist.[12] Das bedeutet einerseits, daß auf das Anliegen der Planbarkeit der wissenschaftlich-technischen Arbeit nicht verzichtet werden kann. Das würde letztlich den Verzicht auf die Planung der wirtschaftlichen Entwicklung des wissenschaftlich-technischen Fortschritts zur Folge haben.[13] Andererseits können die Bedingungen der Planbarkeit und Planung der materiellen Produktion offenbar nicht schematisch übernommen werden. Der Schwerpunkt liegt demnach in der Aufgaben- und Zielplanung, weil die Ergebnisse nicht präzis vorausbestimmbar und voraussehbar sind.[14] Nick[15] geht davon aus, daß gerade angesichts der relativ geringen Sicherheit der ökonomischen Ergebnisse wissenschaftlicher Arbeit ein hohes *Anforderungsniveau* für das geplante *Ergebnisniveau* entscheidend ist

Diese Zusammenhänge führen zu einer Reihe von Problemstellungen für die rechtliche Untersetzung der Stimulierung schöpferischer Leistungen, z. B.: Wie kann die Ziel- und Aufgabenplanung vom Beginn einer Aufgabenstellung an planungsrechtlich differenzierter und in der Abrechnung präziser handhabbar gestaltet werden? Wie kann dabei dennoch die notwendige Flexibilität erhalten bleiben, die z. B. der Tatsache Rechnung trägt, daß auch Aufgaben und Ziele sich in Abhängigkeit von neuen Bedingungen verändern können? Wie kann auf hohe und risikobereite Aufgabenstellung und Bereitschaft zur Offenlegung des Risikos orientiert werden? Welche Reaktionsmöglichkeiten können für den Eintrittsfall von Risikofolgen im Verlauf der Aufgabenbewältigung festgelegt werden? Wie kann rechtlich zur Orientierung auf solche Ideenfindungen beigetragen werden, die sich aus den Plänen Wissenschaft und Technik ableiten und den Erfordernissen der Produktion entsprechen? Wie kann trotzdem Raum für das Finden und Verwirklichen „zufälliger" Ideen erhalten werden? Ist es z. B. sinnvoll, nach Vorgaben planmäßig erbrachte Erfindungen in höherem Maße anzuerkennen als unerwartete, unplanmäßige, aber vielleicht wertvollere Erfindungen? Sind in diesem Sinne teilweise gebräuchliche Anwendungen der Regelung zur Anerkennungsvergütung für die Anmeldung von Erfindungen richtig? Es geht auch um die Frage, wie der Widerspruch zwischen höherem Unsicherheitsgrad der Ergebnisrealisierung und der dennoch notwendigen Planbarkeit in der Grundlagenforschung zu bewältigen ist. Dies in Stimulierungsansätzen und über möglichst langfristige Forschungskooperation auch rechtlich adäquat zu gestalten, stellt hohe Anforderungen an das Recht, deren Lösung noch in den Anfängen steckt.

---

fahrung" wesentlich für die Institution sind, ferner, daß die Kompliziertheit schöpferischer Bewußtseinsvorgänge in der Einheit von unterbewußten, unbewußten und bewußten Vorgängen besteht — (H Hörz, Materialistische Dialektik und Wissenschaftsentwicklung, Berlin 1980, S. 22 [Sitzungsberichte der AdW der DDR Nr 6 G/1980]).

[12] Striebing resümiert aus Analysen schöpferischer Prozesse, daß es in der Gesamtheit aller Gesetzmäßigkeiten in diesem Bereich „auch prinzipiell nicht algorithmisierbare und nicht formalisierbare Momente gibt", wodurch „alle mit dem Zufall verbundenen Elemente ihren legitimen Platz (erhalten). Wir denken hier in erster Linie an die wissenschaftliche Phantasie und die materialistisch verstandene Intuition" (L. Striebing, Soziale und kognitive Aspekte des ingenieurwissenschaftlichen Erkenntnis- und Schaffensprozesses, in: Aus dem philosophischen Leben der DDR, Informationsbulletin, 3/1983, S. 53).

[13] Vgl. H. Nick, Vom hohen Anspruch der schöpferischen Arbeit, in: Einheit, 3/1982, S. 265.

[14] Vgl. W. Linden (Hrsg.), Wissenschaftlich-technischer Fortschritt — Sozialistisches Recht, Teil I, Halle 1981, S. 85.

[15] Vgl. H. Nick, Vom hohen Anspruch der schöpferischen Arbeit, in: Einheit, 3/1982, S. 265.

Ein weiteres allgemeines Merkmal wissenschaftlich-technischen Schöpfertums ist der *Neuheitscharakter* von Ergebnissen schöpferischer Arbeit. Aus diesem Merkmal ergibt sich eine Reihe rechtlich bedeutsamer Probleme. Das beginnt mit der *Normierung* schöpferischer Leistungen. Da sie Neues schaffen und in diesem Sinne einmalig sind, ist ihre Normierbarkeit erschwert bzw. nicht möglich. Regelungen wie die Anordnung über die Nomenklatur der Arbeitsstufen und Leistungen von Aufgaben des Planes Wissenschaft und Technik vom 28. Mai 1975 beziehen sich mehr auf allgemeine Etappen wissenschaftlich-technischer Aufgabenerfüllung, und dennoch zeigen sich schon hier Schwierigkeiten der Normierbarkeit. Andererseits sind solche Normierungen für die Gestaltung des Arbeitsprozesses und vor allem für eine fundierte Beurteilung notwendig.

Damit ist das mit der Normierung eng verknüpfte Problem der differenzierten *Bewertung* angesprochen, die Grundlage effektiver Stimulierung ist. Hier besteht der Widerspruch, daß einerseits Maßstäbe gebraucht werden, aber andererseits objektive Schwierigkeiten ihrer Formulierung und Durchsetzung bestehen, die sich nicht zuletzt aus der Tatsache ergeben, daß es hierbei um nicht wiederholbare, nur bedingt vergleichbare Neuleistungen geht. Die Schwierigkeiten kulminieren in der Bewertung des Kriteriums Neuheitsgrad einer Leistung im Vergleich zum bestehenden Erkenntnisstand. Dieses Kriterium ist originär für diese Art von Arbeit bzw. von Leistungen, es konstituiert weitgehend seine Besonderheit. Das Recht hat dem Rechnung zu tragen. Das ist schon kompliziert bei der Bewertung bereits erbrachter Leistungen, z. B. bezüglich des Niveaus einer Erfindung, wo die Pflicht zu entsprechenden Recherchen (vgl. § 7 der Schutzrechtverordnung) Handlungsvorgaben für den Erfinder enthält. Weit schwieriger ist die sinnvolle, rechtlich untermauerte Stimulierung und Beurteilung solcher Leistungen mit Neuheitsgrad, die nicht in Erfindungen münden. Sie sind das weit Häufigere und zugleich die Grundlage für Spitzenleistungen. Auch hier gilt, daß die Neuheit als Ergebnis des Vergleichs mit dem erreichten Erkenntnisstand sich aus den Bewertungen bestimmter Bezugsgruppen, aus kommunikativen Beziehungen ergibt. Oft ist aber der schöpferisch Tätige in starkem Maße spezialisiert und zumindest im Arbeitsbereich häufig nur selbst in der Lage, den Neuheitswert zu beurteilen. Das Problem besteht darin, wie das Recht dazu beitragen kann, daß die Beurteilung der Leistung dennoch fundiert ist (z. B. durch Normen zur Einbeziehung von sachkundigen Vertretern außerhalb des Kollektivs) und die Kommunikationsmöglichkeiten zur Kenntnisnahme des erreichten Entwicklungsstandes verantwortungsvoll durch den schöpferischen Tätigen genutzt werden.

Schließlich sei noch eine letzte, rechtlich relevante Problemstellung genannt, die mit dem Neuheitscharakter wissenschaftlich-technischer Leistungen verbunden ist. Schöpferische Leistungen sind Vorstoß ins Unbekannte. Dazu ist Entscheidungsraum für sachkundig-eigenverantwortliches Handeln notwendig, das den Besonderheiten der wissenschaftlich-technischen schöpferischen Arbeit ebenso gerecht wird wie den objektiven Erfordernissen der ökonomischen Strategie. Es geht aber auch um die notwendige Ausnutzung des sich aus den objektiven Gesetzen ergebenden Möglichkeitsfeldes an Denk- und Handlungsvarianten.

Wie kann nun das Recht dazu beitragen, diesen Entscheidungsraum zu gewährleisten? Da hierauf in Abschnitt 5 näher eingegangen wird, sei hier nur so viel gesagt: sicher nicht, indem das Schwergewicht der Regelungen auf Pflichten für den schöpferisch Tätigen liegt, denn eine generelle Verpflichtung zum Schöpfertum durch Rechtsnormen und ihre Durchsetzung mit Sanktionen ist schwer vorstellbar. Aber auch die zuweilen vertretene

Meinung, Schöpfertum könne nur mit Rechten sinnvoll geregelt werden, ist u. E. nicht richtig. In bezug auf den schöpferisch Tätigen nicht, weil auch hier die Einheit von Rechten und Pflichten gilt und in Teilbereichen der schöpferischen Arbeit auch durch Pflichten (z. B. zum Leistungsnachweis in Verteidigungen oder zur Offenbarung des erfinderischen Gedankens bei Patenten) bestimmte Voraussetzungen und Effekte dieser Arbeit beeinflußt werden können. In bezug auf die gesellschaftlichen Verhältnisse, in denen schöpferische Arbeit stattfindet, d. h. hinsichtlich der Rechte-Pflichten-Struktur verschiedener Rechtssubjekte, stimmt die o. g. Meinung deshalb nicht, weil die Rechte des schöpferisch Tätigen ohne entsprechende Pflichten des Leiters, diese auch zu gewährleisten, unwirksam sind.

Die Kompliziertheit der Problematik zeigt sich darin, daß in bestimmten Bereichen einerseits die konsequente Realisierung von Pflichten der Leiter durch Mangel an Rechten erschwert und andererseits vorhandene Rechte oft ungenügend durch Leiter genutzt werden (z. B. in der variablen Anwendung von Gehaltsregelungen und Prämienbestimmungen). Hier wird also Entscheidungsraum aus verschiedenen Gründen (s. weiter unten) nicht genutzt. Das führt unmittelbar zu der Frage, ob mittels weiterer Rechtsvorschriften mehr Pflichten fixiert werden sollen bzw. ob damit Entscheidungsräume zur sinnvollen Stimulierung überhaupt erst zum Tragen kommen oder ob auf diese Weise nur unnötig administriert und „überregelt" würde. (Es wird an einzelnen Problemen noch zu zeigen sein, wie unterschiedlich hier die Konstellationen sind.)

Neben der stochastischen Natur und der Orientierung auf Neuleistungen ist die *Prozeßhaftigkeit* der schöpferischen Arbeit im wissenschaftlich-technischen Bereich als allgemeines Merkmal zu nennen, das Besonderheiten nach sich zieht, denen das Recht Rechnung tragen muß. Klar ist, daß der letztliche Zweck aller Stimulierungsmaßnahmen das objektiv vorhandene, bewertbare und verwertbare kreative Produkt ist. Dies ist nicht nur das eigentlich angestrebte und deshalb auch durch rechtliche Stimulierungsformen in besonderem Maße zu berücksichtigende Moment, es ist zudem auch meist relativ besser für die Bewertung geeignet. Aber kann sich darin die Zielrichtung rechtlicher Stimulierung erschöpfen, oder ergeben sich nicht aus dem kreativen Prozeß ebenfalls Eingriffspunkte? Dabei sind die Unterschiede in den verschiedenen Phasen zu beachten; die Ansatzpunkte sind in der Problemanalyse anders als während der Überprüfung, in der Phase der Informationssammlung wiederum anders als während der sogenannten Inkubation.

Von besonderer Bedeutung sind die Suche, die Auswahl und die Formulierung von Aufgaben und Zielen. Zu Recht hebt auch Linden[16] diese Phase als eine entscheidende Stufe hervor, in der über Erfolg oder Mißerfolg wissenschaftlich-technischer Arbeit mitentschieden wird. Dem entspricht aber nicht ihre Berücksichtigung in rechtlichen Regelungen der Stimulierung wie in der umfassenden Stimulierungspraxis überhaupt.

Ähnlich steht die Frage bezüglich der Förderung der *kreativen Persönlichkeit.* Gleich, ob man nun Kreativität als eine individuelle Fähigkeit, als Merkmal von Tätigkeiten oder des Denkprozesses ansieht, sie ist in jedem Falle sowohl Voraussetzung als auch wesentliches Arbeitsmittel schöpferischer Arbeit.[17] Welche Schlußfolgerungen erge-

[16] Vgl. W. Linden (Hrsg.), Wissenschaftlich-technischer Fortschritt — Sozialistisches Recht, Teil I, a. a. O., S. 49.

[17] Schubert konstatiert z. B. aus der Sicht der Kammer der Technik, daß sowohl in den Betrieben als auch an den Bildungseinrichtungen „noch nicht richtig auf Kreativitätsforderung orientiert wird", und belegt das mit der Mitteilung, daß „nur an etwa 10% der in der Praxis tätigen

ben sich daraus für die rechtliche Einwirkung, für die Entwicklung und Pflege dieses Arbeitsmittels? Welche Prinzipien von rechtlich geregelten Voraussetzungen der Qualifizierung in anderen Fähigkeitsbereichen (z. B. der Sprache) sind übernehmbar?

Als ein letztes allgemeines Merkmal, das die schöpferische Arbeit kennzeichnet, sei das Verhältnis von individueller und kollektiver Leistung genannt. Diese Trennung ist relativ, da individuelle Denkprozesse immer auch in gesellschaftliche und kollektive Prozesse eingebunden sind und kollektive Problemlösungen sich nur auf der Grundlage individueller kreativer Leistungen aufbauen können. Richtig ist aber als Tendenz, daß in immer größerem Umfang schöpferische Leistungen *im Rahmen von Kollektiven* erbracht werden. Dörrer[18] teilt mit, daß etwas mehr als 20% der geprüften und erteilten Patente auf erfinderische Leistungen einzelner zurückgehen. Nahezu 80% sind Ergebnis geplanter und kollektiver Forschungs- und Entwicklungsarbeiten. Hierzu tragen solche Faktoren wie die zunehmende Komplexität der zu bearbeitenden Probleme und Veränderungen in den sozialen Beziehungen und organisatorischen Voraussetzungen in den Kollektiven bei. Das erfordert in der Perspektive Schlußfolgerungen für die rechtliche Regelung stimulierender Faktoren. Bessere Berücksichtigung kollektiver Leistungen darf aber nicht zur Nivellierung individueller Leistung führen. Die Forderung lautet vielmehr, innerhalb kollektiver Leistungen die individuellen Leistungsanteile zu indentifizieren, zu bewerten und entsprechend anzuerkennen. Je nachdem, wieweit man den Begriff Kollektiv versteht, ergeben sich ähnliche Fragen für die Stadien der Bearbeitung einer Aufgabe. Eine solche Frage ist z. B., wie besser als bisher gesichert werden kann, daß der Grundlagenforscher in seiner Arbeit gebührend gewürdigt und nicht gar vergessen wird, wenn zeitlich oft deutlich später eine Idee aus der Grundlagenforschung Früchte trägt, d. h. sich in einem neuen Produkt, einer neuen Methode usw. niederschlägt.

Die beispielhaft genannten allgemeinen Merkmale und Besonderheiten der schöpferischen Arbeit im wissenschaftlich-technischen Bereich erweisen sich in einem Maße als rechtlich relevant, das die Forderung nach konzeptionellen Überlegungen zu übergreifenden Ansätzen in der rechtlichen Widerspiegelung und Berücksichtigung unterstreicht. Dabei kann nicht darauf verwiesen werden, daß rechtliche Möglichkeiten leistungsgerechter Anerkennung hinlänglich vorhanden seien.[19] Denn erstens entspricht die Anwendung der entsprechenden Bestimmungen oft nicht den natürlichen Besonderheiten geistiger Produktion. Zweitens verändern sich die Erscheinungsweisen dieser Besonderheiten und deren Anforderungen und Bedingungen. Das erfordert Überlegungen, wie das Spektrum von Stimuli mit rechtlicher Relevanz weiterentwickelt werden kann, indem neue Niveauorientierungen, angezielte Schwerpunkte der Forschung stimulierungspolitisch untersetzt werden. Zwar steht nicht im Vordergrund, immer mehr Stimuli zu schaffen oder mehr Mittel bereitzustellen, zumal sich zeigt, daß selbst die vorhandenen Möglichkeiten

---

jungen Hoch- und Fachschulkader an den entsprechenden Hochschulen die notwendigen Fähigkeiten für die schöpferische Arbeit... vermittelt wurden" — (M. Schubert, Die wachsende Verantwortung der Kammer der Technik bei der Entfaltung des Schöpfertums der Ingenieure und Wissenschaftler, in: Aus dem philosophischen Leben der DDR, Informationsbulletin, 3/1983, S. 12/13).

18 Vgl. H. Dörrer, Zu einigen leistungsstimulierenden Faktoren der wissenschaftlich-technischen Arbeit, in: Aus dem philosophischen Leben der DDR, Informationsbulletin, 4/1981, S. 40.

19 Vgl. E. Poppe, Sozialistisches Recht und Wissenschaft, Berlin 1982, S. 15 (Sitzungsberichte der AdW der DDR Nr. 9 G/1981).

nicht genügend genutzt werden. Es geht vielmehr um deren gezielte Verwendung zur Förderung von Spitzenleistungen. Dennoch sind immer auch Reserven zu suchen, um die Palette der Stimuli im o. g. Sinne zu erweitern und dazu entsprechende Änderungen, Ergänzungen und Neufassungen rechtlicher Grundlagen in Betracht zu ziehen.

Schließlich ist auch in diesem Zusammenhang zu betonen, daß die Orientierung, nanatürliche Besonderheiten schöpferischer Arbeit differenzierter im sozialistischen Recht widerzuspiegeln und zu berücksichtigen, keine Berührungspunkte mit bürgerlichen Elitetheorien hat, weder auf Privilegien zielt noch eine Überschätzung der geistigen Arbeit bedeutet, sondern lediglich den realen Ungleichheiten der Arbeit bzw. Erscheinungsweisen der Arbeitsteilung zu entsprechen sucht.[20] Hier scheint uns auch aus rechtstheoretischer Sicht bemerkenswert, wenn Lötzsch auf jene objektiven sozialen Unterschiede hinweist, „die mit der vollen Ausprägung des charakteristischen sozialen Profils der Klassen und Schichten und der Entwicklung ihrer Befähigung zur Meisterung des wissenschaftlich-technischen Fortschritts zusammenhängen und deren Reproduktion mithin ein Erfordernis der Einheit von wissenschaftlich-technischem, ökonomischem und sozialem Fortschritt ist"[21].

4.3. Ansatzpunkte zur Untersuchung individueller Stimulierung durch Recht — zur weiteren Vorgehensweise

Um die Problematik der individuellen Stimulierung schöpferischer Arbeit durch Recht zu behandeln, bieten sich vor allem zwei Möglichkeiten an. Ein denkbarer Weg ist die Erörterung der einzelnen Stimuliformen nach ihrer rechtlichen Unterscheidung und Gestalt, z. B. des Gehalts, der einzelnen Prämienformen, der speziellen Fonds, der Schutzrechtsbestimmungen, der Formen moralischer Stimulierung über Preise und Auszeichnungen usw. So ist übrigens bereits verschiedentlich vorgegangen worden. Neben dem Vorteil der unmittelbaren Orientierung an der Norm zeigen sich hierbei jedoch auch bestimmte Nachteile, z. B. die Gefahr der bloßen Rechtsnormbeschreibung, der mangelnden Berücksichtigung der eigentlichen Wirkungsmechanismen der Stimulierung als Gesamtprozeß oder der Vernachlässigung von Besonderheiten der Anwendung in verschiedenen Organisationsformen. Ein anderer Weg ist, von speziellen Problemen im Prozeß der Stimulierung auszugehen und in Verbindung damit auf einzelne Stimuliformen Bezug zu nehmen. Dementsprechend soll hier verfahren werden. Ausgangspunkt ist die oben beschriebene Wirkungskette von rechtlich geregeltem Stimulus, Einstellungs- und Motivveränderungen sowie Verhaltensdeterminierung, wobei drei Probleme herausgegriffen und behandelt werden. Leistungsbewertung durch Stimuli, Motiv- bzw. Interessenrelevanz von Stimuli und Handlungsbeeinflussung durch Stimuli. Das heißt, es wird folgenden Fragestellungen nachgegangen:

1. Welche Prinzipien und Kriterien der Leistungsbewertung sind mit Hilfe des Rechts wirksamer durchzusetzen, um schöpferische Leistungen effektiver zu stimulieren?

---

[20] Vgl. dazu auch W. Linden (Hrsg.), Wissenschaftlich-technischer Fortschritt — Sozialistisches Recht, Teil I, a. a. O., S. 78.

[21] M. Lötsch, Soziale Strukturen als Wachstumsfaktoren und als Triebkräfte des wissenschaftlich-technischen Fortschritts, in: Deutsche Zeitschrift für Philosophie (im folgenden DZfPh), 6/1982, S. 725

2. Mit welchen rechtlich regulierten oder zu regulierenden Stimuli kann auf welche Motive schöpferischen Leistens aufgebaut und eingewirkt werden?

3. Wie kann durch rechtlich regulierte oder zu regulierende Stimuli auf das Verhältnis zwischen angestrebten und realen Handlungen bzw. Handlungsergebnissen bei der Produktion schöpferischer Leistungen eingewirkt werden?

4.4. Leistungsbewertung als Schlüsselproblem der individuellen Stimulierung

4.4.1. Sozialistisches Leistungsprinzip und rechtlich geregelte Leistungsbewertung

Eine wesentliche Voraussetzung differenzierter und wirksamer Stimulierung ist die Leistungsbewertung. Sie ist zugleich einer der neuralgischen Punkte, wo sich die Notwendigkeit der konsequenten Anwendung des Leistungsprinzips zeigt und die Qualität seiner Anwendung entscheidet. Was in der Leistungsbewertung an Differenziertheit und Leistungsbezogenheit versäumt wird, ist nur schwer im weiteren Prozeß der Durchsetzung des Leistungsprinzips als dem „Grundprinzip der Verteilung im Sozialismus" (Programm der SED) auszugleichen, das in Art. 2, Abs. 3 der Verfassung der DDR verankert ist. Ausgangspunkt für die Leistungsbewertung muß deshalb sein, die Durchsetzung des sozialistischen Leistungsprinzips enger mit der Beschleunigung des wissenschaftlich-technischen Fortschritts zu verbinden. Die neuen Möglichkeiten, über das Leistungsprinzip sowohl auf die Intensivierung der Produktion als auch auf die Persönlichkeitsentwicklung einzuwirken, betreffen u. a. die Fortführung der leistungsorientierten Lohnpolitik. Diese ist ja eng mit der Aufgabe verbunden, die intensiv erweiterte Reproduktion durchzusetzen, und erfordert Konzentration von Fondszuwachs da, wo höchster Leistungszuwachs erbracht wird.[22] Für die richtige Einordnung der Rolle der Leistungsbewertung ist es auch wichtig, daß das Leistungsprinzip nicht allein und isoliert im ökonomischen Sinne verstanden wird, sondern als ein Grundprinzip, eine wichtige Triebkraft der Entwicklung der sozialistischen Lebensweise und Moral, der bewußten Organisierung des sozialistischen Zusammenlebens. So wirken Lohn bzw. Gehalt und Prämie „nicht nur als Maß der Arbeit und des Verbrauchs, sondern auch als Ausdruck der gesellschaftlichen Bewertung des Inhalts der Arbeit, als moralische Wertung der vollbrachten Leistung"[23]. Die ideellen Formen der Stimulierung sind deshalb eng mit materiellen verbunden und nicht aus der Durchsetzung des Leistungsprinzips auszuklammern. Die Leistung wird damit nicht nur zum Maßstab der Entlohnung, sondern auch zum Kennzeichen der Rolle und des Ansehens des Leistenden in der Gesellschaft, zur eigenen Entwicklungsbedingung. Ein umfassenderes Verständnis des Leistungsprinzips in diesem Sinne ist für die praktische Nutzung der Möglichkeiten der Stimulierung wichtig.

In diesem Zusammenhang dürften auch folgende Ergebnisse unserer Untersuchung von Interesse sein. Einige hundert Wissenschaftler wurden ersucht, die Bedeutung folgender drei Faktoren für die Stimulierung der wissenschaftlichen Arbeit durch Bildung einer Rangfolge einzuschätzen:

---

[22] Vgl. dazu: R. Montag, Zur Erhöhung des Wirkungsgrades der Stimulierung wachsender Leistungen, in: Informationen zur soziologischen Forschung in der DDR, 3/1981, S. 39.

[23] R. Miller, Gesellschaftliche Produktion, sozialistische Lebensweise und Moral, in: DZfPh 8/1977, S. 895.

a) differenziertere Anwendung materieller Stimuli;
b) sorgfältigere Anwendung moralischer Stimuli;
c) Verbesserung der Arbeitsbedingungen.
Materielle und moralische Stimuli wurden mit 23,8 bzw. 25,8% etwa gleich oft als wichtigste Faktoren genannt und halten sich somit die Waage. Bemerkenswert ist dabei, daß sich bei Wissenschaftlern in der Grundlagenforschung (20,1 zu 27,7%) ein umgekehrtes Verhältnis im Vergleich zu Wissenschaftlern in der angewandten Forschung (28,1 zu 23,5%) zeigt. Noch bedeutsamer scheint uns, daß ca. die Hälfte aller Befragten die Verbesserung der Arbeitsbedingungen als wichtigsten Faktor nannte.

Vor dem Hintergrund einer umfassenden Anwendung des Leistungsprinzips erhöht sich auch die Bedeutung differenzierter Leistungsbewertung. Ferner ist ihr hoher Stellenwert in den Erwartungshaltungen der wissenschaftlich-technischen Intelligenz zu nennen. So nahm im Ergebnis soziologischer Untersuchungen[24] die gerechte und differenzierte Beurteilung und Anerkennung der Leistung unter 14 Faktoren des Einflusses auf die Arbeitszufriedenheit den zweiten Rang ein.

Gerade im Bereich geistiger Produktion und schöpferischer Arbeit ist aber der Widerspruch besonders markant, der zwischen der objektiven Notwendigkeit differenzierter Leistungsbewertung und den noch vorhandenen Mängeln ihrer Anwendung besteht. Er wird einesteils durch die Besonderheiten schöpferisch wissenschaftlich-technischer Arbeit bewirkt, die u. a. eine Komplizierung der Leistungsbewertung nach sich ziehen. Andererseits zeigen sich jedoch auch Mängel in der Ausnutzung vorhandener Möglichkeiten. Unsere Untersuchungen weisen aus, daß dies nicht an mangelndem Wissen um solche Möglichkeiten liegt. Hier trifft die Aussage von Nick zu: „Offensichtlich sind die Schwierigkeiten bei der Leistungsbewertung keineswegs in erster Linie objektiver Natur, sondern hängen vor allem mit der nicht immer genügenden Konsequenz in der Verwirklichung des Leistungsprinzips zusammen."[25] Einige der noch mitzuteilenden Ergebnisse bestätigen dies und unterstreichen, daß die Durchsetzung des Leistungsprinzips in starkem Maße mit ideologischer Arbeit verbunden und an differenzierte Verhaltensnormen zu binden ist. Auch in diesem Zusammenhang ist auf die Rolle des Rechts einzugehen.

Es ist zweifellos richtig, der Rechtswissenschaft stärkere Aufmerksamkeit für diese Probleme unter den neuen Bedingungen abzuverlangen.[26] Andererseits ist zu berücksichtigen, daß das Recht nur in beschränktem Maße für einige Bewertungsformen allgemeine Voraussetzungen schaffen kann, z. B. mit Regeln zur Verteidigung von wissenschaftlich-technischen Ergebnissen, mit Vorgaben zur Variierung des Gehalts oder der Prämien. Damit werden vor allem dem Leiter Pflichten auferlegt, aber auch Rechte eingeräumt. Inwieweit sie diese umsetzen, ist vor allem ein ideologisches Problem, ein Ausdruck von Verantwortungsbewußtsein, Leitungsinitiative, Bereitschaft zur Auseinandersetzung u. a. m. Nicht zu übersehen ist aber auch, daß die Auferlegung solcher Pflichten, die Schaffung von bestimmten Freiräumen usw. nicht zwangsläufig gewährleistet, daß entsprechende Maßstäbe, Prinzipien, Methoden für den Leiter verfügbar und anwendbar

---

24 Vgl. F. Adler, Sozialistisches Leistungsprinzip und Leistungsverhalten in der wissenschaftlich-technischen Intelligenz, in: Informationen zur soziologischen Forschung in der DDR, 6/1981, S. 39.

25 H. Nick, Vom hohen Anspruch der schöpferischen Arbeit, in: Einheit, 3/1982, S. 267.

26 So z. B.: E. V. Strukov, Die allseitige Entwicklung der Persönlichkeit und das Recht, in Sowjetwissenschaft, Gesellschaftswissenschaftliche Beiträge, 4/1982, S. 541.

sind. So ist die Einführung eines neuen Gehaltsregulativs zunächst nur eine arbeitsrechtliche Absicherung und Fixierung, der gewichtige lohnpolitische, arbeitsökonomische, am Leistungsprinzip orientierte Prinzipien zugrunde liegen. Sie umzusetzen verlangt indes objektive kontrollierbare Kriterien und Methoden der Leistungsbewertung. Diese können nicht in allgemeiner Form rechtlich vorgegeben werden; selbst Bemühungen seitens der Wissenschaftstheorie sind dadurch begrenzt, daß solche Kriterien und Methoden in starkem Maße vom Zweck der Bewertung, von der Spezifik des Forschungsgegenstandes und anderen Faktoren abhängen.

4.4.2. Prinzipien der Leistungsbewertung und ihre Berücksichtigung in rechtlich geregelten Stimuli

Im Mittelpunkt der folgenden Überlegungen stehen einige allgemeine Prinzipien der Anwendung leistungsbewertender Stimuli, die auch für das schöpferische Handeln gelten. Dabei wird jeweils nach rechtstheoretischen Ansätzen gesucht, wie diese Prinzipien sich durch rechtliche Regelungsfähigkeit und -notwendigkeit auszeichnen bzw. durch geltende Normen umsetzbar oder umgesetzt werden. Zu den hier bewußt gewählten Prinzipien gehören:

1. *Die Aufgabenbezogenheit*

Dies ist ein Prinzip der Leistungsbewertung, an dem die beschriebene Vorgehensweise zunächst verfolgt werden soll. — Leistungsbewertung ist um so effektiver (im Sinne von Stimulierung), je überprüfbarer bzw. nachvollziehbarer, je gerechter sie ist. Dies kann sie um so besser, je mehr sie sich auf klar formulierte Aufgabenstellungen beziehen kann. Diese können in jedem Falle wirksamer schöpferische Handlungen anregen als allgemeine Appelle. So fanden sich bei soziologischen Untersuchungen in Industriekombinaten unter den wesentlichen Bedingungen und Triebkräften des Leistungsverhaltens der wissenschaftlich-technischen Intelligenz: Niveau und Klarheit der wissenschaftlich-technischen Aufgabenstellung, die aus einer langfristigen Gesamtkonzeption abgeleitet ist.[27] Unter rechtlichem Aspekt ist die Rechte-Pflichten-Struktur hinsichtlich der Arbeitsaufgabe die entsprechende Bezugsbasis. Es kann davon ausgegangen werden, daß die hier bestehenden Möglichkeiten der präzisen Formulierung von Aufgabenstellungen auf der Grundlage der Arbeitsaufgaben noch in sehr unterschiedlichem Maße als Voraussetzung effektiver Leistungsbewertung ausgeschöpft werden. Oft sind noch recht pauschale Themenstellungen gebräuchlich, in die eine Mehrzahl real erreichter Ergebnisse „eingepaßt" werden kann. Ein anderer Mangel ist die ungenügende Personenbezogenheit in der Aufgabenformulierung innerhalb von Gruppen, wodurch der leistungsbezogenen Wertung Grenzen gesetzt sind.

---

[27] Vgl. F Adler, Sozialistisches Leistungsprinzip und Leistungsverhalten in der wissenschaftlich-technischen Intelligenz, in Informationen zur soziologischen Forschung in der DDR, 6/1981, S. 39. — In diesem Zusammenhang ist besonders auf die 1. Durchführungsbestimmung der Pflichtenheftverordnung vom 23 11. 1983 (GBl. I Nr 36, S. 381) zu verweisen, wo ausdrücklich verlangt wird, daß für die Aufgaben der Grundlagenforschung und der angewandten Forschung mit den Pflichtenheften volkswirtschaftliche Orientierungen vorzugeben sind, mit denen die ökonomischen Rahmenbedingungen für zu erreichende Ziele und die Ergebnisnutzung festgelegt werden.

Diese Problematik zeigt sich auch bei der Anwendung verschiedener rechtlich geregelter Rahmenbedingungen für aufgabenbezogene Leistungsbewertung, so z. B. bezüglich der Durchführung von Verteidigungen, wie sie jetzt in der Pflichtenheftverordnung bzw. der Ersten Durchführungsbestimmung dazu geregelt ist und vorher in der Verteidigungsanordnung geregelt war. In unserer Untersuchung wurde u. a. auch die Frage gestellt, ob die Durchführung von Verteidigungen zu einer klaren und abrechenbaren Bestimmung der Ziele beiträgt. 34% der Befragten meinten, daß dies völlig zutreffe. 60% antworteten mit „trifft teilweise zu“. In bezug auf die Frage, ob in Verteidigungen ein hohes wissenschaftliches Niveau der Aufgaben gesichert wird, lauten die entsprechenden Zahlen 21 bzw. 69%.

Von besonderer Wichtigkeit ist aber, daß gezielte Leistungsbewertungen konsequent an Erfüllungen von Arbeitsaufgaben geknüpft werden. Mit der Pflichtenheftverordnung vom 17. Dezember 1981[28] und ihren abrechenbaren wissenschaftlich-technischen und ökonomischen Zielstellungen sind hier differenzierte rechtliche Voraussetzungen geschaffen worden. Wo qualifiziert mit Pflichtenheften gearbeitet wird, sind auch Fortschritte dabei gemacht worden, sie zur maßgeblichen Grundlage der Leistungsbewertung und Durchsetzung des Leistungsprinzips zu entwickeln. Weiz[29] weist auf die Notwendigkeit hin, bei der Arbeit mit den Pflichtenheften in Abhängigkeit von vorgegebenen Zielen und erbrachten Ergebnissen aufgabengebundene Leistungszuschläge zum Gehalt für Hoch- und Fachschulkader und weitere Formen der materiellen und moralischen Stimulierung anzuwenden. Die Stimulierung ist an solche Kriterien zu binden, die den *konkreten* Leistungsbeitrag der Forscher sichtbar machen und im Pflichtenheft ausgewiesen sind. Zu diesen gehört das wissenschaftlich-technische Niveau, die Exportfähigkeit, die erreichbare Kostensenkung usw.

Aber auch bei einer Reihe konkret ausgewiesener Stimuli bestehen gute Voraussetzungen für aufgabenbezogene Leistungsbewertung, zumal es dafür rechtliche Grundlagen gibt. Diese (z. B. die Vergabe bestimmter Titel) werden jedoch nicht sehr häufig angewandt. Und selbst in den breit angewandten (oder anwendbaren) Formen der leistungsbewertenden Stimulierung zeigen sich Ungleichgewichte und Mängel. So sind die Möglichkeiten der Jahresendprämie durch mangelnde Aufgabenbezogenheit eingeschränkt, die o. g. Anforderungen zu verwirklichen. Die Mehrzahl der Arbeitsaufgaben gerade in der Grundlagenforschung wird nicht im kalendarischen Rhythmus abgerechnet. Ein Echo dessen zeigte sich darin, daß die leistungsbewertende und stimulierende Funktion der Jahresendprämie da sehr gering eingeschätzt wird, wo dieser Widerspruch besteht und zu Erscheinungen der Gleichmacherei führt. Aber auch dort, wo die Orientierung am Maß der Aufgabenerfüllung am Ende des Jahres möglich ist, sind gewisse Mängel hinsichtlich der Aufgabenbezogenheit zu verzeichnen.

Ähnliches gilt im Prinzip für die Nutzung der rechtlichen Regelungen zur Differenzierung der Vergütung (Gehalt, Lohn). Die Gewährung von leistungs- und aufgabengebundenen Gehaltszuschlägen ist noch in sehr unterschiedlichem Maße auf konkrete Aufgabenstellungen bezogen, die direkt vom einzelnen Mitarbeiter bzw. vom Kollektiv beeinflußbar und präzise abrechenbar sind. Der Anteil zeitweiliger, weil aufgabenbezogener Zuschläge ist unterentwickelt im Verhältnis zu jenen, die für ständig gute Leistungen gewährt werden. Bessere Voraussetzungen, um das Kriterium der Aufgabenbezogenheit zu

[28] Vgl. GBl. I 1982 Nr. 1, S. 1f.

[29] Vgl. H. Weiz, Das Pflichtenheft als Leitungsinstrument in Forschung und Technik, in: Einheit, 2/1983, S. 157.

berücksichtigen, bieten jedenfalls solche Formen wie die auftragsgebundene Prämie, die Initiativprämie und die Zielprämie. Ein Grund dafür ist, daß hier das Verhältnis zwischen Zielstellung und Ergebnis als inhaltlicher und zeitlicher Maßstab der Leistungsbewertung eindeutiger, d. h. kontrollierbar und objektiver feststellbar ist. Es versteht sich, daß damit auch die Stimuli wirksamer sind. Dennoch werden auch diese vorhandene Möglichkeiten noch sehr unterschiedlich genutzt.

Nicht zuletzt ist auch auf folgendes Problem hinzuweisen:
Häufig klagten in unseren Untersuchungen Leiter darüber, daß sie auf scheinbar unüberwindbare Schwierigkeiten stoßen, wenn sie sich von Mitarbeitern trennen wollen, die für ungeeignet gehalten werden. Nicht selten wird es dem Recht, insbesondere dem Arbeitsrecht angelastet, daß es hier zu langen zeit- und kräfteraubenden Auseinandersetzungen komme. Diese würden dazu führen, daß man dann keine solchen Anstrengungen mehr unternimmt. Soweit hier nicht tatsächlich in Einzelfällen Ungleichgewichte in der Rechtsanwendung vorliegen, resultieren solche Konflikte zuweilen auch daraus, daß die Arbeitsaufgaben nicht ausreichend konkret festgelegt waren. Daraus folgen Uneindeutigkeiten in der Leistungsbewertung, die Möglichkeiten der „Deutung" und des Konflikts eröffnen.

Im Prinzip gilt das Gesagte auch für die Beschwerden über Komplikationen bei Minderung des variablen Gehaltsanteils bzw. des leistungsabhängigen Zuschlages (bei Hoch- und Fachschulgehältern) oder der Jahresendprämie.

Insgesamt ist hierzu festzustellen, daß Mängel — abgesehen von vorhandenen Unzulänglichkeiten in einzelnen Normen — vor allem darin bestehen, daß vorhandene Rechtsnormen ungenügend angewendet werden. Das bezieht sich vor allem auf folgende Erscheinungen:

— In einer Reihe von Fällen werden durch Leiter Pflichten verletzt, weil die Aufgaben nicht genügend für jedes Kollektiv und jeden Mitarbeiter konkretisiert werden. Unter dem Aspekt der Leistungsbewertung wird damit dem Kriterium Aufgabenbezogenheit der Boden entzogen.

— Oft werden da, wo die Aufgaben ausreichend aufgeschlüsselt und konkretisiert wurden, die Arbeitsergebnisse unzureichend in eine solche Art von Bewertung umgesetzt, die aufgabenbezogen und differenziert ist und die Qualität der Aufgabenerfüllung auch mit entsprechenden positiven bzw. negativen Konsequenzen verbindet.

— In stärkerem Maße sollte bei der Stimulierung insgesamt die arbeitsplatz- und funktionsbezogene Qualifizierung berücksichtigt werden. Damit wird nicht nur das Verhältnis von Qualifizierung und Stimulierung aufgabenbezogen beeinflußt, sondern auch der relativ beengte Freiraum bei niedrigeren Gehältern jüngerer Mitarbeiter besser und aufgabenbezogener ausgenutzt.

2. *Die Prozeßhaftigkeit*

Leistungsbewertung ist ein Prozeß, der die Erbringung einer Leistung begleiten muß. Das heißt, auf die erbrachte Leistung erfolgende bewertende Reaktionen (Prämie, Titel usw.) dürfen nur Abschluß des Prozesses sein, in dem mehrfach bewertende Rückkopplung erfolgt, die zum Teil in den Arbeitsprozeß eingebunden ist (Ergebnisauswertung) oder selbst belohnende Elemente enthält (Belobigung, Zwischenprämie).

Tatsache ist, daß die meisten Stimuli rechtlich geregelter Art auf Endergebnisse ausgerichtet sind und damit der Prozeßhaftigkeit schöpferischer Arbeit und entsprechenden Erwartungen der an wissenschaftlich-technischen Neuleistungen Beteiligten nicht entsprechen. Darüber hinaus ist die Bereitschaft mancher Leiter zum Einsatz der wenigen geeigneten Stimuli gering.

Eine Regelung jüngeren Datums, die Voraussetzungen zur Prozeßhaftigkeit der Leistungsbeurteilung enthält, ist die Erste Durchführungsbestimmung zur Pflichtenheftverordnung.[30] Hier werden z. B. Eröffnungs-, Zwischen- und Abschlußverteidigungen als Stadien der Kontrolle und der Reaktion auf die Leistungsentwicklung festgelegt. Diese Formen — bis 1983 in der Verteidigungsanordnung geregelt — haben sich dann bewährt, wenn sie konsequent und angemessen genutzt wurden. Wo das nicht der Fall ist, wird dies meist mit zu großem Arbeitsaufwand oder organisatorischen Schwierigkeiten begründet. Neben der Verteidigung gibt es weitere Beispiele. Genannt sei hier nur der geringe Einsatz von Ziel- bzw. Sofortprämien als Reaktion auf außergewöhnliche Zwischenleistungen.

Die organische Verbindung der Regelungen über die Verteidigung mit den Pflichtenheftregelungen in der genannten Ersten Durchführungsbestimmung kann als eine begrüßenswerte, übersichtliche Integrierung und Vereinheitlichung angesehen werden und läßt ein höheres Niveau der Rechtsverwirklichung in diesem Bereich erwarten. Des weiteren enthält die Erste Durchführungsbestimmung zur Pflichtenheftverordnung eine der wenigen Regelungen, die den Zeitpunkt der Festlegung von materiellen Stimuli vor Abschluß der Leistung benennen. So heißt es in § 6, daß mit der Bestätigung des Pflichtenhefts durch den Generaldirektor über die Anwendung aufgabengebundener Leistungszuschläge sowie anderen Forderungen der persönlichen materiellen Stimulierung zu entscheiden ist.

3. *Die Regelmäßigkeit*

Bei der Regelmäßigkeit geht es vor allem um die Vorgabe und Einhaltung von Zeitabständen in der leistungsbewertenden Rückmeldung für den einzelnen und das Kollektiv. Dieses Kriterium ist eng mit dem der Prozeßhaftigkeit verbunden. Ihr Ziel ist, daß bestimmte Gewohnheiten aufgebaut, Erwartungen — wo nötig, auch „Befürchtungen" — geweckt werden und die Selbstkontrolle kontinuierlich gefördert wird. Ein Hauptweg ist dabei, daß über die Leiter Methoden der regelmäßigen Rückmeldung verwirklicht werden. Damit wird nicht nur einer wichtigen inhaltlichen Anforderung an die Leitungstätigkeit, sondern auch Erwartungen von schöpferisch Tätigen besser entsprochen.

So teilt Voß[31] mit: Über 90 % von 325 befragten Wissenschaftlern betonen, daß sie eine regelmäßige Bewertung ihrer Leistungen für notwendig und zweckmäßig halten, daß aber nur 32 % eine solche erhalten, wobei nur 58 % der Befragten die Kriterien bekannt waren, die der Bewertung ihrer Leistungen zugrunde gelegt wurden.

In unserer Untersuchung wurden von 89,8 % der Befragten Festlegungen zur regelmäßigen Leistungsbewertung im Abstand von ein oder zwei Jahren bejaht. Dagegen ergab sich aus der tatsächlichen Frequenz von leistungsbewertenden Gesprächen mit den Leitern ein anderes Bild:

— pro Jahr mindestens einmal	22,8 %
— alle zwei Jahre	22,5 %

---

[30] Vgl. GBl. I 1983 Nr. 36, S. 381.

[31] Vgl. R. Voß, Methodologische Grundlagen und praktische Empfehlungen für die Bewertung der Forschungsleistungen von Wissenschaftlern, in: Informationen zur Leitung, Planung und Organisation der Forschung, hg. vom WIZ der AdW der DDR, W 6, Berlin 1978, S. 11.

– in größeren Abständen unregelmäßig 37,6%
– keine 16,7%

Die Festlegung entsprechender rechtlicher Vorgaben ist den Wirtschafts- bzw. Wissenschaftsorganisationen überlassen. Oft bestehen aber keine derartigen Regelungen, oder sie gelten nur für bestimmte Werktätige bzw. sind an bestimmte Voraussetzungen, z. B. die Gewährung einer leistungsabhängigen Gehaltszulage, gebunden. Hier bieten sich Reserven, konkretisierende Bestimmungen innerhalb von Einrichtungen zu schaffen.

4. *Die Konstanz der Maßstäbe*

Konstante Maßstäbe bei der Leistungsbewertung dienen dazu, die Sicherheit und die Übereinstimmung in der Erwartung der Wissenschaftler und Ingenieure sowie der Leiter zu erhöhen. Auch hier kommt dem Recht auf Grund seiner Eigenschaft, gleiche Maßstäbe verbindlich vorzugeben, Bedeutung zu. Dabei liegt in erster Linie ein Problem der Regelungsfähigkeit vor. Leistungsbewertungen informeller Art, z. B. durch Äußerungen der Leiter, durch konstruktiv-kritische Atmosphäre im Kollektiv, sind natürlich unter dem Gesichtspunkt konstanter Maßstäbe schwer regelbar. Ihre spezifische Wirkung auf die schöpferische Arbeit würde dadurch im Gegenteil u. U. zerstört.

Dennoch können selbst hier bestimmte rechtlich geregelte Fixpunkte als *Bezugssystem* wirksam sein. Solche Regelungen betreffen meist *Voraussetzungen* für die Zuerkennung bestimmter Stimuli. Das gilt sowohl für staatliche Auszeichnungen (z. B. Aktivist) als auch für die Verwendung der Mittel des Prämienfonds. Hierzu zählen u. a. auch: die Kriterien für „volkswirtschaftlich besonders bedeutsame Erfindungen“ als Maßstab für zusätzliche Anerkennungen gemäß § 2 der Dritten Durchführungsbestimmung vom 2. August 1978 zur Schutzrechtsverordnung; die Kriterien für auszeichnungswürdige erfinderische Leistungen in der Ordnung über die Verleihung des Ehrentitels Verdienter Erfinder vom 3. April 1970[32]. Darüber hinaus spielen hier solche Regelungen eine Rolle, mit denen Maßstäbe für die Arbeitsorganisation, die Bewertung und Abrechnung von Leistungen gesetzt werden. Dazu zählen z. B. die Festlegungen in der Anordnung über die Nomenklatur der Arbeitsstufen und Leistungen von Aufgaben des Planes Wissenschaft und Technik vom 28. Mai 1975,[33] ferner die Festlegungen in der Anordnung über die Rahmenrichtlinie für die Ermittlung, Planung, Kontrolle und Abrechnung der Effektivität der Maßnahmen des wissenschaftlich-technischen Fortschritts vom 5. Februar 1982.[34] Hinzu kommen Konkretisierungen solcher notwendig allgemeinen Regelungen durch spezifische Bestimmungen, die die Bedingungen innerhalb von Wirtschafts- und Wissenschaftsorganisationen berücksichtigen, so z. B. zur Definition unterschiedlicher Qualitätsstufen von Erfindungen, von Kriterien für die Höhe der Anerkennungsvergütung für Patentanmeldungen usw.

Mit diesen Regelungen sind *gute Voraussetzungen* gegeben, um stabile Maßstäbe in die Leistungsbewertung eingehen zu lassen. Mit ihrer konsequenten Anwendung sind positive Erfahrungen gemacht worden. Ungeachtet dessen gibt es auch hier teilweise noch die Diskrepanz zwischen Klagen der Leiter über mangelnde objektive Grundlagen gleichmäßiger Leistungsbewertung und ungenügender Ausnutzung vorhandener Möglichkeiten. Soweit dabei fehlende Kenntnis zugrunde liegt, ergeben sich daraus Aufgaben für die

[32] Vgl. GBl. II 1970 Nr. 85, S. 247.
[33] Vgl. GBl. I 1975 Nr. 23, S. 426.
[34] Vgl. I 1982 Nr. 8, S. 165.

Rechtserziehung im Sinne der Rechtskenntnisvermittlung. Oft spielt jedoch eine Rolle, daß Leistungsaufwand und kritische Auseinandersetzung gescheut werden. Hier gilt es vor allem, erhöhte Ansprüche an das Verantwortungsbewußtsein, an die Haltung zum Recht und letztlich an die Einhaltung der Gesetzlichkeit durchzusetzen.

5. *Die Niveauorientierung*

Aufgabe rechtlicher Regelungen kann es nicht nur sein, stabile Maßstäbe der Leistungsbewertung durchzusetzen. Vielmehr müssen sie auch dazu beitragen, auf Qualität und Niveau zu orientieren, diese zu stimulieren, zu fordern und zu fördern, d. h., die Orientierungsfunktion der Leistungsbewertung zu realisieren.

Das ist zunächst ein Problem der Rechtsnormsetzung. Viele der o. g. Rechtsnormen enthalten solche Niveauorientierungen, z. B. Verteidigungsstufen, Klassifizierungskriterien für die Bedeutsamkeit von Patenten. In anderen Bereichen der Leistungsbewertung gilt der auch von Linden[35] kritisch vermerkte Zustand, daß häufig allgemeine Kriterien wie „gesellschaftliche Nützlichkeit" oder „Praxiswirksamkeit" ungenügend untersetzt sind und zwischen Grundlagen- und angewandter Forschung oft ungenügend differenziert wird. Auch hier liegen nicht selten Reserven vor allem in konkretisierenden Bestimmungen in Einrichtungen (Kombinate, Betriebe, Hochschulen, Akademien), mit denen spezifische Bedingungen der Arbeit besser berücksichtigt werden könnten.

Niveauorientierungen heißt aber auch, konzeptionelle Überlegungen in der Richtung anzustrengen, wo angezielte Schwerpunkte der Forschung und der Intensivierung der Arbeit durch Stimuli zu untersetzen sind.[36] Zwar kann nicht — wie schon gesagt — im Vordergrund stehen, noch mehr Stimuli zu schaffen oder mehr Mittel bereitzustellen, da vorhandene teilweise unzulänglich genutzt werden. Dennoch bestehen Möglichkeiten, erklärte *Schwerpunkte* der Intensivierung der Arbeit stärker in der Palette der rechtlich untermauerten Stimuli zu berücksichtigen. So steht außer Frage, daß die Anforderungen des wissenschaftlich-technischen Fortschritts in zunehmendem Maße interdisziplinäres Herangehen verlangen. Diesen Anforderungen wird noch nicht in ausreichendem Maße entsprochen, was sicher auch andere Gründe als ungenügende Stimulierung hat. Dennoch wäre es vor allem in Wissenschaftseinrichtungen sinnvoll, durch spezielle Auszeichnungen *interdisziplinäre* wissenschaftlich-technische Arbeit anzuerkennen und damit die meist disziplinär angelegten Auszeichnungen zu bereichern.

Überlegenswert scheinen uns auch Auszeichnungen für hervorragenden Einsatz bei der Lösung von *Überführungsaufgaben*, um persönliches Engagement für die kurzfristige und bedingungsgerechte volkswirtschaftliche Nutzung eigener Ergebnisse zu fördern. Ansatz-

---

[35] Vgl. W. Linden (Hrsg.), Wissenschaftlich-technischer Fortschritt — Sozialistisches Recht, Teil I, a. a. O., S. 63.

[36] Das setzt allerdings voraus, daß ausreichende Information über diese Schwerpunkte gegeben ist. Daß es hier Reserven in der Qualität der Informationsgebung durch Leitungen und in der engagierten Informationssuche des Forschers gibt, zeigen empirische Ergebnisse von H. Höschel (Soziologische Probleme des Qualifizierungsverhaltens von Angehörigen der wissenschaftlich-technischen Intelligenz, in: Informationen zur soziologischen Forschung in der DDR, 6/1982, S. 43). Danach fühlte sich beinahe jeder zweite Forscher wenig bzw. nicht ausreichend über die wissenschaftlich-technische Entwicklung des eigenen Kombinats informiert.

punkte ergeben sich auch in personeller Hinsicht. So wurden an der Akademie der Wissenschaften der DDR gute Erfahrungen mit speziellen Auszeichnungen für jüngere Mitarbeiter gemacht. Der Beitrag rechtlicher Bestimmungen zur Niveauorientierung erschöpft sich freilich nicht in der Vorgabe von Kriterien und daran geknüpfter Stimuli. Nicht minder wichtig sind solche Regelungen, die bestimmte Rahmenbedingungen und damit einen indirekten Beitrag zur Niveauorientierung der Leistungsbewertung geben.

Ein *erstes Beispiel* hierfür ist die Festlegung, daß für die Anmeldung eines Patents 300 bis 500 Mark, bei einem Erfinderkollektiv bis zu 1500 Mark gezahlt werden (Dritte Durchführungsbestimmung zur Schutzrechtsordnung). Diese Anerkennungsvergütung ist nur daran gebunden, daß Schutzfähigkeit vorliegt und daß das Amt für Erfindungs- und Patentwesen die Korrektheit der Anmeldeunterlagen bestätigt. Das hat zu einer höheren Quantität der Anmeldungen geführt. Die Rechtsnorm war insoweit effektiv, als bestimmte Handlungen ausgelöst werden. Die rechtspolitischen und sozialen Zielstellungen sind aber erst dann erreicht, wenn auch die Qualität der Patente steigt. Wo dies nicht der Fall ist, geht es nicht um einen Mangel der Rechtsnorm selbst, da sie keine unmittelbare Qualitätsorientierung für das einzelne Patent geben kann. Die Ursachen liegen vielmehr in der *Anwendung* der Norm in den einzelnen Einrichtungen. Hier liegt die Schwelle, wo entschieden wird, welche Patentoffenbarungen anmeldewürdig sind, wo auch Kriterien mit qualitätsorientiertem Charakter zu schaffen und verbindlich zu gestalten sind. Solche Verantwortung zu realisieren, ermöglicht nicht nur, ungerechtfertigte Auszahlung von Prämiengeldern und entsprechende Fondsbelastung zu verhindern. Es werden damit auch Tendenzen vermieden, durch eine vordergründige Orientierung auf Patentanmeldung jene aufzuweichen, die auf langfristige Forschungslinien gerichtet ist. Damit sind Probleme der Qualifizierung der Leitungsarbeit auf allen Ebenen, einschließlich der Mitarbeiter der Patentstellen sowie der Leiter von Erfinderkollektiven berührt. Sie schließt notwendig eine rechtserzieherische Einwirkung auf die Erfinderkollektive ein.

Ein *zweites Beispiel* für den indirekten, auf Rahmenerfordernisse gerichteten Beitrag des Rechts zur Niveauorientierung sind die rechtlichen Anforderungen an die Durchführung von Verteidigungen. Verteidigungen sind – wie bereits erwähnt – in besonderem Maße geeignet, ein hohes Niveau schöpferisch wissenschaftlich-technischer Leistungen von der Aufgabenstellung bis zur Kontrolle der Aufgabenerfüllung zu sichern. Die hier bestehenden Möglichkeiten werden aber in sehr unterschiedlichem Maße wahrgenommen.

Zu den Potenzen der Verteidigung zählt z. B., daß die schöpferische Aktivität für die effektivste wissenschaftlich-technische Lösung voll wirksam gemacht wird. In unserer Befragung schätzten nur 11,1% der Befragten ein, daß dies in vollem Maße zutreffe. Ein weiteres Ziel ist die Förderung des wissenschaftlichen Meinungsstreits. 32% halten dies für voll zutreffend. Das Ziel der Förderung von Gemeinschaftsarbeit sehen 29% in vollem Maße, 55% hingegen nur teilweise verwirklicht.

Als *drittes Beispiel* soll auch in diesem Zusammenhang die Arbeit mit der Pflichtenheftverordnung genannt werden. In ihr sind nämlich qualitative Rahmenkriterien auch mit niveauorientierendem Charakter vorgegeben. Diese rechtliche Regelung bietet insofern gute Grundlagen, als mit den Pflichtenheften vor allem das Niveau wissenschaftlich-technischer Arbeit, insbesondere von Neuleistungen, besser planbar und beeinflußbar ist. Aber auch bei dieser Regelung ist die Effektivität von der Qualität ihrer Umsetzung abhängig. Neben einer Reihe von Erfolgen sind auch Mängel zu verzeichnen, so z. B. inadäquate Verteilung der Verantwortung bei der Festlegung von Zielen, unzureichendes Niveau der Aufgaben, ungenügende Abstimmung mit dem Außenhandel, Vernachlässigung von Marktanforderungen (vgl. hierzu auch Abschn. 6). Weiz[37] teilt mit, daß 1982 z. B. rund 15 % der Pflichtenhefte für neue Erzeugnisse durch das Amt für Standardisierung, Meßwesen und Warenprüfung zurückgewiesen werden mußten, da ihre Ziele zum Teil erheblich hinter dem fortgeschrittenen internationalen Stand zurückblieben. Er leitet daraus die Forderung ab, die Arbeit mit dem Pflichtenheft noch stärker zu einem Kettenglied bei der Umsetzung der Planziele in wissenschaftlich-technische Aufgaben, zum entscheidenden Instrument für hohe Leistungsanforderungen an Forschung und Technik zu machen.

6. *Die Differenziertheit und Variabilität*

Die Notwendigkeit, Leistungen differenziert und variabel zu bewerten, ergibt sich aus der Differenziertheit und Variabilität der Leistungen angesichts sich verändernder oder unterschiedlicher Leistungsanforderungen und -bedingungen. Dabei ist die Niveauorientierung, von der eben die Rede war, zweifellos eine gute Grundlage für die Differenzierung, andererseits muß über die differenzierte Leistungsbewertung effektiv auf das erforderliche Niveau orientiert werden.

Für die differenzierte Leistungsbewertung gilt in besonderem Maße, daß ausreichend rechtlich geregelte Möglichkeiten vorliegen, die jedoch durchweg noch nicht hinreichend genutzt werden. Dazu gehören Gehaltsregulative und Prämienordnungen ebenso wie kurzfristige Reaktionen auf aktuelle Sonderleistungen oder auf Minderleistungen.

Dem Gehalt (bzw. Lohn) als Hauptquelle des Einkommens und Grundlage des Leistungsprinzips kommt sowohl in bezug auf die lanfristige und stabile Stimulierung wie auch auf die differenzierte Leistungsbewertung große Bedeutung zu. Dem tragen rahmenkollektivvertragliche Vereinbarungen zur Vergütung innerhalb der verschiedenen Wirtschafts- und Wissenschaftsorganisationen Rechnung, die auf der Grundlage genereller Regelungen getroffen wurden. Unsere Untersuchungen zeigten, daß solche Regelungen insoweit ihren Zweck erfüllen, wie sie richtig und verantwortungsvoll angewandt werden.

So bestehen gute Erfahrungen mit Vereinbarungen in Betrieben, wo nach individuellen und kollektiven Kennziffern zur Gewährung leistungsabhängiger Gehaltszuschläge unterschieden wird und diese jeweils mit konkreten Kriterien untersetzt werden.[38] Der individuelle Teil ist an die Erfüllung der persönlichen monatlichen Aufgaben gebunden und wird monatlich ausgezahlt, wobei je eine Hälfte von der terminlichen Erfüllung und von der Qualität abhängen. Der kollektive Teil ist an die Erfüllung kollektiver Zielstellungen gebunden. Er wird kumuliert und zeitverschoben zu Leistungsterminen ausgezahlt. Das Verhältnis beider Kennziffern ist unterschiedlich, zwischen 30:70 und 50:50. Der Stellenwert der kollektiven Kennziffern wird bei Leitern oft je nach Verantwortung erhöht.

Zu den Vorteilen bzw. guten Erfahrungen zählen: dieses System zwingt zu differenzierten, in Zeitabständen gegliederten Leistungsaufträgen und zu regelmäßiger Leistungseinschätzung, da es sonst nicht anwendbar ist; der Anteil der einzelnen am Endergebnis eines kollektiven und zeitlich oft stark gedehnten Forschungs- und Entwicklungsprozesses ist besser bestimmbar und anrechenbar; es wird gleichermaßen an hohen persönlichen Lei-

---

[37] Vgl. H. Weiz, Das Pflichtenheft als Leitungsinstrument in Forschung und Technik, in: Einheit, 2/1983, S. 135.

[38] Vgl. z. B.: Autorenkollektiv, Leistung — Leistungsbewertung — Effektivität in der Produktionsvorbereitung, Köthen 1980, S. 68ff. (Kolloquiumsbericht, Ingenieurhochschule Köthen).

stungen und hohen Endergebnissen des Kollektivs interessiert; die Termineinhaltung und die Erfüllung qualitativer Vorgaben werden im Zusammenhang stimuliert.

Die Erarbeitung und Anwendung solcher Systeme ist geeignet, die noch vorhandenen beträchtlichen Reserven zu nutzen, die bezüglich der differenzierten Leistungsbewertung, insbesondere der Nutzung der leistungsbezogenen variablen Gehaltsanteile für die Stimulierung bestehen. Das Verhältnis von zeitweiligen, aufgabenbezogenen Leistungszuschlägen (Gehaltszuschlägen) und Zuschlägen für ständig gute Leistungen sollte zugunsten der ersteren verschoben werden, da hier eine Quelle von Variabilität schon von der Aufgabenstellung her liegt. Vor allem aber: Bei der Anwendung entsprechender (meist in Rahmenkollektivverträgen bzw. Betriebskollektivverträgen der Wissenschafts- und Wirtschaftseinheiten festgelegten) Von-Bis-Spannen oder Zuschlägen gilt es, noch zu beobachtende Erscheinungen der Nivellierung und Gleichmacherei zu überwinden: oft werden z. B. festgelegte Sätze automatisch bestätigt; „gewohnheitsrechtliche" Ansprüche dominieren; leistungsbezogene „Bewegung" fehlt; der für Leistungsstimulierung verfügbare Fonds wird reduziert.

Zu den hauptsächlichen Ursachen gehören mangelnde Bereitschaft, sich dem Aufwand und der Leitungsverantwortung zu stellen. Oft wird Unruhe und Mißstimmung im Kollektiv gefürchtet. 20 % der von uns Befragten hielten das für den wichtigsten, 41 % für den zweitwichtigsten Grund.

Insgesamt zeigen sich auch hinsichtlich der Differenzierung ideologische und leitungspraktische Probleme der Durchsetzung geeigneter rechtlicher Bestimmungen: Aus rechtstheoretischer und rechtspraktischer Sicht geht es darum, daß den Leitern mit der Vergütungsregelung mehr Rechte zuerkannt wurden, daß ihr rechtlich gewährleisteter Entscheidungsraum stark erweitert wurde — Dinge, die oft gefordert wurden. Diese Rechte, diese Entscheidungsräume werden jedoch bei weitem nicht genügend genutzt. Es entsteht die Frage, ob mittels weiterer rechtlicher Bestimmungen die Leiter zur Nutzung der Vergütungsregelung verpflichtet werden sollen und können. Hier besteht offensichtlich die Gefahr einer ineffektiven Administration und Überregulierung. Es verbleibt deshalb u. E. vor allem die Notwendigkeit, über den Weg der Qualifizierung und politisch-ideologischen Schulung diesem Problem mehr Gewicht beizumessen. Dabei geht es darum, zu verdeutlichen, daß es bei den genannten Erscheinungen nicht schlechthin um Fragen effektiver Leitungsarbeit, sondern auch um Fragen der Gesetzlichkeit geht.

Ähnliche Probleme bestehen in bezug auf die Jahresendprämie. Einerseits gibt es hier beachtliche Fortschritte in der leistungsbezogenen Differenzierung in vielen Einrichtungen. Andererseits tritt häufig auch noch zu, daß Jahresendprämie und Leistungsprinzip aus Unkenntnis oder mangelnder Bereitschaft nicht in Verbindung gebracht werden, so daß ihr stimulierender und leistungsbewertender Effekt von Mitarbeitern sehr gering eingeschätzt wird. Dem stehen aber eindeutig rechtliche Regelungen entgegen. Gemäß § 118 Abs. 1 des Arbeitsgesetzbuches (AGB) sind Voraussetzungen für die Gewährung und die Höhe der Jahresendprämie entsprechend den Rechtsvorschriften im Betriebskollektivvertrag zu vereinbaren. So ist in der Richtlinie für die jährliche Ausarbeitung der Betriebskollektivverträge vom 10. Juli 1975[39] in Abschnitt 2.1. die Pflicht geregelt, in den Betriebskollektivvertrag die „konkreten Leistungskriterien für die Jahresendprämien in den Bereichen" festzulegen. In der Verordnung über die Planung, Bildung und Verwendung der

[39] Vgl. GBl. I 1975 Nr. 31, S. 581.

Prämienfonds für volkseigene Betriebe vom 9. 9. 1982[40] wird in § 9 Abs. 3 die Differenzierung der Jahresendprämie nach der Leistung verlangt; ebenso in § 32 Abs. 6 der Anordnung über die Anwendung der wirtschaftlichen Rechnungsführung in der Forschung und Entwicklung vom 23. November 1983. Verwiesen sei auch auf die Forschungsverordnung von 1972, wonach laut § 18 Abs. 3 die Mittel der Prämien-, Kultur- und Sozialfonds „in Übereinstimmung mit der zuständigen Gewerkschaftsleitung leistungsabhängig zur Stimulierung von Kollektiv- und Einzelleistungen ..." einzusetzen sind. Dem haben Konkretisierungsnormen (z. B. Ordnungen über die Planung, Bildung und Verwendung der Prämienfonds) in den Einrichtungen Rechnung zu tragen.

Eine weitere Quelle mangelnder Differenzierung ist auch bei der Jahresendprämie die Fehlannahme, daß dadurch Unruhe und Auseinandersetzung vermieden und das Arbeitsklima nicht gestört würden. Es wird verkannt, daß die angebliche „Ruhe" oft auch Resignation bei Leistungsträgern infolge nivellierender Bewertung guter Leistungen sowie die Gewißheit gleicher Prämienhöhe bei geringerer Leistung beinhalten kann. Es wird ferner übersehen, daß durch Mißachtung der Gerechtigkeit, durch Verletzung des Leistungsprinzips und damit letztlich der sozialistischen Gesetzlichkeit Spannungen auftreten können, die sich auf die schöpferische Atmosphäre auswirken. Schließlich wird oft nicht erkannt, daß Auseinandersetzungen und „Unruhe" infolge begründeter Differenzierungen nicht Bürde, sondern produktive Erscheinungen, Mittel der Kollektivbildung und Leistungsintensivierung sein können.

Was die anderen differenzierten Prämienformen, also die auftragsgebundenen bzw. Objektprämien und die Initiativprämien anlangt, zeigten unsere Untersuchungen, daß hier die Bindung an das Leistungsprinzip selbstverständlicher und allgemein anerkannt ist. Wenn sich das dennoch nicht überall in notwendiger Differenzierung ausdrückt, dann sind u. a. folgende Ursachen beteiligt:

- mangelnde Kenntnis der rechtlichen Voraussetzungen, die meist in innerbetrieblichen Bestimmungen fixiert sind;
- Unsicherheiten in der Unterscheidung der Prämienformen und ihrer spezifischen Wirkungsrichtungen;
- der erforderliche Aufwand wird gescheut, z. B. Zielfestlegung, Vereinbarung und Kontrolle bei auftragsgebundenen Prämien;
- teilweise berechtigte Bedenken (Vernachlässigung anderer, nicht mit Prämien verbundener Aufgaben; Mißbrauchsversuche) werden generalisiert.

7. *Die zeitliche Nähe zwischen Anlaß und Reaktion*

Wie für alle positiven (und negativen) Reaktionen gilt auch für leistungsbewertende Maßnahmen, daß ihre stimulierende Kraft um so stärker ist, je rascher sie der zugrunde liegenden Leistung folgen. Die Wahrscheinlichkeit, daß gleiche Leistungen wieder angestrebt werden, erhöht sich damit. Rechtliche Möglichkeiten, die geeignet sind, diesen Aspekt spezifisch zu berücksichtigen, gibt es nicht viele. Wenn die Zahl der Patentanmeldungen nach Erlaß der Dritten Durchführungsbestimmung zur Schutzrechtsverordnung gestiegen ist, so geht das zu einem bestimmten Anteil darauf zurück, daß die Anerkennungsvergütung ungleich schneller gezahlt wird als andere Vergütungen für Patente.

Andere Möglichkeiten, die durch rechtliche Regelungen eröffnet worden sind, werden allerdings auch noch ungenügend genutzt. So wird der zeitliche Abstand zwischen Ver-

---

[40] Vgl. GBl. I 1982 Nr. 34, S. 597.

teidigung und Prämienzahlung durch die Dauer der leitungsmäßigen Bearbeitung zu lang, um das genannte Prinzip wirksam werden zu lassen. Auch die Möglichkeit, Ziel- oder Sofortprämien zu zahlen, wird sowohl resultativ wie auch unter Verhaltensaspekten durchweg zuwenig genutzt. Gerade hier liegt ein Prototyp zeitlich naher stimulierender Reaktion vor. Es gilt einerseits, durch gezielte Anleitung darauf einzuwirken, daß Leiter ihrer Verantwortung besser gerecht werden. Andererseits liegt hier ein Problem der vertrauensvollen Zusammenarbeit mit den unmittelbaren Leitern vor. Verschiedentlich wurden Bedenken von übergeordneten Leitern in bezug auf die Anwendung von Ziel- oder Sofortprämien folgender Art genannt: Man ist in einem größeren Institut nicht immer in der Lage zu entscheiden, ob ein Kollektiv oder ein einzelner nicht bereits eine Problemlösung „in der Tasche hat" und den Zeitpunkt der Offenbarung subjektiv bestimmt, d. h. Prämierungsmöglichkeiten mißbraucht. Hier kommt es auf das Verantwortungsbewußtsein der unmittelbaren Leiter an, d. h. auch, daß hier ein Bereich politisch-ideologischer Arbeit bis hin zur Rechtserziehung vorliegt. Vor allem aber geht es darum, die prinzipielle Flexibilität und die Bereitschaft zu schnellerer Reaktion auf Leistung, besonders auf Spitzenleistungen und außergewöhnliche Anstrengungen in der Praxis der Leistungsbewertung auszubauen.

8. *Die Bekanntheit*

Die stimulierend aktivierende Wirkung von leistungsbewertenden Maßnahmen auf die Leistungshaltung ist größer, wenn solche Maßnahmen sowie die Maßstäbe von Leistungsbewertungen bekannt sind, und zwar bereits am Beginn der Leistung oder bestimmter Leistungsetappen.

Es kann nicht davon ausgegangen werden, daß die vielfältigen Bestimmungen zur Stimulierung jedem bekannt sind. Selbst bei Leitern ergibt sich dazu ein sehr unterschiedliches Bild. Gute Erfahrungen gibt es da, wo die Information über solche Bestimmungen zur regelmäßigen Schulung bzw. Rechtserziehung gehört oder wo gar Übersichten darüber zur Verfügung stehen. Es wurde bereits darauf hingewiesen, daß die einzelnen Möglichkeiten oder die speziellen Wirkungseinrichtungen entsprechender Stimuli, z. B. von Prämien, oft wenig bewußt sind. Das gilt jedoch nicht nur für die Stimuli an sich, sondern auch für Regelungen, in denen der *Zeitpunkt* der öffentlichen Festlegung ihrer Höhe und der Information über beabsichtigte Stimulierungen fixiert sind. Allerdings gibt es auch nur wenige solcher Bestimmungen. Hierzu kann z. B. die Festlegung in § 9 Abs. 3 der Verordnung über die Planung, Bildung und Verwendung des Prämienfonds vom 9. September 1982 gerechnet werden, wonach die Werktätigen während des Planjahres über die mögliche Höhe der Jahresendprämie bei Erfüllung der Leistungskriterien zu informieren sind. Ferner zählen hierzu die schon genannte Regelung in § 6 der Ersten Durchführungsbestimmung zur Pflichtenheftverordnung über die Stimulifestlegung nach Pflichtenheftbestätigung.

Als Ursache für ungenügende Kenntnis solcher Regelungen benannten zwei Drittel der Befragten den mangelnden Informationsfluß in der Leitung. Auch hier wird offenkundig, daß in der besseren Rechtskenntnisvermittlung eine relativ einfache Möglichkeit liegt, existierende rechtliche Bestimmungen zur Stimulierung effektiver zu nutzen.

4.4.3. Motive wissenschaftlich-technisch schöpferischer Arbeit und ihre Berücksichtigung

Eine der eingangs gestellten Fragen betrifft das Problem, welche Motive schöpferischer Arbeit mittels Stimuli berücksichtigt, entwickelt und beeinflußt werden können. Es geht dabei sowohl um die Analyse vorhandener Motive und ihre Beeinflußbarkeit als auch um die Eignung speziell rechtlich geregelter Stimuli, auf und über neue Motive zu wirken. Damit sind zugleich die Fragen der Persönlichkeitsentwicklung und der Herstellung von Interessenübereinstimmung aufgeworfen, wobei davon ausgegangen wird, daß die „verstärkte Motivierung ... eine Kernfrage der Leistungssteigerung"[41] der schöpferischen Arbeit in diesem Bereich ist. Folgende Sachverhalte sind u. E. der Behandlung der Problematik zugrunde zu legen:

– Es ist zu beachten, daß immer mehrere Motive wirken und miteinander verknüpft sind;
– auch beim einzelnen können in verschiedenen Phasen des schöpferischen Leistens, bei verschiedenen Forschungsgegenständen die Hauptmotive wechseln;
– eine Stimulusart kann mehrere Motive erfassen, je nach Persönlichkeit des Wissenschaftlers; so können rein materielle Stimuli (z. B. Geldprämien) auch moralische Wirkung haben, da sie z. B. Prestige und Anerkennung bringen;
– die Gestaltung von Stimuli kann nicht auf die unübersehbare Fülle von möglichen individuellen Motivationsanlagen bezogen sein, sondern typische, die häufig auftreten und klassifizierbar sind.

Deshalb kann nicht von der Vielzahl einzelner Motive ausgegangen werden, die sich in breit gefächerten Unterscheidungen in der Literatur finden. Statt dessen dient folgende Grobkategorisierung[42] als Ausgangspunkt:

1. Gegenstands- und problembezogene Motive (Erkenntnisstreben, Freude an der Problemlösung, bei der eigene Fähigkeiten erprobt werden können; Inhalt der Tätigkeit als Motivdominante).

2. Gesellschaftlich orientierte Motive (Erfüllung gesellschaftlicher Erfordernisse auf gesamtgesellschaftlicher, betrieblicher, kollektiver Ebene, wozu schöpferische Leistung als Mittel angesehen wird, d. h. überindividuelle Nutzenerwartung).

3. Motive persönlicher Interessiertheit (schöpferische Leistung als Mittel für personenbezogene Nutzenerwartungen, z. B. materielle Vorteile, soziale Bestätigung, Prestigegewinn, Selbstbestätigung, in der Negativform: Habsucht, Karrierismus, Geltungsstreben, Eitelkeit usw.).

Innerhalb dieser drei Kategorien müssen Antworten auf folgende Fragen gefunden werden:

Wie können Stimuli gestaltet und eingesetzt werden, damit vorhandene Motive positiv wirken und erwünschte Motive aktiviert werden? Welche Möglichkeiten und Grenzen der Stimulierung ergeben sich aus dem Charakter dieser Motive? Welche Rolle spielt dabei das Recht?

Dabei geht es nicht einfach darum, diese Motive gegenüberzustellen und zu werten. Soziologische Untersuchungen machen deutlich, daß sie in engem Zusammenhang stehen und keine dieser Motivgruppen von vornherein negativ oder positiv zu werten ist. Ferner

---

41 M. Schubert, Die wachsende Verantwortung der Kammer der Technik bei der Entfaltung des Schöpfertums der Ingenieure und Wissenschaftler, in: Aus dem philosophischen Leben der DDR, 3/1983, S. 13.

42 Vgl. B. A. Frolov, Kollektiv und Motivation des Schöpfertums, in: G. Kröber/M. Lorf (Hrsg.), Wissenschaftliches Schöpfertum, Berlin 1972, S. 262.

zeigt sich, daß Häufigkeiten und Rangreihen, die konstatiert bzw. erhoben wurden, in starkem Maße von der jeweils untersuchten Gruppe, von den konkreten Aufgabenstellungen und Arbeitsbedingungen sowie der Art der Fragestellung abhängen und deshalb unterschiedlichste Ergebnisse bringen. Um nur einige Beispiele zu nennen:

Hegewald[43] fand bei Untersuchungen im Forschungs- und Entwicklungsbereich eines Kombinats folgende Motivrangreihe zur Leistungsmotivation:
1. Selbstbestätigung, 2. Befriedigung der Bedürfnisse der Familie, 3. Arbeitsfreude, 4. besserer Verdienst, 5. Verbesserung der Arbeits- und Lebensbedingungen verlangt hohe Leistungen, 6. Stärkung des Kollektivs, 7. Sicherung des kontinuierlichen Produktionsablaufs, 8. persönliches Ansehen gegenüber Kollegen.

In einer anderen Untersuchung[44] fand sich bei Neuerern die Freude an der Problemlösung und Fähigkeitserprobung als bedeutsamstes Motiv. Das Einkommensmotiv stand an zweiter Stelle. Ihm folgten betrieblich orientierte Motive.

Römer[45] fand bei Ingenieuren eines Kombinats das Verdienstmotiv an erster Stelle. Ihm folgten gegenstands- und problembezogene Motive, Prestigemotive und schließlich das Motiv „Verantwortungsbewußtsein für die sozialistische Gesellschaft", das aber eng mit den anderen verknüpft war.

1. *Zu den gegenstands- und problembezogenen Motiven*

Diese Motive speisen sich aus der Tätigkeit, aus dem Arbeitsgegenstand selbst. Sofern die zugrunde liegenden Bedürfnisse (Erkenntnisbedürfnisse, Freude am Problemlösen, Fähigkeitserprobung usw.) befriedigt werden, stabilisieren, reproduzieren und verstärken sich die Motive aus der Tätigkeit. Dies bedeutet aber nicht, daß Motivation im Selbstlauf und auf Dauer entstehen und erhalten bleiben muß. Unsere Untersuchungen belegen, daß dabei folgende Faktoren beachtet werden müssen:

a) Auch die o. g. Motivation tritt nur im Extrem isoliert und „rein" auf. Es wirken z. B. auch individuell-orientierte, vor allem sozialbetonte Motive (Unwillen, Unzufriedenheit bei mangelnder Anerkennung, Prestigestreben), aber auch überindividuelle Motive (Streben nach Überführung in die Praxis, funktionierendes Produkt als Resultat).

b) Auf dieser Grundlage ergibt sich die Notwendigkeit der Stimulierung auch bei gegenstandsbezogener Hauptmotivation aus der Tatsache, daß sie zu verschiedenen Ausprägungsgraden von Engagiertheit, Ausdauer usw. führen kann. Allerdings ist gerade hier vor vereinfachenden Wirkungsvorstellungen zu warnen. Diese Motivlage durch Stimuli *erzeugen* zu wollen, wäre eine Überforderung von Stimulierungsmethoden.

c) Wo aber diese Motivation dominiert, dort wirken solche Stimuli am stärksten, die an Problemlösungen, an spezifischen Arbeitsanforderungen und Herausforderung an Fähigkeiten anknüpfen. In diesem Sinne werden Möglichkeiten zu wenig genutzt, Prämien in Verbindung mit speziellen Problemlösungen und Aufgaben in Aussicht zu stellen. Gerade bezogen auf diese Motivation ist auch die Frage zu stellen, ob nicht z. B. die in der Architektur gesammelten Erfahrungen mit der Methode des Preisausschreibens hinsicht-

---

[43] Vgl. H. Hegewald, Wertorientierungen und Motive der Ingenieurtätigkeit, in: Aus dem philosophischen Leben der DDR, Informationsbulletin, 4/1981, S. 11.

[44] Vgl. Untersuchung von G. Schulz, zitiert bei: R. Stollberg (Hrsg.), Soziologische Probleme der Motivierung und Stimulierung sozialistischen Arbeitsverhaltens der Werktätigen, Halle 1976, S. 146 (Konferenzmaterial).

[45] Vgl. I. Römer, Zu Aspekten der Motivierung in der Ingenieurtätigkeit, in: Aus dem philosophischen Leben der DDR, Informationsbulletin, 4/1981, S. 31.

lich ihrer Nutzung bei wissenschaftlich-technischen Problemlösungen geprüft werden sollten. Die Sachbezogenheit dieser Stimulierung und die ausgelöste Wettbewerbssituation bei der Fähigkeitserprobung korrelieren stark mit den hier gemeinten Motiven.

d) Da gegenstands- und problembezogene Motivationen in besonderem Maße am schöpferischen Arbeitsprozeß gebunden sind, sind sie durch Mängel in der Arbeitsorganisation, in den materiell-technischen Voraussetzungen leichter und schneller störbar als durch jene, die von persönlichen Interessen oder gesellschaftlichen Erfordernissen geprägt sind.

Damit ist konkret auch das Problem der *stimulierenden Bedingungen* angesprochen. Zweifellos fallen unter entsprechende Mängel auch solche, die objektive Ursachen haben und durch rechtliche Regelungen nicht zu beseitigen sind. Aber es sind auch Mängel betroffen, die durch konsequentere Durchsetzung vorhandener Rechtsnormen oder deren Vervollkommnung zu mindern oder zu vermeiden sind. Die Skala der hier gemeinten Erscheinungen reicht von der sinnvollen Organisation der Arbeit, der Aufgabenstellung, der Informationsgestaltung, der Versorgung mit Materialien (z. B. Chemikalien) bis hin zur Berücksichtigung so einfacher Fragen wie die gesicherte Unterbringung oder Transportmöglichkeiten zu abgelegenen Partnerbetrieben. Dabei ist auch in diesem Zusammenhang darauf zu verweisen, daß die Verbesserung der Arbeitsbedingungen als ein äußerst wichtiger Faktor der Stimulierung angesehen wird. Häufig wurden in unseren Interviews auch solche nicht unmittelbar und ausschließlich an der materiellen Interessiertheit anknüpfenden Formen wie Delegierung zu Fachveranstaltungen, Studienaufenthalte, Studienurlaub, Entwicklungsmöglichkeiten, Qualifikationsangebote usw. genannt.

Gerade unter dem Aspekt dieser Motivlage wird klar, wie wichtig es ist, in rechtlichen Regelungen nicht nur die Stimuli im engeren Sinne zu berücksichtigen, sondern auch stimulierende Bedingungen. Nicht alle dazu geeigneten Normen verwirklichen diese Einheit so, wie dies im Beschluß über Maßnahmen zur Förderung der Erfindertätigkeit vom 2. März 1978[46] erfolgte. Dort werden neben Fragen der Anwendung von Stimuli auch Pflichten der Generaldirektoren und Betriebsleiter formuliert, mit denen stimulierende Bedingungen zu gewährleisten sind. Sie betreffen u. a. die wirksame Unterstützung und Beratung beim Erkennen und Herausarbeiten erfinderischer Lösungen durch das Büro für Schutzrechte, die Information der Erfinder, die kurzfristige Bearbeitung ihrer Vorschläge und Beschwerden, bestimmte Hilfeleistungen, die Schaffung materiell-technischer Voraussetzungen für die Nutzung von Patenten usw.

2. *Zu den gesellschaftlich orientierten Motiven*

Soweit es um gesamtgesellschaftlich orientierte Motive geht, sind sie gleichzusetzen mit stabiler, überdauernder Motivation, positivem Einstellungshintergrund, sozialistischen Grundüberzeugungen. Es geht eigentlich mehr um Motive der gesamten Arbeitstätigkeit, die sich aber auch in der Motivation schöpferischer Handlung bei bestimmten Arbeitsaufgaben objektivieren. Hier besteht folgender Widerspruch: einerseits sind diese Motive nicht nur übergreifendes Ziel von Stimulierungsmaßnahmen, sondern auch der weltanschaulichen Erziehung und der ideologischen Arbeit insgesamt; andererseits erweist sich, je stärker sie ausgebildet sind, desto geringer ist die Abhängigkeit von aktuellen arbeitsbezogenen Stimuli. Infolge überindividueller Nutzenerwartungen müßte geringere Orientierung an solchen Stimuli bestehen, die ausgesprochen individuellen Bedürfnissen die-

---

[46] Vgl. GBl. I 1978, Nr. 7, S. 101

nen. Es bestünde ferner geringere Beeinflußbarkeit durch Bedingungen der Arbeitsorganisation usw. Da auch diese Motive nicht allein und isoliert wirken, geht es aber dabei nur um Akzentuierungen. Aus unseren Untersuchungen läßt sich bestätigen, daß vor allem gesellschaftlich orientiert motivierte Wissenschaftler grundsätzlich „stabiler" gegen Mängel in der Arbeitsorganisation usw. sind. Eine Einschränkung ergibt sich aus folgendem: Gesellschaftlich orientierte Motivation konkretisiert sich in starkem Maße darin, daß die Überführung von Forschungsergebnissen in die Praxis angestrebt wird. Dies wird oft als höchster Antrieb und Beweggrund schöpferischen Arbeitens genannt. Gerade die so motivierten Wissenschaftler registrieren die Hemmnisse der Praxisüberführung sehr nachhaltig.

Durch diese Konstellation wird wiederum die Bedeutung stabiler und differenzierter rechtlicher Regulierung von Kooperationsbeziehungen und Überführungsbedingungen im Sinne wichtiger stimulierender Bedingungen schöpferischer Arbeit hervorgehoben. Zugleich wird die Pflicht der Leiter unterstrichen, Informiertheit der Wissenschaftler zu sichern. Das gilt sowohl für übergreifende Aufgaben und Planziele, volkswirtschaftliche Dringlichkeiten als auch für Gründe und Barrieren der effektiven Überleitung. Es ist in unseren Untersuchungen darüber berichtet worden, daß gerade die Einbeziehung aller Kollegen in die Diskussion, z. B. über Ursachen stockender Überleitung, schöpferische Leistungen provoziert hat, die Ausweglösungen geschaffen haben.

3. *Zu den Motiven persönlicher Interessiertheit*

Persönliche Interessen als Motivhintergrund für schöpferische Leistung beziehen sich vor allem auf materielle und soziale Erwartungen (Anerkennung, Prestige, Laufbahnwünsche). Es kann davon ausgegangen werden, daß dieser Motivbereich nie völlig ausgeklammert bleibt. Wenn diese Motive absolut dominieren, so zeigen sich im allgemeinen zwei Varianten der Entwicklung:

a) Je mehr die zugrunde liegenden Interessen befriedigt werden, desto mehr geht die Bedeutung dieser Motive zurück. Wenn keine anderen vorliegen, steigt die Wahrscheinlichkeit von Inaktivität infolge Sättigung;

b) mit der Befriedigung der Interessen wachsen Erwartungen und Bedürfnisse an, was in Übersteigerungen bzw. Negativformen der Motive münden kann (z. B. Habgier, Karrierismus usw.).

In der Mehrzahl sind aber Motive aus persönlicher Interessiertheit verbunden mit den anderen genannten Gruppen. Das heißt, es erweist sich, daß die gesellschaftlich Orientierten und die gegenstandsbezogen Motivierten Bestätigung durch Leistungsbewertung suchen und mit Unzufriedenheit reagieren, wenn diese ausbleibt. Dabei sind aus unseren Untersuchungen folgende *Tendenzen* zu erkennen:

a) Materielle Stimuli werden zwar überwiegend als wichtig und notwendig eingeschätzt. Ihre mangelnde Differenziertheit (z. B. bei Jahresendprämie, Gehaltsfestlegung) wird bedauert. Bei der Einschätzung verschiedener materieller Stimuli spielt eine Rolle, was von Arbeitssoziologen als die Tendenz betrachtet wird, „daß sich die Erwartungen immer mehr auf freizeitgewinnende Vergünstigungen, die Vergabe einer Wohnung, die Überreichung von Kur- und Ferienschecks richten".[47] Hier wäre zu prüfen, inwieweit es sinn-

[47] Vgl. Untersuchung von A. Ullmann, zitiert bei: R. Stollberg (Hrsg.), Soziologische Probleme der Motivierung und Stimulierung sozialistischen Arbeitsverhaltens der Werktätigen, a. a. O., S. 103 (Konferenzmaterial).

voll ist, diesen Bedürfnissen durch rechtliche Regelungen in bestimmtem Maße Raum zu geben. Auf jeden Fall ist hiermit die Forderung von Rogowin[48] berührt, die vollwertige Realisierung der Geldeinkünfte der Bevölkerung gesellschaftlich zu organisieren, weil darin ein „wichtiger zusätzlicher Stimulus" in bezug auf die materielle Interessiertheit an den Arbeitsergebnissen besteht.

Die Wirkung materieller Stimuli wird aber nicht nur unter dem Aspekt des materiellen Nutzens gesehen. Sehr häufig und offenbar *zunehmend* spielt der Aspekt der ideellen Wirkung, der moralischen Würdigung eine große Rolle, die durch differenzierte materielle Anerkennung vermittelt wird bzw. werden kann. Oft wird auch die ungenügende Differenzierung nicht als materieller Nachteil, sondern als Gleichmacherei in der Würdigung von Person und Leistung im Vergleich zu anderen auf moralischer Ebene gesehen. Untersuchungen belegen, daß eine gerechte Leistungsbewertung häufig für wichtiger gehalten wird als die absolute Höhe materieller Stimuli. Damit im Zusammenhang ist auch zu beachten, daß die bisweilen noch lieblose, formlose Überreichung von materieller Anerkennung, ihre Abwicklung „unter vier Augen", ihre ungenügende Bekanntmachung, ihre lückenhafte Registrierung in Kaderakten mißbilligt wird. Zwar liegt hier in erster Linie ein Problem der Qualität der Leitungsarbeit vor und nicht eine Aufgabe rechtlicher Regelung; es zeigt sich aber, daß es bei bestimmten Stimuli nicht sinnvoll ist, sich allein auf die Bereitschaft zu entsprechendem Leiterverhalten zu verlassen, sondern Anforderungen auch rechtlich zu untermauern. Als ein Beispiel sei hier der Beschluß über Maßnahmen zur Förderung der Erfindertätigkeit vom 2. März 1978 genannt, wonach u. a. erfinderische Leistungen bei der Auswertung des Wettbewerbs und bei anderen gesellschaftlichen Höhepunkten zu würdigen sind und bestimmte Formen der Öffentlichkeitsarbeit gefordert werden.

b) Mit der ideellen Wirkung materieller Stimuli stimmt überein, daß Mischformen von Stimuli, z. B. staatliche Auszeichnungen als Aktivist (d. h. materielle Anerkennung *und* moralische Würdigung) meist stärker als moralische Würdigung verstanden werden. Von interviewten Wissenschaftlern wird betont, daß solche Formen dazu beitragen, den einzelnen stärker aus der Anonymität heraustreten zu lassen. Es wird als wesentlicher persönlicher Nutzen betont, daß man im großen Institutskollektiv bekannt wird, Ansehen erlangt. Deshalb gelten auch hier die bereits genannten Faktoren der Form der Übermittlung von Auszeichnungen (Öffentlichkeit, Publizität). Aus diesen Zusammenhängen erklärt sich auch, daß solche Preise wirksam sind und als erstrebenswert angesehen werden, die speziell nur von einzelnen Einrichtungen vergeben werden (z. B. einer Hochschule, der Akademie der Wissenschaften, auch von einzelnen Instituten). Die Arbeit mit verbindlichen Rahmenregelungen, mit denen z. B. in der Akademie der Wissenschaften der DDR gute Erfahrungen gemacht wurden, zeigt Möglichkeiten auf, die auch an anderen Einrichtungen nutzbar sind.

Was den Zusammenhang von materieller und ideeller Stimulierung anbetrifft, so bestätigte sich allerdings in unseren Untersuchungen erneut, daß ausschließlich ideelle Anerkennung (ohne materielle Würdigung) *auf Dauer* an Wirkung verliert.

---

[48] Vgl. W. S. Rogowin, Die Verteilungsverhältnisse als Faktor der Intensivierung der Produktion, in: Sowjetwissenschaft, Gesellschaftswissenschaftliche Beiträge, 5/1982, S. 706.

4.4.4. Probleme der Handlungsdeterminierung

Die handlungsbeeinflussende Wirkung von Stimuli betrifft die Frage, wie durch rechtlich regulierte oder zu regulierende Stimuli auf das Verhältnis zwischen angestrebtem und realem schöpferischen Handeln bzw. Handlungsergebnissen Einfluß genommen werden kann. Dies ist zu einem bedeutenden Teil über die Beeinflussung der Motivation möglich. Darauf wurde eingegangen. Dessenungeachtet ist die Beziehung zwischen Stimulus und Handlung bzw. Handlungsergebnis die letztlich wesentliche und kontrollierbare Beziehung.

Das Verhältnis zwischen Ziel der Stimuli (bzw. ihrer rechtlichen Regelung) und Wirkung realisiert sich über Handlungen. Ziel- und Wirkungsanalyse als Grundgerüst der Effektivitätskontrolle muß sich deshalb vor allem auf Handlungen und Handlungsergebnisse beziehen. Das ist um so besser möglich, je differenzierter intervenierende Variablen (Motivation stimulierende oder hemmende Handlungsbedingungen) berücksichtigt werden. Sie müssen aber aud die genannte Grundbeziehung Stimulus – Handeln hingefürt werden. Eine Voraussetzung dazu ist, bestimmte Handlungsmerkmale zur Grundlage zu nehmen und sie vorhandenen Handlungserwartungen gegenüberzustellen. Einige *Ansatzpunkte* sollen nachstehend beispielhaft angeführt werden:

a) Unterscheidung von Verhaltens- und Ergebnisaspekt

Immer wieder wurden in unseren Untersuchungen z. B. folgende Mängel in der Leistungsbewertung und -stimulierung genannt: Nicht bei allen Aufgaben zeige sich Erfolg, und zwar teilweise auch aus objektiven Gründen, z. B. wegen Umprofilierung, Themenänderung u. a. m. Zuweilen sei auch nur der Zeitpunkt der Zielerreichung verschoben. Dennoch habe hohes Engagement oder sogar hervorragende Anstrengungsbereitschaft vorgelegen. Es sei deshalb notwendig, nicht nur das Ergebnis, sondern auch die gezeigte Leistungsbereitschaft zu bewerten bzw. anzuerkennen.

Zweifellos bleibt das Leistungsergebnis wichtigstes Kriterium der Bewertung, d. h., die Anerkennung eines positiven Verhältnisses von erbrachtem und angestrebtem Resultat steht im Zentrum. Aber die Stimulierung der Leistungs*haltung* und Anstrengungs*bereitschaft* ist ein *Mittel* dazu. Deshalb ist es sinnvoll, den Verhaltens- und den Ergebnisaspekt als Ansatzpunkte der Leistungsbewertung voneinander zu trennen. Beide haben im Prozeß des schöpferischen Leistens je nach Stadium der Arbeit oder je nach Aufgabenstellung verschiedene Erscheinungsformen.

Der *Verhaltensaspekt* betrifft den Grad der Aktivität, Anstrengung und Initiative. Er manifestiert sich innerhalb der Aufschlüsselung der Aufgabenstellung zu konkreten Problemstellungen und Themen, innerhalb des Prozesses der Realisierung und Bewältigung einer Problemstellung, eines Themas, in der Aktivität zur Überführung in nutzbare Produkte, in die Produktion.

Die *resultative* Seite manifestiert sich in verwendbaren Themenableitungen, schöpferischen Leistungen bei der Bewältigung von Problemstellungen (Aufdeckung von Zusammenhängen, Gesetzmäßigkeiten, Aufstellung von Theorien, Finden von Prinziplösungen), schließlich schutzfähigen Erfindungen, Entdeckungen, in Überführungsergebnissen.

Es ist bisher ungenügend der Fragestellung nachgegangen worden, wie das Recht in diesen Etappen der schöpferischen Arbeit (Aufgabenstellung, Problemlösung, Überführung) stimulierend einwirken und dabei Verhaltens- und Ergebnisaspekt differenziert berücksichtigen kann.

Was die differenzierte Berücksichtigung der einzelnen Etappen betrifft, so fehlt eine systematische Strategie der Stimulierung. Ihre Formen und Ziele sind vor allem auf das Endstadium der Produktion von Erfindungen, auf Überführungsleistungen, angelegt. Die davor liegenden Stadien werden nicht genügend berücksichtigt. Spezielle Stimuli sind kaum vorhanden. Eine Reihe allgemeiner Stimulierungsformen, die in Frage kämen, wird dafür nicht angewandt. Die Frage, was das Arbeitsrecht zur Stimulierung der Arbeitsprozesse oder das Wirtschaftsrecht zur Stimulierung der Kooperation im Prozeß der Aufgabenpräzisierung und Themenbewältigung leisten können, ist kaum Gegenstand der Forschung.

Was die Trennung von Verhaltens- und Ergebnisaspekt anlangt, so gibt es Vereinseitigungen vor allem in der Richtung, daß vorhandene rechtliche Möglichkeiten stärker bezüglich der resultativen Seite genutzt werden. Allerdings gibt es hier auch mehr spezifische Normen (auftragsgebundene Prämie, Erfindungsvergütung usw.). Zu beachten ist ferner, daß eine stärkere Orientierung auf das Verhältnis von Leistungsniveau und Leistungserwartung bzw. Leistungsvermögen nicht zuletzt auch dazu dient, auf Minderleistungen begründeter und differenzierter zu reagieren. Damit ist eine weitere Möglichkeit der Berücksichtigung von Handlungsmerkmalen angesprochen.

b) Leistungshöhe und Verhältnis von Anerkennung und Kritik

Es geht um das Problem, welches Verhältnis Stimuligestaltung und Mangel an—oder Ausbleiben von—schöpferischer Leistung besteht. Tatsache ist, daß sowohl von Individuen als auch von Institutionen und Betrieben (Leitungen) sogenannte Gegenstrategien zum schöpferischen Handeln entwickelt werden, die ihrerseits auf bestimmten Bedürfnissen und Motiven basieren. Solche Motive können z. B. *bei Wissenschaftlern* sein: Furcht vor Prestigeverlust bei Mißerfolg (Meidungsangst), Risikofurcht, Bevorzugung von Routinearbeit, Bequemlichkeit, Resignation auf Grund negativer Erfahrungen bei der Überführung, Wissen um die Möglichkeit unschöpferischen Handelns infolge mangelhaften Leitungsstils, Unvermögen usw.; *bei Leitungen*: Tendenz zum Beharren auf gefundenen Lösungen, Risikomeidung, Erwartung von Vorteilen, Ausnutzung von Formalismus in der Planabrechnung, in der Wettbewerbsführung, unmittelbarer finanzieller Verlust, Vernachlässigung langfristiger Planung zugunsten unmittelbarer Planabrechnung usw.

Das Problem besteht darin, inwieweit Stimuli einerseits so gestaltet werden können, daß solche Motive abgebaut bzw. Gegenmotive aufgebaut werden können. Andererseits geht es um Ansatzpunkte negativer Reaktion im Falle mangelnden oder fehlenden Schöpfertums; dabei wird keineswegs übersehen, daß grundsätzlich der stimulierende Einfluß positiver Reaktionen selbstverständlich wirkungsvoller ist. Allerdings sind der rechtlichen Stimulierung schöpferischen Handelns hier gewisse Grenzen gesetzt. Dennoch kann Leistungsbewertung besser stimulieren, wenn sie auch negativ abweichendes Handeln erfaßt. Sicher ist hier das Feld außerrechtlicher, nicht regelungsfähiger und -notwendiger Reaktionen größer. Das rechtfertigt aber nicht, solche rechtliche Regelungen zu vernachlässigen, mit denen Differenzierung in *beiden* Richtungen ermöglicht wird (z. B. Gehaltsfestlegungen, auch Abstufungen, Prämien).

Insgesamt gibt es in dieser Beziehung ideologische und leitungspraktische Probleme der Durchsetzung geeigneter rechtlicher Bestimmungen durch staatliche Leiter und Gewerkschaftsleitungen. Zu ihrer Lösung sind ideologische Einflußnahme, einschließlich Rechtserziehung, ebenso notwendig wie wirksame Kontrollmechanismen und der Abbau hemmender Faktoren im Berichtswesen, in der Abrechnung und Leistungsbewertung.

c) Reaktion auf Variierungen in den Anforderungen

Solche Variierungen hinsichtlich der Intensität von Anforderungen ergeben sich durch kurzfristig aufgetretene besondere Situationen (z. B. Möglichkeiten zur Überführung eines Projekts bieten sich unerwartet an, nachdem bereits ein anderes Projekt bearbeitet wird, daraus ergibt sich z. B. Doppelbelastung), durch Terminverkürzungen aus objektiven Gründen, z. B. Verkürzung der Entwicklungs- oder Überleitungszeiten, Anforderungen an Qualitätsverbesserungen, Materialeinsparungen, besondere Forderungen von Vertragspartnern (aus Gründen in der Produktion oder im Außenhandelsbereich), durch Ausfälle von Kollegen, die nur durch erhöhten Einsatz zu bewältigen sind. Für solche Veränderungen können und müssen nicht zusätzlich spezielle Rechtsnormen geschaffen werden, vielmehr geht es darum, vorhandene rechtliche Möglichkeiten und Fonds flexibler einzusetzen, um hier zielbewußt zu stimulieren.

5. Rolle der Rechte-Pflichten-Beziehungen bei der Stimulierung wissenschaftlich-technischer Leistungen

5.1. Gestaltung und Wirkung der Rechte-Pflichten-Beziehungen

5.1.1. Grundlegende Anforderungen

Auch für den hier zu erörternden Aspekt der Stimulierung gilt, daß der wesentliche Inhalt des Rechts, nämlich als „Regulator (Ordner) bei der Verteilung der Produkte und der Arbeit unter die Mitglieder der Gesellschaft“[1] zu fungieren, die Gewährung von Rechten und die Auferlegung von Pflichten zur Gestaltung der gesellschaftlichen Beziehungen einschließt.

Ein Fazit der bisherigen Analysen ist: Nur ein Teil der vom wissenschaftlich-technischen Fortschritt betroffenen und ihn befördernden Beziehungen ist der rechtlichen Regelung zugängig, d. h., ist regelungsfähig und regelungsnotwendig. Dabei ist eine Reihe von Besonderheiten der wissenschaftlich-technischen Arbeit zu berücksichtigen (die in Abschn. 4 dargelegt wurden). Diese schließen u. a. ein, daß mit juristischen Rechten und Pflichten *nicht unmittelbar* auf den *schöpferischen Prozeß* wissenschaftlich-technischer Leistungen eingewirkt werden kann. Hinzu kommt, daß in der Praxis die Beziehungen der Rechte zueinander, ihre hierarchische Abgestimmtheit und ihre Beziehungen zu den Rechtspflichten, ebenso die Verbindung der Rechtspflichten untereinander und ihre Beziehungen zu den Rechten noch nicht in vollem Maße dem Erfordernis entsprechen, eine einheitliche rechtliche Stimulierungskonzeption durchzusetzen. Die Gründe dafür liegen sowohl im Bereich der Rechtsetzung als auch des Wirkens des Rechts.

Zunächst zu einigen Problemen, die sich bei der *Rechtsetzung* ergeben. Die mit dem wissenschaftlich-technischen Fortschritt verbundenen Entwicklungstendenzen in den gesellschaftlichen Beziehungen können bei der Statuierung der Rechte und Pflichten nur insoweit berücksichtigt werden, wie sie bereits herangereift sind. Die in den Gesetzesnormen rechtlich verankerten Verhaltensregeln werden „durch die wichtigsten, tiefgreifenden Gesetzmäßigkeiten der Entwicklung einer gesellschaftlichen Beziehung bestimmt . . . In diesem Falle kann das Gesetz auch die Entwicklungsperspektiven dieser Beziehungen in Betracht ziehen“[2]. Im Hinblick auf die spezifischen Erfordernisse des wissenschaftlich-technischen Fortschritts erlangen die in den Gesetzen nachgeordneten rechtlichen Normativakten enthaltenen Rechte und Pflichten besonderes Gewicht. In ihnen werden „die gesellschaftlichen Beziehungen in den Details den Bedürfnissen entsprechend (regu-

---

[1] W. I. Lenin, Staat und Revolution, in: W. I. Lenin, Werke, Bd. 25, Berlin 1972, S. 481.
[2] Socialističeskoe pravo i naučno-techničeskaja revoljucija, Moskva 1979, S. 26.

liert)“ und „die Dynamik der Beziehungen im Prozeß ihrer Entwicklung (widergespiegelt)“.[3] Rechte und Pflichten, die die gesellschaftlichen Verhältnisse speziell bei der Stimulierung wissenschaftlich-technischer Leistungen regeln, sind vor allem in Normativakten unterhalb der Ebene von Gesetzen, insbesondere *Verordnungen* und *Anordnungen*, enthalten. Diese Rechte und Pflichten sind ihrem Wesen nach verschiedenen Rechtszweigen zuzuordnen. Eine Kombination zwischen Gesetz und nachgeordneten Normativakten ist für die Stimulierung wissenschaftlicher-technischer Leistungen in ihrer gesamten Breite nicht gegeben. Unter Berücksichtigung der Wirkungsweise der Rechte und Pflichten[4] ergeben sich hieraus Probleme für die Stimulierung wissenschaftlich-technischer Leistungen z. B. insofern, als damit auch die eindeutige und übersichtliche Gestaltung der Rechte und Pflichten als eine Voraussetzung ihrer effektiven Wirkung berührt ist. Eine Konsequenz der teilweise nicht homogenen Regelung in diesem Bereich ist, daß die inhaltliche Bezugnahme des Rechtsnormadressaten zu den in den jeweiligen Rechtsvorschriften enthaltenen Zielen erschwert wird. Diese enthalten aber bereits *Bewertungskriterien*, die beispielsweise für den Einsatz rechtlich geregelter Stimuli für wissenschaftlich-technische Leistungen mit zugrunde zu legen sind. Hier liegen Gründe, die die Einheit der Rechte und Pflichten — verstanden als ihr auf ein Ziel gerichtetes Zusammenwirken[5] — qualitativ nicht voll wirksam werden lassen.

Ein weiteres Problem der Homogenität der bestehenden Regelungen sowie ihrer Wirksamkeit ist das quantitativ ausgewogene *Verhältnis* der *Rechte* und *Pflichten* der Rechtsnormadressaten. Wir haben dieses Verhältnis in speziellen Rechtsvorschriften zu wissenschaftlich-technischen Leistungen (s. Anlage) untersucht. Zugrunde gelegt wurden die Rechte und Pflichten auf folgenden Ebenen:

a) der Anwendung von materiellen und ideellen Stimuli;

---

[3] Ebenda.

[4] Vgl. insbesondere T Schönrath, Nochmals zum Verhältnis von juristischen Rechten und Pflichten und von Rechtsnormen, juristisch konkreten Rechten und Tätigkeit, in Autorenkollektiv, Zum subjektiven Recht im Sozialismus, Leipzig 1978, S. 151

[5] Vgl. dazu ausführlich T Schönrath, Die Verbindlichkeit des sozialistischen Rechts, Diss. B, Leipzig 1967, C. Luge, Zur inhaltlichen Gestaltung der subjektiven Rechte der Bürger der sozialistischen Gesellschaft, Potsdam-Babelsberg 1976, S. 16—19, Autorenkollektiv, Objektive Gesetze — Recht — Handeln, Berlin 1979, S. 127. — Einheit von Rechten und Pflichten bedeutet nicht, daß zur Ausübung der Rechte ebenfalls eine juristische Pflicht bestehen müsse. — In diesem Zusammenhang seien auch die Ausführungen von E. Buchholz hervorgehoben, daß Veranlassung bestünde, „zu der zutreffenden Aussage von der Einheit von Rechten und Pflichten dort, wo sie Gefahr läuft, zur Leerformel zu erstarren, betonend hinzuzufügen, daß diese Einheit substantielle und wesentliche Identität zweier notwendig zusammenhängender Seiten in den Rechtsbeziehungen betrifft, aber keine platte äußere Identität bedeutet. Die Einheit von Rechten und Pflichten hervorzuheben, heißt auch, ihre Verschiedenheit zu sehen, erfordert die theoretische und praktische Anerkennung dieser Verschiedenheit, also die Berücksichtigung ihres Unterschiedes“ — (vgl. E. Buchholz, Demokratie, Recht und Persönlichkeitsentwicklung, in Deutsche Zeitschrift für Philosophie [im folgenden DZfPh], 3/1983, S. 294). Ausführlich hat sich T Schönrath mit Ansichten auseinandergesetzt, die auf eine Gleichsetzung der Rechte und Pflichten in dem Sinne abzielen, daß jedes Recht zugleich die Pflicht enthalte, es auch wahrzunehmen — (vgl. T. Schönrath, Einheit von Rechten und Pflichten in der sozialistischen Gesellschaft, in Staat und Recht, 10/11/1972, S. 1715ff.).

b) der Festlegung der Aufgaben- und Zielstellung für den wissenschaftlich-technischen Arbeitsprozeß, die wissenschaftlich-technische Leistung und den Überleitungsprozeß;
c) der Schaffung von Realisierungsbedingungen (materiell-technische Sicherstellung, Finanzierung usw.).

Nimmt man alle drei Ebenen zusammen, so ergibt sich für die Adressatengruppe „Leiter" ein *Übergewicht* an *Pflichten* im Vergleich zu den Rechten, und zwar etwa im Verhältnis von 4:1. Dabei ist interessant, daß auf der Ebene a) ein annähernd ausgewogenes Verhältnis besteht, d. h., daß vor allem die Ebenen b) und c) den Pflichtenüberhang beinhalten.

Zwar haben diese Ergebnisse nur relativen Aussagewert (z. B. sind die grundlegenden juristischen Rechte und Pflichten der Leiter in arbeitsrechtlichen Bestimmungen geregelt und werden hier nicht erfaßt), sie verweisen dennoch einerseits darauf, daß die Gestaltung der Pflichten differenzierter erfolgt. Das heißt, daß komplexe Handlungserfordernisse in differenzierte Handlungsanforderungen und Handlungsorientierungen umgesetzt sind, die nicht lediglich konfliktfallorientierte Mindestanforderungen verkörpern. Da die insofern teilweise höhere Qualität der Gestaltung von Pflichten häufig noch von verschiedenen Regelungsansätzen her in verzweigter Form geschieht, wäre eine überschaubare Zusammenfassung der Pflichten (einschließlich der Korrespondenz zu den Rechten) eine Hilfe für eine effektivere Leitungstätigkeit. Andererseits sind die Untersuchungsergebnisse aber wohl auch geeignet, einige der in den vorangegangenen Abschnitten erörterten Probleme der teilweise mangelnden Korrespondenz von Rechten und Pflichten zu untermauern.

Die exakte Bestimmung, die qualitative und quantitative Ausgewogenheit und Überschaubarkeit der Rechte und Pflichten der Rechtssubjekte ist jedoch nur die eine Seite des Problems. Ein weiteres wesentliches Element der Gestaltung der Rechte-Pflichten-Beziehung ist ihr enger Zusammenhang mit den in den Rechtsvorschriften — insbesondere den Volkswirtschaftsplänen — enthaltenen *Zielstellungen* für die Tätigkeit der kollektiven Rechtssubjekte. Sie müssen faktisch den Maßstab für die Auswahl der Handlungsmöglichkeiten bilden, mit denen diese Ziele optimal erreicht werden können. Dies unterstreicht, daß die Rechte und Pflichten bezüglich der Stimulierung wissenschaftlich-technischer Leistungen in eine Vielfalt gesellschaftlicher Beziehungen eingebettet sind.

5.1.2. Rechte-Pflichten-Beziehungen und Einsatz von Stimuli

Die Verwirklichung der Rechte und Pflichten, die die Anwendung rechtlich fixierter Stimuli regeln, setzt ebenso wie in der materiellen Produktion auch für den Bereich immaterieller Produktion die Erfüllung bestimmter Bedingungen voraus (Erreichen bestimmter Kennziffern, die Bewertung vorliegender Resultate). Dies schließt auch die Verwirklichung jener Rechte und Pflichten ein, die im „Vorfeld" der Stimulianwendung liegen. Dieses „Vorfeld" umfaßt insbesondere die Rechte und Pflichten, die innerhalb der Wirtschafts- und Arbeitsrechtsverhältnisse bzw. im Rahmen von Neuerervereinbarungen zu realisieren sind und die die gesellschaftlichen Beziehungen bei der Entstehung, Bewertung und Verwertung wissenschaftlich-technischer Leistungen regeln.

Die Realisierung der den Einsatz von Stimuli regelnden Rechte und Pflichten erfolgt *hauptsächlich innerhalb bereits bestehender* Rechtsverhältnisse (Arbeits- und Wirtschaftsrechtsverhältnisse). Sie führen u. E. nicht zur Begründung neuer Rechtsverhältnisse. Weisen die wissenschaftlich-technischen Leistungen jedoch Merkmale von Erfindungen und Neuerungen auf, so ergeben sich daraus allerdings Rechte und Pflichten, die über den Rahmen bestehender Rechtsverhältnisse hinausgehen, darauf beruhende neue Rechtsverhältnisse begründen. Die Rechte und Pflichten beim Einsatz von Stimuli für wissenschaftlich-technische Leistungen stehen demzufolge in unterschiedlicher Relation zu jenen, die im „Vorfeld" des Einsatzes dieser Stimuli liegen.

Um den Beitrag des sozialistischen Rechts zu bestimmen, den es speziell zur Stimulierung wissenschaftlich-technischer Leistungen durch den Einsatz von Stimuli zu erbringen hat, reicht es auch nicht aus, sich lediglich auf die Rechte und Pflichten zu beschränken, die entstehen, wenn die rechtlich geregelten *Voraussetzungen* für die Stimulianwendung erreicht sind. Eine Erweiterung der Sichtweite ist insbesondere im Hinblick auf die Festlegung der zu erreichenden Kennziffern erforderlich. Diese in der Rechtsordnung festgelegten bzw. festzulegenden Kennziffern sind wichtige juristische Instrumentarien, mit denen Einfluß auf die Stimulierung genommen wird und die eng mit jenen differenzierten Rechten und Pflichten zusammenhängen, mit denen die Stimulianwendung geregelt wird (Recht, bei Vorliegen bestimmter Ergebnisse Stimulus zu fordern; Recht des zuständigen Organs, im Falle des Erreichens der vorgesehenen Ergebnisse die Förderungsmaßnahmen bzw. den Stimulus anzuordnen; die Pflicht des zuständigen Organs, bei Vorliegen aller notwendigen Voraussetzungen die Förderungsmaßnahme bzw. den Stimulus real zu verwirklichen).[6]

Durch diese Kennziffern werden grundlegende Bewertungsmaßstäbe für die wissenschaftlich-technische Leistung gesetzt, obwohl in den Rechtsvorschriften solche Kennziffern nicht detailliert und für alle Leistungen fixiert werden können. Ausgehend von diesen Kennziffern, auf die in den Rechtsvorschriften orientiert wird, erfolgt ihre *weitere Konkretisierung* auf der Ebene der Kombinate und Betriebe, der Akademien, Hochschulen und ihrer Einrichtungen. Da es nicht schlechthin um Stimulierung geht, sondern solche Leistungen verlangt und erwartet werden, die den gesellschaftlichen Erfordernissen entsprechen, kommt diesen Kennziffern, deren Erfüllung Voraussetzung für die Stimulianwendung ist, wesentliche Bedeutung zu.

Als rechtstheoretisches Problem, das nicht nur in bezug auf die Anwendung der rechtlich geregelten Stimuli zu sehen ist, erhebt sich u. a. die Frage nach den Rechten und Pflichten der Leiter für die weitere Konkretisierung der Kennziffern. Mit ihrer Verwirklichung werden bereits entscheidende Voraussetzungen für den Einsatz der rechtlich geregelten Stimuli und ihre Wirksamkeit geschaffen. Gerade über die Verwirklichung der Rechte und Pflichten, die für die Leiter bezüglich der inhaltlichen Konkretisierung der in den Rechtsvorschriften vorgegebenen Kennziffern und Kriterien bestehen, wird wesentlich dazu beigetragen, die Übereinstimmung der kollektiven Interessen (Wirtschafts- und Wissenschaftsorganisationen) und individuellen Interessen (im Bereich Wissenschaft und Technik Tätige) mit den gesamtgesellschaftlichen Interessen herzustellen.

Daraus ergeben sich zugleich spezifische Anforderungen an die Qualität der Leitungstätigkeit. Sie sind in starkem Maße dadurch bestimmt, wie sinnvoll und differenziert Kennziffern konkretisiert werden, wie davon ausgehend wissenschaftlich-technische

---

[6] Vgl. S. S. Alekseev, Obščaja teorija prava, Teil 2, Moskva 1982, S. 20.

Leistungen fundiert bewertet und entsprechende Stimuli angewandt werden. Eine Voraussetzung dazu ist, daß diese Wirkungskette durch aufeinander abgestimmte Rechte-Pflichten-Beziehungen gestaltet wird. Dies muß bereits auf der Ebene der Wirtschafts- und Wissenschaftsorganisationen einsetzen. Hierauf orientiert auch eine Reihe neuer rechtlicher Regelungen, auf die (in den vorangegangenen Abschnitten) bereits hingewiesen worden ist.

Die effektive Umsetzung dieser Regelungen erfolgt aber auch über entsprechend ausgerichtete Rechte und Pflichten in bezug auf die Stimulierung individueller Rechtssubjekte. Das betrifft die Rechte und Pflichten zur Handhabung der Prämienfonds, es betrifft die notwendige Konkretisierung der im Arbeitsgesetzbuch verankerten Rechte und Pflichten, die den Einsatz von Stimuli regeln. *Ansätze* für eine solche Konkretisierung in Normativakten unterhalb der Ebene von Gesetzen sind im geltenden Recht ebenfalls bereits vorhanden.[7]

5.1.3. Rechte-Pflichten-Beziehungen und stimulierende Bedingungen

Die Rechte und Pflichten, die stimulierende *Bedingungen* regeln, erfassen einen weitaus größeren Komplex gesellschaftlicher Beziehungen, als dies bei den Rechten und Pflichten zur Anwendung materieller und ideeller Stimuli der Fall ist. Die Palette stimulierender Bedingungen reicht von der materiell-technischen und finanziellen Sicherstellung, dem rationellen Kadereinsatz bis zur Verbesserung der Arbeitsbedingungen, der Organisation des Arbeitsablaufs. Zu ihr gehören Möglichkeiten der Verlagerung der Arbeitszeit, Kompetenzen der vorrangigen Nutzung begrenzt zur Verfügung stehender Arbeitsmittel u. a. m.

Wesentliche stimulierende Bedingungen werden zunächst gewährleistet durch jenen Komplex von Rechten und Pflichten, der insgesamt auf die Entfaltung des Schöpfertums, der Leistungsbereitschaft der Werktätigen und ihrer Kollektive bei der Ausarbeitung, Erfüllung und Überbietung der staatlichen Planaufgaben gerichtet ist.

Bedeutsam sind hierbei vor allem die Rechtspflicht des *Betriebsleiters*, die Voraussetzungen für eine wirksame Führung des Wettbewerbs und die Erfüllung der Wettbewerbsziele zu schaffen (§ 35 AGB), seine Pflicht, die Bedingungen für die Teilnahme der Werktätigen an der Neuerertätigkeit zu schaffen und zu gewährleisten, daß die Rechte der Neuerer eingehalten werden (§ 37 AGB). Hinsichtlich der Gestaltung der Plandiskussion ist der Betriebsleiter verpflichtet, „die gewerkschaftlichen Stellungnahmen für die weitere Arbeit am Planentwurf auszuwerten, in die Planverteidigung . . . einzubeziehen und über die Verwirklichung der in ihnen enthaltenen Vorschläge Rechenschaft zu legen“[8]. Gemäß § 21 AGB obliegt es dem Betriebsleiter, die Aufgabenbereiche und

---

[7] Vgl. dazu: Anlage zum Beschluß über die Ordnung für die Arbeit mit Staatsaufträgen Wissenschaft und Technik vom 18. 2. 1982 (GBl. I Nr. 9, S. 181); vgl. ferner § 8 Abs. 3 der VO über die Planung, Bildung und Verwendung der Prämienfonds für volkseigene Betriebe vom 9. 9. 1982 (GBl. I Nr 34, S. 595); siehe auch VO über die Leitung, Planung und Finanzierung der Forschung an der AdW und an Universitäten und Hochschulen vom 23. 8. 1972 (GBl. II Nr 53, S. 589).

[8] § 33 Abs. 2 des Arbeitsgesetzbuches der Deutschen Demokratischen Republik vom 16. 6. 1977 (GBl. I Nr 18, S. 185).

Befugnisse der leitenden Mitarbeiter festzulegen. Für ihre Leitungstätigkeit gelten die gleichen Grundsätze wie für den Betriebsleiter.

Die gleichen arbeitsrechtlichen Bestimmungen gelten auch innerhalb der Wissenschaftsorganisationen. Die Zielorientierungen für die Leiter innerhalb dieser Rechtssubjekte ergeben sich inbesondere aus den Grundsätzen der Forschungsverordnung. Wie unsere Befragung ergab, bestehen unterschiedliche Meinungen von seiten der Leiter in bezug auf die Durchsetzbarkeit bzw. das Fehlen bestimmter Rechte und die Erfüllbarkeit bestimmter rechtlich fixierter Pflichten für den Bereich schöpferischer Arbeit. Die Frage: „Gibt es Bereiche in Ihrer Arbeit, wo das Fehlen bestimmter Rechte (Lücken in den Rechtsnormen) die schöpferische Arbeit hemmt?" wurde nur von einem geringen Teil der befragten Wissenschaftler bejaht (18,1 %). Der Prozentsatz der Leiter mittlerer Leitungsebene, die diese Frage bejahten, lag mit 31,8 % deutlich über dem Gesamtwert. Ein ähnliches Bild ergibt auch die Beantwortung der Frage nach schwer durchsetzbaren Rechten. In diesem Zusammenhang muß jedoch folgendes hervorgehoben werden: Gerade für die Leiter gibt es eine Reihe von Rechten, die auf die Förderung schöpferischer Arbeit ausgerichtet sind, aber nicht in vollem Umfang wahrgenommen werden. Die Gründe dafür sind unterschiedlich. Sie liegen auch in einer mangelnden Erkenntnis der Einheit von Rechten und Pflichten,[9] die sich insbesondere aus der Stellung der Leiter im System der Leitung und Planung der Volkswirtschaft und ihrer damit verbundenen gesellschaftlichen Verantwortung ergibt.

Wenn eingeschätzt wird, daß das Fehlen von bestimmten Rechten schöpferische Arbeit hemmt, so ist das nicht zuletzt auch Ausdruck von Schwierigkeiten im Umgang mit der *Vielzahl* der Rechtsvorschriften, die Regelungen zur Stimulierung wissenschaftlich-technischer Leistungen enthalten, und den teilweise relativ häufigen Änderungen einzelner Rechtsvorschriften. Das betrifft z. B. Regelungen zur Erarbeitung von Pflichtenheften oder zur Durchführung von Verteidigungen. Um die qualitativen Beziehungen innerhalb der Rechte-Pflichten-Struktur, die insbesondere in der Einheit der Rechte und Pflichten zum Ausdruck kommen, stärker zu verdeutlichen, bedarf es in *regelungstechnischer* Hinsicht weiterer Überlegungen. Denkbar wäre eine Zusammenfassung der Rechte und Pflichten der Leiter in bezug auf die Stimulianwendung und die Schaffung stimulierender Bedingungen für wissenschaftlich-technische Leistungen in einem Normativakt. Dabei wäre es auch eine Aufgabe der Rechtserziehung bzw. der politisch-ideologischen Arbeit in diesem Bereich, die rechtstheoretischen Aussagen zur Einheit der Rechte und Pflichten im sozialistischen Recht stärker nutzbar zu machen.

---

[9] Vgl. K. Schwan, Zur Einheit von Rechten und Pflichten der Persönlichkeit im Sozialismus, in: Wissenschaftliche Zeitschrift der Martin-Luther-Universität Halle, Gesellschafts- und Sprachwissenschaftliche Reihe, 1/1982, S. 55. — K. Schwan wendet sich gegen Auffassungen, die das Recht ausschließlich mit der Möglichkeit und die Pflicht mit der Notwendigkeit des Handelns verknüpfen. Sie verweist darauf, daß Pflichten die unabdingbare Notwendigkeit des Verhaltens zum Ausdruck bringen, aber zugleich zwei Aspekte der Möglichkeit aufweisen. Diese bestehen darin, daß zum einen die Gesellschaft die realen Möglichkeiten zur Pflichtenerfüllung bietet und zum anderen die Erfüllung der Pflichten selbst schöpferisches Handeln der Rechtsnormadressaten verlangt. Es gilt insbesondere bei der Stimulierung schöpferischer Leistungen mittels Rechte und Pflichten, diese Aspekte der juristischen Pflicht in bezug auf die Adressatengruppe „Leiter" stärker hervorzuheben (z. B. im Zusammenhang mit den Pflichten zur Konkretisierung von Kennziffern und Kriterien).

Es ist u. E. aber auch zu betonen, daß das Problem der Gestaltung der Rechte-Pflichten-Beziehungen im Hinblick auf die Stimulierung wissenschaftlich-technischer Leistungen nicht vordergründig darin liegt, stärker mit Rechten *oder* mit Pflichten auf das Schöpfertum der Wissenschaftler Einfluß zu nehmen.[10] Vielmehr ist die Frage der Entwicklung und Durchsetzung der *demokratischen Mitwirkung* der im Bereich von Wissenschaft und Technik Tätigen an Entscheidungsfindungen stärker in den Vordergrund zu rücken. Wenn man zugrunde legt, daß bei schöpferischen Bewußtseinsvorgängen der Wille, „ein Problem neu zu lösen, um einen Beitrag zu neuen Formen der Beherrschung gesellschaftlicher und natürlicher Prozesse zu leisten"[11], eine entscheidende Rolle spielt, so bieten sich gerade über den Weg der weiteren Entfaltung demokratischer Aktivitäten im Bereich der Forschungsplanung und der Realisierung der Planaufgaben sowie der Bewertung erzielter Resultate durchaus noch Ansätze, diesen Willensbildungsprozeß fördernd zu beeinflussen. Dabei muß allerdings in Betracht gezogen werden, daß der wissenschaftlich-technische Fortschritt den „Prozeß der sachlichen *Differenzierung der Entscheidungsbereiche* und -ebenen, in denen eine demokratische Beratung und Mitgestaltung möglich, effektiv und zugleich unumgänglich ist",[12] beschleunigt.

Insbesondere sind die Mitwirkungshandlungen *bei der Überleitung* der Ergebnisse noch nicht in erforderlichem Maße durch Rechte und Pflichten in den Rechtsnormen untersetzt. Hier bieten sich Möglichkeiten an, über eine differenzierte Ausgestaltung der Rechte und Pflichten der *Wissenschaftler und ihrer Kollektive* weitere Aktivitäten zu fördern und für die Beschleunigung des wissenschaftlich-technischen Fortschritts nutzbar zu machen. Das verlangt jedoch zunächst eine weitere theoretische Durchdringung des Problems der Gestaltung der Rechte-Pflichten-Beziehungen auf der Ebene der kollektiven Rechtssubjekte. Die Rechte-Pflichten-Gestaltung wurde bisher jedenfalls noch nicht hinreichend dem Erfordernis gerecht, die Überleitung wissenschaftlich-technischer Ergebnisse, die Verkürzung der Überleitungszeiten und die mehrfache Nutzung solcher Leistungen entsprechend zu fördern.

Dabei wird nicht übersehen, daß dem Erfordernis der Beteiligung wissenschaftlicher *Institutionen* an der Überleitung wissenschaftlich-technischer Leistungen durch eine rechtliche Verankerung ihrer Mitwirkung und Mitverantwortung grundsätzlich entsprochen wird,[13] wenngleich die Konkretisierung dieser Mitwirkung freilich der vertraglichen Vereinbarung überlassen bleibt.[14] Dieser Verpflichtung der Wissenschaftsorganisationen steht die Verpflichtung der Wirtschaftseinheiten gegenüber, die Überleitung materiell-technisch abzusichern, indem sie „rechtzeitig die zur Überleitung wissenschaftlich-technischer Ergebnisse in die Praxis erforderlichen Maßnahmen . . . einzuleiten (haben)"[15].

---

[10] Vgl. W. Grahn, Zur Analyse der Rechte bei der Gestaltung des wissenschaftlich-technischen Fortschritts, in: K. A. Mollnau (Hrsg.), Recht als Maßstab. Rechtstheorie unter den Bedingungen der wissenschaftlich-technischen Revolution, Berlin 1981, S. 138 (Beiträge zum X. Weltkongreß der Internationalen Vereinigung für Rechts- und Sozialphilosophie).

[11] H. Hörz, Materialistische Dialektik und Wissenschaftsentwicklung, Berlin 1981, S. 22f. (Sitzungsberichte der AdW der DDR Nr. 6 G/1981).

[12] W. Weichelt, Der X. Parteitag der SED und die weitere Festigung des sozialistischen Staates, in: Neue Justiz, 8/1981, S. 341ff.

[13] Vgl. § 9 Abs. 1 der Forschungsverordnung vom 23. 8. 1972 (GBl. II Nr. 53).

[14] Vgl. ebenda, § 7.

[15] § 6 Abs. 1 der 1. DVO zum Vertragsgesetz vom 25. 3. 1982 (GBl. I Nr. 16).

Eine *stadienweise* Differenzierung der Rechte-Pflichten-Beziehungen ist insoweit gegeben, als im Zusammenhang mit der Bestätigung des Pflichtenheftes unverzüglich vertragliche Vereinbarungen zu treffen sind[16] und Mitwirkungspflichten bei der Erfüllung im Rahmen der Wirtschaftsverträge über wissenschaftlich-technische Leistungen näher bestimmt werden.[17]

Auch durch die Neuregelung des Kaufs und Verkaufs wissenschaftlich-technischer Leistungen sowie der Vergabe wissenschaftlich-technischer Ergebnisse zur endgültigen Nachnutzung bzw. mehrfachen Nutzung wird bereits stärker an die materielle Interessiertheit der kollektiven Rechtssubjekte angeknüpft und die Rechte-Pflichten-Lage zwischen anbietenden und übernehmenden Betrieben, Kombinaten usw. konkreter bestimmt (z. B. Konkretisierung der Mitteilungspflicht).[18] Damit sind ohne Zweifel wesentliche Schritte getan, um vorhandene Lücken in den Rechte-Pflichten-Beziehungen auf der Ebene der Überleitung wissenschaftlich-technischer Ergebnisse zu schließen, die es allerdings konsequent fortzusetzen gilt.

5.2. Handlungsspielräume und ihre Gestaltung durch Rechte und Pflichten

5.2.1. Handlungsspielräume und Wirken des sozialistischen Rechts

Das Problem der Breite rechtlich abgesteckter Handlungsspielräume und ihrer stimulierenden Wirkung bei der Erarbeitung, Überleitung und Nutzung wissenschaftlich-technischer Leistungen ist eingeordnet in das allgemeine rechtstheoretische Problem des Abstraktionsgrades, der Detailliertheit und des Bestimmungsgrades von Rechtsnormen. Es steht in enger Verbindung mit der Frage nach der Stabilität und Elastizität des Rechts. Im Grunde geht es darum, zu bestimmen, unter welchen Bedingungen und wie vom sozialistischen Recht Handlungsspielräume geschaffen bzw. erweitert werden können und müssen, um zur Stimulierung wissenschaftlich-technischer Leistungen beizutragen.

Die Realität bietet eine Vielzahl von Handlungsmöglichkeiten zum Erreichen bestimmter Ziele. Sie bilden den objektiv vorhandenen Handlungsspielraum. Er ist sowohl Ausgangsbedingung für die Rechtsetzung als auch für das Wirken des Rechts. Mit dem Erlaß von Rechtsnormen erfolgt eine *Auswahl* jener Handlungsmöglichkeiten bzw. jener Handlungsvarianten, „die am besten den Interessen der staatlich organisierten Klasse entspricht“[19]. Sie ist das Ergebnis von bestimmten Bewertungsprozessen.[20] Damit werden durch das Recht bzw. im Recht jene Handlungsspielräume widergespiegelt, die den objektiven Erfordernissen entsprechen. Sie stellen somit für das handelnde Subjekt den objektiv erforderlichen Handlungsspielraum dar, aus dem es in der konkreten Handlungssituation eine Handlungsvariante auszuwählen hat. Dazu ist eine sachkundige Entscheidung erforderlich. Das bedeutet, daß die „Rechtsnorm . . . eine Komponente der Handlungssituation (ist)“,[21] in sie eingeht und sie gewissermaßen normiert. Infolgedessen kann

---

16 Vgl. § 6 Abs. 3 der 1. DB zur Pflichtenheftverordnung vom 23. 11. 1983 (GBl. I Nr. 36).
17 Vgl. § 10 der 1. DVO zum Vertragsgesetz vom 25. 3. 1982 (GBl. I Nr. 16).
18 Vgl. Abschnitt III und V der AO vom 23. 11. 1983 über die Anwendung der wirtschaftlichen Rechnungsführung in der Forschung und Entwicklung (GBl. I Nr. 36).
19 Autorenkollektiv, Objektive Gesetze — Recht — Handeln, a. a. O., S. 94.
20 Vgl. ebenda.
21 Ebenda, S. 98.

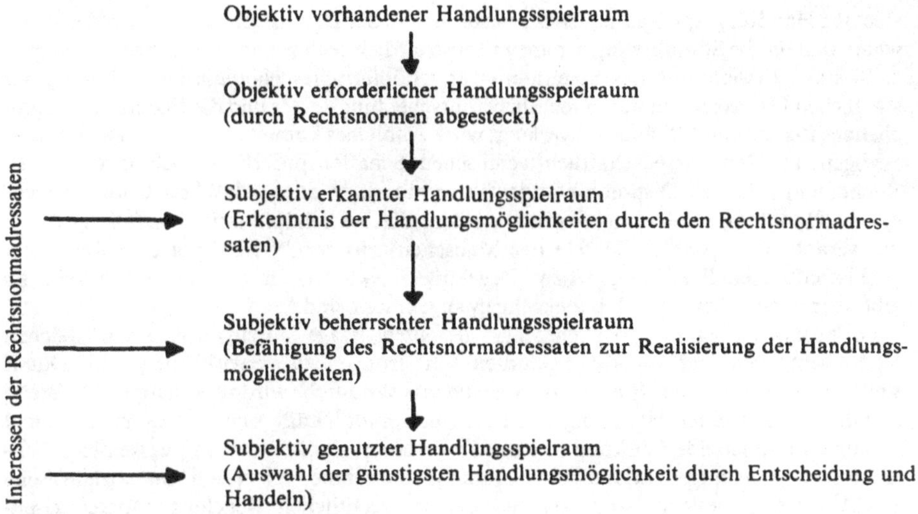

Abb. 3: Gliederung des Handlungsspielraums

sich niemand für eine bestimmte Handlung sachkundig entscheiden, wenn er die geltende Rechtsnorm in der gegebenen rechtlich relevanten Handlungssituation nicht entsprechend berücksichtigt.

Unter wirkungstheoretischem Aspekt ergibt sich daraus das in Abbildung 3 skizzierte Bild. Die Unterteilung des Handlungsspielraumes in Anlehnung an Hacker[22] erlaubt es, u. a. auch in die psychologischen Probleme des Wirkens des sozialistischen Rechts bei der Stimulierung wissenschaftlich-technischer Leistungen einzudringen. Hierbei handelt es sich — und das sei betont — um einen Teilaspekt des Wirkens des Rechts und in diesem Zusammenhang um Stimulierungsfragen unter speziellem Gesichtspunkt. Er ermöglicht aber, die durch Rechte-Pflichten-Statuierung gesetzten Handlungsspielräume in Beziehung zur Erkenntnistätigkeit, zur Fähigkeits- und Qualifikationsebene und zu Entscheidungsprozessen des Rechtssubjekts zu setzen. Dadurch sind zugleich Fragen des engen Verhältnisses zur Verantwortungsproblematik aufgeworfen.

Die Verantwortung ist „die Forderung an jeden Menschen, Konsequenzen seiner möglichen Entscheidung zu überschauen, schädliche Folgen zu verhindern, progressive zu fördern, das auf der Grundlage der Entscheidungen durchgeführte Handeln auszuwerten und Konsequenzen für weiteres Verhalten zu ziehen"[23]. Sie ist eine wesentliche Komponente bei der Erkenntnis und Auswahl vorhandener Handlungsmöglichkeiten sowie bei der Nutzung des subjektiv erkannten und beherrschten Handlungsspielraums durch die Rechtsnormadressaten. Im Hinblick auf den dynamischen Charakter des wissenschaftlich-technischen Fortschritts, der immer neue Entscheidungen verlangt, verstärkt sich die Notwendigkeit der *flexiblen* und jeweils *optimalen* Nutzung der rechtlich abge-

[22] Vgl. W. Hacker, Allgemeine Arbeits- und Ingenieurpsychologie, Berlin 1980, S. 73.
[23] H. Hörz/D. Seidel, Verantwortung — Schöpfertum — Wissenschaft, Berlin 1979, S. 12.

steckten Handlungsspielräume. Dies spiegelt sich in der Diskussion vor allem in der Weise wider, daß für die Stimulierung der am wissenschaftlich-technischen Fortschritt Beteiligten z. B. eine „Erweiterung des Spielraums für schöpferisches Handeln zur Erfüllung der staatlichen Planaufgaben durch rechtliche Entscheidungsfelder und die Fixierung entsprechender Rechte und Pflichten“[24] verlangt wird. Ähnliches kommt zum Ausdruck, wenn — bezogen auf den wissenschaftlich-technischen Schaffensprozeß — betont wird, daß Rechte und Pflichten Disponibilität gewähren müssen,[25] oder, „daß bereits im Normensystem Handlungsspielräume eröffnet werden, die die schöpferische Ausfüllung durch das verantwortungsvolle Handeln der Menschen erfordern“[26]. Es gibt eine Reihe von gesellschaftlichen Beziehungen bzw. Regelungsobjektiven, für die das voll zutrifft. Es gibt aber auch solche, wo Relativierungen angebracht sind.

Grundsätzlich ist von der eingangs gestellten Frage auszugehen, unter welchen Voraussetzungen und wie die genannten Forderungen zu verwirklichen sind. Damit sind zugleich folgende Fragen zu verbinden: Wodurch wird überhaupt die Breite rechtlich abgesteckter Handlungspielräume bestimmt? Läßt sich daraus proportional auf ihre stimulierende Wirkung schließen? Verlangt die Stimulierung wissenschaftlich-technischer Leistungen tatsächlich Handlungsspielräume, die durch das sozialistische Recht weiter abgesteckt sind, als dies bei der rechtlichen Regelung anderer gesellschaftlicher Verhältnisse der Fall ist? Um diese Fragen zu beantworten, sind folgende methodische Ausgangspunkte zu setzen:

In den für die Stimulierung wissenschaftlich-technischer Leistungen wichtigen Sphären werden die Rechtsnormadressaten zu bestimmten Handlungen aufgefordert bzw. werden Handlungen angewiesen, mit denen sie eigenverantwortlich ihre gesellschaftlichen Beziehungen realisieren. Diese Handlungsaufforderungen bzw. -anweisungen verlangen im unterschiedlichen Umfang eigenaktives und schöpferisches Handeln der Rechtsnormadressaten. Dementsprechend sind auch unterschiedliche *Arten von Handlungen* (Verteidigen, Mitwirken, Abstimmen, Zusammenwirken usw.) zu berücksichtigen.

Ein Merkmal der Regelung solcher Handlungsarten ist die Gewährung objektiv erforderlicher Handlungsspielräume unterschiedlicher Breite. Bei der Anwendung des o. a. Schemas auf rechtlich relevante Handlungssituationen sind die Spezifika wissenschaftlich-technischer Arbeit zugrunde zu legen. Auf diese Weise ist es möglich, zu Aussagen über die erforderliche Breite rechtlich abgesteckter Handlungsspielräume zu gelangen. Anhaltspunkte dafür lieferte eine konkrete Analyse ausgewählter Rechtsvorschriften, die Auskunft darüber geben müßte, wie die Gestaltung der rechtlich abgesteckten Handlungsspielräume innerhalb verschiedener Handlungsarten erfolgt. Dabei sollte in Betracht gezogen werden, daß der Handlungsspielraum, „den die Norm dem Adressaten bietet, . . . bei der Pflicht zwar ungleich geringer (ist) als beim Recht, aber er ist doch vorhanden und

[24] D. Seidel/G. Stiller, Wissenschaftlich-technischer Fortschritt und sozialistische Gesetzlichkeit, in: Neue Justiz, 12/1978, S. 518.

[25] Vgl. D. Seidel, Möglichkeiten und Grenzen des sozialistischen Rechts bei der Stimulierung schöpferischer Arbeit auf dem Gebiet des wissenschaftlich-technischen Fortschritts, Berlin 1978, S. 31 (Abhandlungen der AdW der DDR, Veröffentlichungen der Wissenschaftlichen Räte Nr. W 2/1978).

[26] H. Hörz/D. Seidel, Verantwortung — Schöpfertum — Wissenschaft, a. a. O., S. 65.

muß auch durch aktives Tätigwerden, das in verschiedenem Umfang und in verschiedener Qualität erfolgen kann, ausgefüllt werden"[27]

Von entscheidender methodischer und gesetzgeberischer Bedeutung – unter dem Aspekt der konkreten Umsetzung einer übergreifenden rechtlichen Stimulierungskonzeption – scheint uns, die Handlungsarten bei der Stimulierung wissenschaftlich-technischer Leistungen *weiter zu differenzieren* und die erforderliche Breite der jeweilig *zugeordneten* Handlungsspielräume näher zu bestimmen. Ausgehend von den Spezifika wissenschaftlich-technischer Arbeit, sollten auch Möglichkeiten der Bildung von sogenannten Ketten und Querverbindungen rechtlich abgesteckter Handlungsspielräume und unterschiedlicher Handlungsarten diskutiert werden.

5.2.2. Handlungsspielräume, Handlungsarten und ihre rechtliche Gestaltung

Das Spektrum der für Stimulierungsprozesse relevanten Handlungsarten ist sehr breit und nur schwer eingrenzbar Allein für die Forschungsverordnung können – bezogen auf die Aufgabenfindung und -planung – u. a. folgende *Handlungsarten* auf der Ebene der Forschungseinheiten konstatiert werden

- *Mitwirken* bei der Vorbereitung von Z-Plänen,
- *Erarbeiten* von Entscheidungsgrundlagen für Hauptrichtungen und Schwerpunkte der Forschung,
- *Ableiten* von Empfehlungen,
- *Abstimmen* von Forschungsplänen,
- *Anbieten* von Forschungsaufgaben,
- *Verteidigen* der Aufgabenstellung,
- *Zusammenwirken* mit Vertragspartner.

Handlungsarten auf der Ebene der individuellen Rechtssubjekte sind z. B.

- *Mitwirkung* an der Planung,
- *Ableiten* von Empfehlungen aus gesellschaftlichen Erfordernissen,
- *Empfehlen* von Forschungsaufgaben,
- *Vorschlagen* von Forschungsaufgaben für Z-Pläne,
- *Beraten* über Aufgabenstellungen.

Auf Grund der Vielfalt der Handlungsarten macht sich die Konzentration auf ausgewählte Beispiele notwendig. Deshalb sollen einige hier zu erörternde Probleme anhand der Handlungsarten „Mitwirkung an der Planung" und „Verteidigung der Zielstellungen und der Zwischen- und Endergebnisse" exemplarisch behandelt werden

Die Handlungsart „Mitwirken" ist für den gesamten Stimulierungsprozeß von zentraler Bedeutung und verlangt ein hohes Maß an schöpferischem und eigenaktivem Handeln. Wie spiegelt sich das in der rechtlichen Gestaltung der entsprechenden Handlungsspielräume der verschiedenen Rechtsnormadressaten wider?

Zunächst kann festgehalten werden, daß sie sich aus der Verbindung einer Reihe von Rechtsnormen sowie aus deren Konkretisierung in verschiedenen Rechtsformen (Rahmenkollektivverträge [RKV], Betriebskollektivverträge [BKV], Ordnungen usw) ergeben. Sie sind jedoch – bezogen auf die Mitwirkungshandlungen im wissenschaftlich-technischen Bereich – für die individuellen und kollektiven Rechtssubjekte nicht ausreichend aufeinander abgestimmt.

---

[27] K Schwan, Zur Einheit von Rechten und Pflichten der Persönlichkeit im Sozialismus, in Wissenschaftliche Zeitschrift der Martin-Luther-Universität Halle, 1/1982, S. 55

Die kollektiven Rechtssubjekte haben einen relativ breiten Handlungsspielraum bei der Vereinbarung der Art, des Umfangs und der Termine der Mitwirkung an der Planung und Erarbeitung der Leistungen als Handlungsart entsprechend den „spezifischen Bedingungen der wissenschaftlich-technischen Leistung“[28]. Durch die Statuierung bestimmter Mitwirkungspflichten wird der Handlungsspielraum bei der Vereinbarung der Mitwirkung weiter konkretisiert – jedoch nicht eingeengt. Der Handlungsspielraum in bezug auf die Vereinbarung von Mitwirkungspflichten ergibt sich wiederum auch aus den Rechtsnormen anderer spezieller Rechtsvorschriften: Mitwirkungspflicht bei der Ausarbeitung des Pflichtenheftes gemäß §10 der Ersten Durchführungsverordnung zum Vertragsgesetz in Verbindung mit den Rechten und Pflichten, die in der Pflichtenheftverordnung und in der 1. Durchführungsbestimmung zur Pflichtenheftverordnung enthalten sind. Aus der Verbindung der Mitwirkungspflichten ergibt sich der objektiv erforderliche Handlungsspielraum bezüglich der Art, des Umfanges und der Termine der Mitwirkung in den konkreten Handlungssituationen. Aus der Verbindung der Mitwirkungspflichten, z. B. bei der Erarbeitung des Pflichtenheftes und bei den Verteidigungen, ergibt sich der objektiv erforderliche Handlungsspielraum in den konkreten Handlungssituationen. Durch die Verknüpfung und wechselseitige Durchdringung der Rechte und Pflichten werden auf dieser Ebene in gewissem Sinne Handlungsprogramme vorgegeben, deren schöpferische, eigenaktive und verantwortungsbewußte Realisierung das Erreichen der angestrebten Handlungsziele ermöglicht.

Von Belang sind aber auch die Beziehungen zwischen Handlungsspielräumen kollektiver und individueller Rechtssubjekte in bezug auf gleiche Handlungsziele. Bereits bei der Aufzählung einiger Handlungsarten aus der Forschungsverordnung zeigte sich, daß es hier Überlappungen gibt. Dies muß Konsequenzen für das Ineinandergreifen zugeordneter rechtlich abgesteckter Handlungsspielräume haben. Der Handlungsspielraum bezogen auf die Art und den Umfang der Mitwirkung wird durch die arbeitsrechtliche Bestimmung sowohl für die materielle Produktion als auch für den Bereich wissenschaftlich-technischer Arbeit in gleicher Weise abgesteckt. Die *sachliche Differenzierung* der Handlungsart „Mitwirkung“ wird jedoch nicht in der gleichen Weise durch eine entsprechende Konkretisierung der Handlungsspielräume der individuellen Rechtssubjekte Rechnung getragen, wie das auf der Ebene der kollektiven Rechtssubjekte der Fall ist (Mitwirkung entsprechend den spezifischen Bedingungen der wissenschaftlich-technischen Leistung). Gemäß §2 der Pflichtenheftverordnung wird z. B. *eindeutig* das Pflichtenheft als verbindliche Grundlage für die Finanzierung und Stimulierung der wissenschaftlich-technischen Arbeit und für die Leistungsbewertung der Forschung- und Entwicklungskollektive bestimmt. Für die einzelnen Mitglieder dieser Kollektive sowie für ihre gewerkschaftliche Interessenvertretung gibt es hingegen in dieser Verordnung keine der sachlichen Differenziertheit der Mitwirkung bei der Erarbeitung der Pflichtenhefte entsprechende Konkretisierung der Mitwirkungsrechte bzw. -pflichten der Kollektivmitglieder. Eine detaillierte, sachbezogen differenzierte Regelung der Handlungsart „Mitwirkung“ mittels rechtlich abgesteckter Handlungsspielräume von der Ebene der kollektiven Rechtssubjekte bis zur Ebene der individuellen Rechtssubjekte ist also nicht gegeben. Hier liegen noch rechtliche Möglichkeiten, eine entsprechende Interessenlenkung zu bewirken.

Die genannte zweite Handlungsart, „Verteidigung von Zielstellungen, Zwischen- und Endergebnissen“, ist hinsichtlich der Handlungsspielräume in speziellen Rechtsvorschrif-

[28] Vgl. § 10 der 1. DVO zum Vertragsgesetz vom 25. 3. 1982 (GBl. I Nr. 16).

ten durch Rechtsnormenverbindung überschaubar gestaltet. Hier ist vor allem die Erste Durchführungsbestimmung zur Pflichtenheftverordnung zu nennen, die die grundlegenden Verhältnisse bei der Durchführung von Verteidigungen regelt. Sie enthält insbesondere eine konkrete Gestaltung der Handlungsspielräume des Leiters bezüglich zu treffender Entscheidungen und der Zusammensetzung der Verteidigungsgremien (insbesondere bei den Abschlußverteidigungen). Was jedoch fehlt, das ist eine entsprechende Rechte-Pflichten-Korrespondenz in der Beziehung *Leiter-Mitglieder* der Forschungs- und Entwicklungskollektive, insbesondere Vorschlagsrechte für die Mitglieder der Forschungs- und Entwicklungskollektive bei der Eröffnungsverteidigung, bzw. die Pflicht für die Leiter, *alle* Mitglieder dieser Kollektive in die Verteidigung einzubeziehen.

Einer allgemein zu konstatierenden Zunahme von Bewertungsbegriffen in rechtlichen Regelungen entsprechend,[29] werden auch bei der rechtlichen Regelung der Verteidigung von Zielstellungen, Zwischen- und Endergebnissen im Bereich Forschung und Entwicklung *Bewertungsbegriffe* gezielt zur Gestaltung von Handlungsspielräumen der Rechtsnormadressaten eingesetzt, z. B.: Verteidigung vor einem „*sachkundigen Gremium*", Kontrolle des „*zweckentsprechenden und effektiven Einsatzes*" der finanziellen Mittel, Treffen der „*erforderlichen Entscheidungen*", Sicherung einer „*unverzüglichen und umfassenden Nutzung*".[30]

Bewertungsbegriffe und ihre Verwendung bei der rechtlichen Regelung der Stimulierung wissenschaftlich-technischer Leistungen sind deshalb bedeutsam, weil sie einen relativ großen Handlungsspielraum für die Rechtsnormadressaten bieten. Sie setzen hohes gesellschaftliches Verantwortungsbewußtsein der Rechtsnormadressaten voraus und stellen auch hohe Anforderungen an die subjektiven Fähigkeiten, die rechtlich abgesteckten Handlungsspielräume zu beherrschen und zu nutzen. Darüber hinaus haben sie orientierende Funktion bei der Auswahl bestimmter Handlungsvarianten. Dieser Bedeutsamkeit wäre es angemessen, wenn die hier in Rede stehenden Bewertungsbegriffe einer systematischen Analyse hinsichtlich ihrer Eignung für die Gestaltung von Handlungsspielräumen unterzogen würden. Dies könnte einerseits zu einer überschaubaren Zusammenstellung und ggf. Kommentierung geeigneter Bewertungsbegriffe hingeführt werden. Andererseits könnten Schwachstellen und deren Ursachen im System der Bewertungsbegriffe aufgedeckt werden.

Insgesamt ist zu konstatieren, daß sich die weitere Forschung zur Rechte-Pflichten-Gestaltung bezüglich der Breite von Handlungsspielräumen gezielter der Frage zuwenden muß, unter welchen Voraussetzungen und wie bei der Stimulierung wissenschaftlich-technischer Leistungen weitere oder engere Handlungsspielräume gewährleistet werden müssen. Je nach der Handlungsart, der konkreten Handlungsvorgabe und den außerrechtlichen Bedingungen des Entscheidens und Handelns kann im Vordergrund stehen, Handlungsspielräume breiter zu gestalten oder einzuengen bzw. mangels handhabbarer Kriterien entstandene Handlungsspielräume zu differenzieren. Die Praxis zeigt, daß die Breite rechtlich abgesteckter Handlungsspielräume nicht direkt proportional zu ihrer stimulierenden Wirkung ist. Sie zeigt aber auch, daß eine überschaubare und abgestimmtere Regelung in den einzelnen Rechtsvorschriften dazu beitragen kann, daß die objektiv er-

---

[29] Vgl. R. Svensson, Was ist, soll und kann die Konkretisierung?, in: Staat und Recht, 10/1982, S. 896.

[30] Vgl. §§ 6, 7 der 1 DB zur Pflichtenheftverordnung vom 23. 11. 1983 (GBl. I Nr. 36).

forderliche Handlungsspielräume durch die Rechtsnormadressaten schneller erkannt und effektiver genutzt werden können, d. h., daß der rechtlich geregelte Spielraum schneller zum subjektiv ausgefüllten Handlungsspielraum wird.

5.2.3. Zur Bedeutung von Rechtsformen der Konkretisierung für die Gestaltung von Handlungsspielräumen

Als Rechtsformen werden im folgenden jene Rechtsakte im Prozeß des Wirkens des sozialistischen Rechts verstanden, die auf der Grundlage von Rechtsnormen zur Konkretisierung derselben ergehen und unterschiedliche Abstraktionsgrade aufweisen.[31] Hierbei geht es vor allem um jene Leitungsentscheidungen (als Rechtsakte), „die für die Gestaltung des Wirkungsprozesses des sozialistischen Rechts unentbehrlich sind und die zwischen Rechtsnorm und Individualakt liegen".[32] Sie sind von entscheidender Bedeutung für die Wirksamkeit der rechtlichen Stimulierungsregelung, nicht zuletzt deshalb, weil sie für die Konkretisierung entsprechender Rechtsnormen in diesem Bereich breiten Handlungsspielraum gewähren. Dies ist damit verbunden, daß vom Rechtsanwender ein hohes Maß an Eigenverantwortung vor allem auch hinsichtlich der inhaltlichen Abstimmung solcher Rechtsformen verlangt wird.

Als Rechtsformen der Konkretisierung sind im Zusammenhang mit der hier behandelten Thematik vor allem zu nennen:

a) *Rahmenkollektivverträge*

Der Rahmenkollektivvertrag nimmt innerhalb der Rechtsformen eine Sonderstellung ein. Er ist verbindliche Rechtsgrundlage für alle weiteren im Rahmen des Arbeitsrechts ergehenden Konkretisierungen. Rahmenkollektivverträge im Bereich der Wirtschaft sind verbindlich für alle Kombinate und Betriebe des jeweiligen Ministeriumbereichs, für den der Vertrag abgeschlossen wurde. In diesem Bereich erfaßt er demnach einen relativ breiten Kreis kollektiver Rechtssubjekte. Der Rahmenkollektivvertrag, der für die AdW gültig ist, bezieht sich dagegen nur auf ein kollektives Rechtssubjekt.

---

[31] Der Begriff „Rechtsform" wird in der rechtswissenschaftlichen Literatur in sehr unterschiedlicher Weise verwendet. So z. B. in: — Marxistisch-leninistische allgemeine Theorie des Staates und des Rechts, Bd. 4, Berlin 1976: Rechtsform als Korrelativ zum Inhalt des Rechts (S. 52f.), zur Bezeichnung der Form, in der sich Rechtsnormen äußern — der Normativakte, zur Bezeichnung „eines bestimmten Zusammenhangs zwischen den Rechtsnormen selbst, ihres Systems usw. (S. 252f.);

— Marxistisch-leninistische Staats- und Rechtstheorie, Lehrbuch, Berlin 1980: Als Korrelativ zum Inhalt des Rechts: „Die Form des Rechts kennzeichnet die Art und Weise, wie ... (dem staatlichen) Willen (der herrschenden Klasse) juristisch Ausdruck verliehen wird" (S. 108, 222); zur Bezeichnung des Rechtscharakters von Vereinbarungen zwischen den sozialistischen Staaten im Rahmen der sozialistischen ökonomischen Integration (S. 643f.);

— Autorenkollektiv, Objektive Gesetze—Recht—Handeln, Berlin 1979: zur Bezeichnung von juristischen Elementen im Prozeß des Wirkens des sozialistischen Rechts wie Verträge, betriebliche Einzelentscheidungen usw. (S. 47);

— Autorenkollektiv, Wirksamkeit des Wirtschaftsrechts, Berlin 1979: zur Bezeichnung von Akte „eigenverantwortlicher Entscheidungstätigkeit, die auf die Begründung und Gestaltung bzw. Änderung oder Aufhebung konkreter Rechtsverhältnisse abzielt" (S. 119).

[32] R. Svensson, Was ist, soll und kann die Konkretisierung des sozialistischen Rechts?, in: Staat und Recht, 10/1982, S. 890.

b) *Betriebskollektivverträge*

c) *Entscheidungen mit normativem Charakter* (Arbeitsordnungen, Richtlinien usw.)

Diese Rechtsformen bilden die rechtliche Entscheidungsgrundlage auf den verschiedenen Leitungsebenen der kollektiven Rechtssubjekte. Im folgenden geht es speziell nur um jene Rechtsformen, die innerhalb von Wirtschafts- und Wissenschaftsorganisationen Anwendung finden und das Problem der Verbindung von Wissenschaft und Industrie berühren.

Beispielhaft für die in Wissenschaftsorganisationen wirkenden Rechtsformen staatlicher Rechtsanwendung seien die der Akademie der Wissenschaften der DDR genannt. Dabei handelt es sich um die Geschäftsordnung, die Institutsordnungen, die Verfahrensordnung zur Verleihung akademischer Grade, die Auszeichnungsordnungen, die Richtlinien für Veröffentlichungen im Akademie-Verlag, die Publikationsordnung — Regelungen, die der Präsident zur Durchführung und Anwendung von Rechtsvorschriften in Konkretisierung des Statuts der AdW[33] erläßt. In der Kombinatsverordnung sind Kombinatsordnungen (§ 29 Abs. 5) und Betriebsordnungen (§ 29 Abs. 5, § 32 Abs. 4) als Rechtsformen staatlicher Rechtsanwendung verankert. Diese Ordnungen beziehen sich in der Praxis auf vielfältige Regelungsinhalte.[34]

Im Zusammenhang mit den Rechtsformen, die innerhalb von kollektiven Rechtssubjekten wirken, müssen auch jene Rechtsformen gesehen werden, die das wechselseitige Zusammenwirken verschiedener kollektiver Rechtssubjekte bei der Erarbeitung und Überleitung wissenschaftlich-technischer Leistungen zum Inhalt haben. Soweit es sich um wissenschaftliche Einrichtungen handelt, die Bestandteil eines Kombinats sind, werden ihre Beziehungen zur Produktion im wesentlichen von der innerhalb des Kombinats wirkenden Rechtsform geregelt. Anders verhält es sich jedoch bei den Beziehungen des Kombinats zu nicht dem Kombinat angehörenden Wissenschaftsorganisationen, gemeint ist der Bereich der Kooperation zwischen Wissenschaft und Produktion. So haben sich zwischen der Akademie der Wissenschaften der DDR und den Kombinaten *Verträge* als Rechtsformen der Leitung der Kooperationsbeziehungen ausgeprägt.

Zunächst ist davon auszugehen, daß verschiedene wirtschaftsvertragliche Rechtsformen in diesem Bereich Anwendung finden. Eine besondere Stellung nehmen dabei die *Koordinierungsvereinbarungen* ein, die zwischen der Akademie der Wissenschaften und zentralen Staatsorganen über die Zeitdauer eines Fünfjahrplanes abgeschlossen werden.[35] Solche Koordinierungsvereinbarungen sind als spezielle Rechtsformen staatlicher Rechtsanwendungen innerhalb des Kooperationsbereichs Wissenschaft — Produktion anzusehen.

Die genannten Rechtsformen der Konkretisierung sind in zweierlei Hinsicht für die Wirksamkeit der Stimulierung bedeutsam. Zum einen werden mit ihnen Handlungsspiel-

---

[33] Vgl. Statut der Akademie der Wissenschaften der DDR — Beschluß des Ministerrates vom 28. 6. 1984 (GBl. I Nr. 19, S. 241).

[34] Vgl. dazu ausführlich: Autorenkollektiv, Wirksamkeit des Wirtschaftsrechts, a. a. O., S. 216ff., insbes. S. 223ff.; Autorenkollektiv, Leitung und Organisation in Kombinationsbetrieben — Rechtsfragen, a. a.O., S. 125ff.; K. Hildebrandt/M. Kensy, Ordnungen — wichtige Leitungsmittel bei der Rechtsverwirklichung in den Kombinanten, in: Neue Justiz, 1/1981, S. 11.

[35] Vgl. R. Klar, Die Rolle des Wirtschaftsvertrages bei der Vertiefung der Zusammenarbeit zwischen den Einrichtungen der Akademie der Wissenschaften der DDR und den Kombinaten, in: Wirtschaftsrecht, 1/1981, S. 35.

räume konkreter abgesteckt. Das erfolgt in erster Linie in den Entscheidungen mit normativem Charakter durch konkrete Festlegung von Rechten und Pflichten für bestimmte Aufgabenbereiche (z. B. Arbeitsordnungen, Funktionspläne). Zum anderen werden die rechtlichen Regelungen zu materiellen und ideellen Stimuli und zur Schaffung stimulierender Bedingungen, bezogen auf den jeweiligen Anwendungsbereich, weiter konkretisiert. Das geschieht vor allem in den o. g. Rahmen- und Betriebskollektivverträgen.

Eine wesentliche Rolle spielen dabei auch Rechtsformen, die in den Rechtsnormen nicht ausdrücklich als solche ausgewiesen sind. Im Rahmen unserer Untersuchungen zeigte sich z. B., daß in einigen Instituten Ordnungen zur Leistungsbewertung existierten, in denen u. a. die Vergabe von Institutspreisen geregelt war. Diese Regelungen erwiesen sich als stimulierungswirksam. In anderen Instituten existierten solche Ordnungen nicht.

Damit verbunden ist eine grundlegende Voraussetzung für die Wirksamkeit von Rechtsformen der Stimulierung angesprochen, nämlich ihre aufeinander abgestimmte Verwirklichung.[36] Jede Rechtsform hat zwar — für sich genommen — ihre eigenständige Bedeutung für die Konkretisierung der Rechtsnormen zur Stimulierung, ihre stimulierende Wirksamkeit kann sie jedoch nur in ihrem Konnex zu anderen Rechtsformen entfalten; nicht zuletzt deshalb, weil dann das Verhältnis der jeweils notwendigen Handlungsspielräume sinnvoller zu gestalten ist. Dabei ist auch zu berücksichtigen, daß in den Rechtsnormen nur die grundlegenden Zielrichtungen der anzuwendenden Rechtsformen enthalten sind. Für den Rechtsanwender ist es also erforderlich, die Rechtsform inhaltlich den spezifischen Bedingungen anzupassen. So zeigt sich zuweilen bei der kooperativen Bearbeitung von wissenschaftlichen Aufgaben, z. B. durch Wissenschaftseinrichtungen und Kombinate, daß unterschiedliche Prinzipien und Mittel der Stimulierung eingesetzt werden.[37] Ansätze zur Beseitigung solcher Unterschiede setzen aber entsprechende Handlungsspielräume der beteiligten Rechtssubjekte voraus.

Die Rechtsformen, die eine konkrete Aufschlüsselung und detailliertere Festlegungen zur Stimulierung wissenschaftlich-technischer Leistungen enthalten, besitzen in der Regel keine Rechtswirkung außerhalb des kollektiven Rechtssubjekts. Es existiert indes kein juristischer Kontrollmechanismus, der ihre inhaltliche Zielstellung und Abgestimmtheit durchgängig gewährleisten kann. Deshalb hängt ihre Wirksamkeit für die Stimulierung und die Gestaltung von Handlungsspielräumen in starkem Maße von der Wahrnehmung der Eigenverantwortung der Rechtssubjekte bei der inhaltlichen Gestaltung dieser Rechtsformen ab. Ein Problem stellt in diesem Zusammenhang die ständige Aktualisierung dieser Rechtsformen dar. Das Wirken konkretisierender Rechtsformen als Ausgangspunkt nehmend, müßte auf ihren gezielten Einsatz bei der Verwirklichung neu statuierter Rechtsnormen bereits bei der Rechtsetzung orientiert werden. Ein Weg zur Durchsetzung einer einheitlichen Konzeption in bezug auf die Stimulierung wissenschaftlich-

---

[36] Vgl. H. Dettenborn, Zu einigen Erscheinungsformen des Verhältnisses von Rechtsbildung und Wirken des Rechts bei der Stimulierung schöpferischer Leistungen im wissenschaftlich-technischen Fortschritt, in: K. A. Mollnau (Hrsg.), Einflüsse des Wirkens des Rechts und seiner gesellschaftlichen Wirksamkeit auf den sozialistischen Rechtsbildungsprozeß des IV. Berliner rechtstheoretischen Symposiums, Berlin 1982, S. 122 (Konferenzmaterial).

[37] Probleme bei der Wirksamkeit materieller Stimulierung zeigten sich diesbezüglich im AIK „Arzneimittelforschung" — (vgl. G. Bauer/H. G. Krey, Der Akademie-Industrie-Komplex „Arzneimittelforschung", Berlin 1978, S. 28 (Abhandlungen der AdW der DDR, Veröffentlichungen der Wissenschaftlichen Räte Nr. W 2/1978).

technischer Leistungen könnte darin bestehen, daß in den Normativakten, die neue Festlegungen zur Stimulierung enthalten,[38] gleichzeitig die Verantwortung für die weitere inhaltliche Konkretisierung und Abstimmung mit anderen gültigen Stimulierungsregelungen festgelegt wird.

Anlage

Folgende Rechtsvorschriften wurden zugrunde gelegt

- Verordnung (VO) über die Förderung der Tätigkeit der Neuerer und Rationalisatoren in der Neuererbewegung – Neuerer-VO – vom 22. 12. 1971 (GBl. II 1972 Nr. 1, S. 1)
- Erste Durchführungsbestimmung zur Verordnung (1. DB zur VO) über die Leitung, Planung und Finanzierung der Forschung an der Akademie der Wissenschaften der DDR und an Universitäten und Hochschulen – Bildung und Tätigkeit wissenschaftlicher Räte – vom 17. 3. 1975 (GBl. I Nr. 15, S. 293)
- VO über die volkseigenen Kombinate, Kombinatsbetriebe und volkseigenen Betriebe – vom 8. 11. 1979 (GBl. I Nr. 38, S. 355)
- Anordnung (AO) zur Bereitstellung von Informationen über wissenschaftlich-technische Ergebnisse – vom 20. 6. 1979 (GBl. I Nr. 19, S. 164)
- VO über das Pflichtenheft für Aufgaben der Forschung und Entwicklung – Pflichtenheftverordnung – vom 17. 12. 1981 (GBl. I 1982 Nr. 1, S. 1)
- AO über die Rahmen-Richtlinie für die Ermittlung, Planung, Kontrolle und Abrechnung der Effektivität der Maßnahmen des wissenschaftlich-technischen Fortschritts – vom 5. 2. 1982 (GBl. I Nr. 8, S. 165)
- Gesetz über das Vertragssystem in der sozialistischen Wirtschaft – Vertragsgesetz – vom 25. 3. 1982 (GBl. I Nr. 14, S. 293)
- 1. DVO zum Vertragsgesetz – Wirtschaftsverträge über wissenschaftlich-technische Leistungen – vom 25. 3. 1982 (GBl. I Nr. 16, S. 325)
- VO über die Arbeit mit Schutzrechten – Schutzrechtsverordnung – vom 31. 1. 1980 (GBl. I Nr. 7, S. 49)
- 3. DB zur Schutzrechtsverordnung – Besondere Anerkennung für die Erarbeitung und Überleitung von Erfindungen – vom 2. 3. 1978 (GBl. I Nr. 7, S. 102)
- Beschluß über Maßnahmen zur Förderung der Erfindertätigkeit – Auszug – vom 2. 3. 1978 (GBl. Nr. 7, S. 101)
- Beschluß über die Ordnung für die Arbeit mit Staatsaufträgen Wissenschaft und Technik – Auszug – vom 18. 2. 1982 (GBl. I Nr. 9, S. 181)
- VO über die weitere Vervollkommnung der wirtschaftlichen Rechnungsführung auf der Grundlage des Planes – vom 28. 2. 1982 (GBl. I Nr. 3, S. 85)
- DB zum Vertragsgesetz – Fristen zum Abschluß von Leistungsverträgen – vom 21. 7. 1982 (GBl. Nr. 29, S. 531)
- 1. DB zur Pflichtenheftverordnung – vom 23. 11. 1983 (GBl. I Nr. 36, S. 381)
- AO über die Anwendung der wirtschaftlichen Rechnungsführung in der Forschung und Entwicklung – vom 23. 11. 1983 (GBl. I Nr. 36, S. 387)

---

[38] Vgl. dazu: Anlage zum Beschluß über die Ordnung für die Arbeit mit Staatsaufträgen Wissenschaft und Technik vom 18. 2. 1982 (GBl. I Nr. 9).

6. Gewährleistung der sozialistischen Gesetzlichkeit – eine Grundbedingung der Stimulierung wissenschaftlich-technischer Leistungen durch das Recht

6.1. Die Stimulierung wissenschaftlich-technischer Leistungen als Gesetzlichkeitsproblem

Die Gewährleistung der sozialistischen Gesetzlichkeit ist eine wesentliche Voraussetzung für effektive Stimulierung wissenschaftlich-technischer Leistungen. Das gilt besonders in zweierlei Beziehung. Zum einen ist die Stimulierung solcher Leistungen selbst ein Feld der Durchsetzung und Einhaltung der Gesetzlichkeit. Zum anderen kann Mißachtung der Gesetzlichkeit insgesamt, d. h. auch im Umfeld der Stimulierung, die Wirksamkeit adäquater Regelungen zur Stimulierung mindern, ihre effektive Anwendung hemmen.

Zunächst zur Stimulierung wissenschaftlich-technischer Leistungen als einem Gesetzlichkeitsproblem. Die hier auftretenden Probleme und Widersprüche sind um so effektiver zu lösen, je fundierter und handlungswirksamer die Maßstäbe und Prinzipien, das politische und staatliche Konzept der sozialistischen Gesetzlichkeit in diesem Bereich ausgearbeitet und umgesetzt werden. Eine zweite Voraussetzung ist ein hochentwickeltes politisches und darin eingeschlossen rechtliches Bewußtsein der beteiligten Werktätigen. Mängel innerhalb dieser Voraussetzungen stehen oft damit in Verbindung, wenn Klagen über einen Gegensatz von Gesetzlichkeit und Zweckmäßigkeit, von rechtlichen Forderungen und gesellschaftlichen Erfordernissen, von Recht und Ökonomie anzutreffen sind. Nicht selten spielt hier die Unterschätzung des Rechts als falscher ideologischer Ausgangspunkt eine Rolle. Die bedeutsame Rolle und der hohe Stellenwert des sozialistischen Rechtsbewußtseins gerade von *Leitern* in den Betrieben und Kombinaten sind an dieser Stelle besonders hervorzuheben. Positive Erscheinungen in diesem Bereich gehören zu den Voraussetzungen des Erreichten. Es zeigen sich aber auch Widersprüche zwischen erklärter ideologischer Position zum Recht und z. B. den tatsächlichen *Rechtskenntnissen* als einer Grundbedingung, um Gesetzlichkeit einzuhalten *und* durchzusetzen.

So wurden Leiter in einer Untersuchung[1] mit zunächst globaleren Fragen gebeten, ihre Haltungen zum Recht einzuschätzen. Dabei zeigte sich, daß die Mehrzahl der Befragten das Recht als Hilfsmittel des Leiters betrachtete und ihre Rechtskenntnisse als positiv einschätzte. Dem stehen jene Antworten gegenüber, die zu Fragen nach *konkreten* Kenntnissen über rechtliche und betriebliche normative Regelungen gestellt wurden, die nicht

[1] K. Tele, Zur Arbeitsweise betrieblicher Leiter bei der Vorbeugung und Bekämpfung von Rechtsverletzungen im Rahmen wirtschaftlicher Leitungsentscheidungen. Diplomarbeit, Leipzig 1983 (unveröffentlicht).

so positiv ausfielen. So konnte z. B. die Kenntnis der Bestimmungen der Kombinatsverordnung, des Vertragsgesetzes und der Funktionspläne nicht befriedigen. Eine Frage nach Kenntnis des Beschlusses zur Verbesserung der Rechtsarbeit in der Volkswirtschaft ergab ein ähnliches Bild, wohingegen die Frage nach der Wirksamkeit dieses Beschlusses für die Gewährleistung von Ordnung, Disziplin, Sicherheit und Gesetzlichkeit sowie für die Vorbeugung von Rechtsverletzungen von der Mehrzahl der Leiter, denen er bekannt war, positiv bewertet wurde.

Bei der Auswertung einer Frage nach den konkreten Rechten und Pflichten des betreffenden VEB zur Gewährleistung von Ordnung, Disziplin, Sicherheit und Gesetzlichkeit sowie bei der Vorbeugung und Bekämpfung von Rechtsverletzungen zeigte sich, daß die Mehrzahl der Befragten unzureichend über deren Bedeutung informiert war. Insbesondere wurde die Verbindung dieser Rechte und Pflichten zur ökonomischen Funktion des Betriebes, zu seiner Stellung als sozialistische Wirtschaftsorganisation häufig verkannt. Das zeigt, daß im Bewußtsein mancher Leiter noch eine formale Trennung dieser Aufgabenbereiche vorgenommen wird und die Rolle von Ordnung, Sicherheit, Disziplin und Gesetzlichkeit sowie der Vorbeugung von Rechtsverletzungen noch nicht in vollem Maße erkannt und genutzt wird.

Bei der Frage nach den Gründen für eine ungenügende Wirksamkeit rechtlicher Regelungen wurde vor allem die *Art der Regelung* bemängelt. Im einzelnen wurden folgende Faktoren genannt:

- Verstreutheit der Regelungen zum gleichen Regelungsgegenstand;
- eingeschränkter eigenverantwortlicher Spielraum für sachkundige Leitungsentscheidungen;
- fehlende konkrete Fixierung der Verantwortung in den Regelungen;
- ungenügend entwickelte Einheit von Rechten und Pflichten in den rechtlichen Regelungen.

Damit werden alles in allem sehr grundsätzliche Zusammenhänge zwischen der Qualität des sozialistischen Rechts, einem hohen und weiterzuentwickelnden Standard sozialistischen Rechtsbewußtseins und der Funktion der sozialistischen Gesetzlichkeit bei der Lösung jener Aufgaben sichtbar, die in Verbindung mit der forcierten Erarbeitung, Überleitung und Nutzung wissenschaftlich-technischer Leistungen stehen. Die entscheidenden Fragen der Erhöhung der Wirksamkeit des sozialistischen Rechts auf diesem speziellen Gebiet sind an jenen Punkten zu lösen, wo die ökonomischen, sozialen, staatlich-rechtlichen und ideologischen *Wirkungskomponenten in ihrer Einheit* erfaßt und in einheitlich wirkender Richtung gestaltet werden.

Dabei darf nicht verkannt werden, daß es auch Erscheinungsformen scheinbar gesetzlichen Handelns gibt, die in Wirklichkeit der sozialen Zielsetzung des sozialistischen Rechts widersprechen bzw. ungesetzlich sind. Dazu zählt z. B., daß wissenschaftlich-technische Leistungen zurückgehalten und „scheibchenweise" angeboten werden, um ein Vielfaches an Stimulierungsmitteln zu erzielen. Ferner gehören die zuweilen formalen „Abarbeitungen" rechtlicher Forderungen hierzu, die in Wahrheit zu Rückversicherungspapieren werden und bei denen die angezielten gesellschaftlichen Resultate trotz scheinbar „gesetztreuen Arbeitens" auf der Strecke bleiben, so z. B., wenn bei der Gestaltung und Abrechnung von Pflichtenheften nur mehr oder weniger unkonkrete, kaum echte Zwänge und positive wie negative Konsequenzen erkennbar sind. Ein anderes Beispiel sind manche Neuerervereinbarungen, die dem Wortlaut des Gesetzes durchaus entsprechen, in Wahrheit aber sein Mißbrauch aus Form und Inhalt bei konsequenter Prüfung unschwer zu erkennen ist (so z. B., wenn „Strohmänner" in die Vereinbarung hineingenommen, Arbeitsaufgaben vernachlässigt und über Neuererleistungen erbracht werden).

Engstens mit dem Problem der Gesetzlichkeit in der Stimulierungspraxis verbunden sind ferner die *Verbindlichkeit und Durchsetzung* von „Anspruchsgrundlagen" bei in Aussicht gestellten, gesetzlich vorgesehenen bzw. im Rahmen betrieblicher Regelungen fixierten Stimuli *bei erbrachter Leistung*. Hier gibt es vielfältige Erfahrungen in der Praxis. Neben äußerst positiven Erfahrungen bei der Durchsetzung von Ansprüchen zeigt sich, daß in manchen Einrichtungen dabei ernsthafte Probleme auftreten. Ein Blick auf die Rechtsprechung zur Vergütung von Neuerer- und Erfinderleistungen betätigt das. Dabei spielen unterschiedliche Gründe eine Rolle. Nicht selten spiegeln sich z. B. Versäumnisse in der Leitungstätigkeit auf dem Gebiet der Neuerer- und Erfindertätigkeit wider, die dann dadurch „korrigiert" werden sollen, daß Ansprüche nicht gewährt oder Anspruchsgrundlagen bestritten werden. Gerade darin liegt aber ein Gesetzlichkeitsproblem ersten Ranfes, das von Einfluß auf die Effektivität des Rechts bei der Stimulierung wissenschaftlich-technischer Leistungen ist.

Unbeschadet gewisser Mängel in der Leitungsarbeit bestimmter Betriebe und auch unbeschadet durchaus anzutreffender überspitzter Forderungen einzelner Werktätiger — beides verstößt in den meisten Fällen gegen das sozialistische Recht und ist zu überwinden — kommt es darauf an, die rechtlichen Anspruchsgrundlagen *eindeutig* und *unmißverständlich* in allen Bereichen, in denen wissenschaftlich-technische Neuerungen zu erarbeiten und zu stimulieren sind, *auszugestalten* und ihren Vollzug *rechtlich* zu sichern. Es muß ein insgesamt hoher Grad an Rechtssicherheit und Rechtsbewußtsein auf diesem Gebiet erreicht werden.

Allen bisher erörterten Ergebnissen, Tatsachen und Beispielen ist gemeinsam, daß jeweils sofort die Frage der Wirksamkeit des Rechts insofern prinzipiell angesprochen ist, daß wichtige Ziele und Effekte von Regelungen erreicht oder nicht erreicht werden. Neben Faktoren im Bewußtseinsbereich und der Qualität der Leitungstätigkeit spielen dabei häufig auch Anforderungen an die Gestaltung und die offenbar zu gering ausgeprägte Zwangsläufigkeit des Rechts im Befolgungs- wie im Nichtbefolgungsfalle eine Rolle. Es mangelt an konkreten Festlegungen, an entsprechenden Rechten und Pflichten, die bessere Voraussetzungen für staatliche Einflußnahme, rechtliche Verantwortlichkeiten und Kontrolle bieten. Das geht hin bis zur Notwendigkeit, auch über die rechtliche Gestaltung von Vor- und Nachteilen, von Zwängen und Verantwortlichkeiten, über die Gestaltung von Handlungsspielräumen mit entsprechenden Kompetenzen usw., zu sichern, daß heute noch von manchen Leitern und Leitungen akzeptierte negative ökonomische und andere Folgen technisch rückständiger Verfahren und Produktionsweisen sich künftig als schmerzlicher und gefährlicher erweisen müssen als bestimmte Schwierigkeiten und auch Einbußen im Zusammenhang mit der gesellschaftlichen Nutzung neuer wissenschaftlich-technischer Erkenntnisse und Verfahren.[2]

In den genannten Erscheinungen liegt das eigentliche Kampffeld der Durchsetzung der sozialistischen Gesetzlichkeit, die wiederum nicht isoliert und durch Einzelmaßnahmen erreichbar ist, sondern nur innerhalb eines Systems staatlich-rechtlicher, ökonomischer

---

[2] Vgl. W. P. Rassochin, Das Problem der Überleitung wissenschaftlicher Errungenschaften als Lösung der Widersprüche zwischen Wissenschaft und Produktion, in: W. Linden (Hrsg.), Wissenschaftlich-technischer Fortschritt — Sozialistisches Recht, Teil II, Halle 1981, S. 126 (Konferenzmaterial).

und ideologischer Einflußnahme, das Leitung, Planung und Stimulierung insgesamt erfaßt und den komplizierten Spezifika der schöpferischen Arbeit gerecht wird. Bei aller Kompliziertheit dieser Prozesse gilt aber auch, daß sich revolutionäre sozialistische Gesetzlichkeit nicht damit begnügen kann, Bestehendes zu bewahren und Angriffe abzuwehren, wiewohl beides von außerordentlicher Bedeutung ist. Die sozialistische Rechtsordnung muß die Erfordernisse der Zukunft durch aktives schöpferisches Handeln der Arbeiterklasse und der Werktätigen zielstrebig verwirklichen helfen. Dies aber ist nur möglich, wenn, wie Lenin dies in seinen Arbeiten immer wieder betont hat, der objektive Prozeß und die subjektiven Realisierungsbedingungen in Einheit erfaßt werden, wenn die politischen, ökonomischen, sozialen Ziele und die Ziele des Rechts konform gehen, wenn die Dynamik des Kampfes der Arbeiterklasse für sozialen Fortschritt und darin eingeschlossen der wissenschaftlich-technische Fortschritt auch in der Dynamik des sozialistischen Rechts Verwirklichung findet.[3]

6.2. Umfassende Gesetzlichkeit und effektive Stimulierung mittels Recht

Die Gewährleistung der Gesetzlichkeit bei der Anwendung und Verwirklichung rechtlicher Regelungen, die direkt auf die Stimulierung gerichtet sind, ist als eine Voraussetzung effektiver Stimulierung behandelt worden. Nicht minder wichtig ist die Gewährleistung der Gesetzlichkeit bei der Anwendung und Verwirklichung solcher rechtlicher Regelungen, die im *Umfeld der Stimulierung* wirken. Einige Beispiele dieser Art seien hier genannt. Dabei sind durchaus heterogene Teilaspekte in den verschiedenen Schritten der Erarbeitung, Überleitung und Nutzung wissenschaftlich-technischer Leistungen berührt.[4]

Zu den Schwerpunkten der Gewährleistung der Gesetzlichkeit, die hier berührt sind, gehört z. B. die Profilierung und strikte Durchsetzung der sozialistischen *Preispolitik* und des sozialistischen *Preisrechts*, einschließlich der Verhinderung von Preismanipulationen. Dabei geht es vor allem darum, daß — wie Praxisuntersuchungen zeigen — Verletzungen der Gesetzlichkeit in diesem Bereich, z. B. unreale Ansätze und Manipulierungen im Preis-Leistungs-Verhältnis, einseitig oder fehlerhaft gestaltete Preisbildungsprinzipien, Umgehungen von preisrechtlichen Vorschriften empfindliche Folgen für den gesamten Prozeß der effektiven Nutzung wissenschaftlich-technischer Leistungen haben können. Das ist im Bereich des Bauwesens z. B. der Fall, wenn mit Hilfe von „Neuerervorschlägen" Mängel in der Technologie „ausgebügelt" werden, was sich zudem noch vorteilhaft für den Betrieb und die betreffenden Werktätigen, die die Mängel mit- oder allein verursachten, auswirken kann. Das ist weiter der Fall, wenn etwa im Zusammenhang mit einer Reduzierung von Masse eine Preisreduzierung einhergeht,[5] weil der Preis wesentlich

---

[3] Vgl. u. a.: W. I. Lenin, Entwurf des Programms der KPR (B), in: W. I. Lenin, Werke, Bd. 29, Berlin 1961, S. 81

[4] Zu den ökonomischen Anforderungen in diesem Prozeß, insbesondere zur Herstellung von Ware-Geld-Beziehungen vgl. Kombinate vergrößern ihren Beitrag zur Erfüllung der Beschlüsse des X. Parteitages, Berlin 1982 (Schlußwort von G. Mittag).

[5] Was z. B. im Gegensatz zu § 29 der Verordnung über die weitere Vervollkommnung der wirtschaftlichen Rechnungsführung auf der Grundlage des Planes vom 28. 1. 1982 (GBl. I Nr. 3) stehen würde, wo Preisabschläge bei ungünstigem Masse-Leistungs-Verhältnis vorgeschrieben werden.

auf der Basis „Masse“ gebildet und demgemäß eine Negativstimulierung nahezu zwangsläufig eintritt; und das ist schließlich der Fall, wo Kalkulationspreise auf Grund des Fehlens zentraler Normative gebildet werden und damit in einer Reihe von Fällen einseitigen bis direkt manipulativen Vorgehensweisen Raum geboten wird. Es ist daher erforderlich, in zunehmendem Maße die stimulierende Funktion der Preise in den Mittelpunkt der Leitungsarbeit zu stellen, und zwar der zentralen Organe ebenso wie der Betriebe und Kombinate, der Kontrollorgane im gleichen Maße wie der mit der Preisarbeit befaßten gesellschaftlichen Gremien.

Ein anderer, hier einzuordnender Bereich ist die Bewertung riskanter Entscheidungen und Handlungen durch das Recht. In der *Bewertung des Risikos* konkretisiert das sozialistische Recht seine grundlegende Position zum wissenschaftlich-technischen Fortschritt und seiner gesellschaftlichen Nutzbarmachung. Unter dem Aspekt der Gesetzlichkeit gilt es festzustellen:

Die Frage, ob risikobehaftete Entscheidungen und Handlungen gerechtfertigt sind, ist im Kern die Frage danach, ob ein in Rede stehendes menschliches Handeln als *verantwortungsvoll* oder *verantwortungslos* zu qualifizieren ist. Wir haben es also bei der gesellschaftlichen und rechtlichen Betrachtung von Entscheidungen unter Risiko prinzipiell mit Grundfragen der Bewertung menschlichen Handelns zu tun. Das heißt, für alle Entscheidungen und Handlungen gilt:

- Die alte Formel vom Erfolg, der angeblich stets Recht gibt, hat sich unter sozialistischen Bedingungen als unbrauchbar erwiesen;
- die durchaus noch vorherrschende Position, daß absolute Sicherheit das einzig zulässige seien, ist und bleibt eine Illusion,
- die ausschließliche Bindung von Lob oder Tadel, von Prämie oder Strafe an nicht selten nur vordergründige wissenschaftlich-technische Resultate oder Wettbewerbspunkte mißachtet geradezu die mit wissenschaftlich-technischen Fortschrittsprozessen verbundenen Langzeitwirkungen und Wertungen.

Entsprechend geht § 169 des Strafgesetzbuches (StGB) ausdrücklich davon aus, daß „eine verantwortungsbewußte Prüfung aller die Handlung betreffenden Umstände“ zu erfolgen hat und das Verursachen partieller Schäden für die Gesellschaft dann irrelevant ist, wenn eine positive gesellschaftliche Zielstellung mit hoher Wahrscheinlichkeit durchsetzbar erscheint.

Das jede riskante Handlung bestimmende Verhältnis zwischen den erstrebten volkswirtschaftlichen oder gesellschaftlichen Werten und denjenigen, die dabei u. U. begrenzt in Gefahr gebracht werden, läßt relativ fest umrissene und starre Parameter für die Bestimmung des sozialen Wesens des gerechtfertigten Risikos nicht zu. Die Tatsache, daß § 169 des Strafgesetzbuches allgemeine Anforderungen an Sachgerechtigkeit — als komplexes objektives Kriterium — und Verantwortungsbewußtsein — als subjektives Wertungselement — enthält und damit im sozialistischen Recht prinzipiell gültige Verantwortlichkeitskriterien in sich vereinigt, erlaubt und fordert ihre Anwendung und Prüfung in jedem speziellen Einzelfall eine Risikoentscheidung.

Diesem Grundmodell folgen im Kern die gesetzlichen Regelungen des sozialistischen Arbeitsrechts, die zwar keinen besonderen Paragraphen zum Risiko enthalten, indes bei der Bestimmung der rechtlichen Voraussetzungen für die individuelle materielle Verantwortlichkeit auch schöpferisch riskantes Handeln berücksichtigen. Dies folgt augenscheinlich aus § 252 des Arbeitsgesetzbuches, da *gerechtfertigte* Risiken *keinen* schuldhaften Verstoß gegen die Arbeitspflichten, sondern deren optimale Erfüllung bedeuten,

d. h., daß nicht mangelnde Sorgfalt, nicht Gleichgültigkeit und nicht Leichtfertigkeit zu gerechtfertigten Risikohandlungen führen, sondern gerade ein hohes Maß an Sorgfalt, bewußte Zuwendung zu gesamtwirtschaftlichen Aufgabenstellungen und große Umsicht beim Treffen und Verwirklichen von Entscheidungen das Wesen derartiger Handlungen prägen. Es ist daher begründet, die für ein gerechtfertigtes Risiko erarbeiteten Rahmenkriterien als gültige Anforderungscharakteristika zu bezeichnen, die das sozialistische Recht an jede Entscheidung oder Handlung mit Risikocharakter stellt. Damit ist zugleich ein bedeutsames Gesetzlichkeitsproblem sachadäquat erfaßt, denn die Spezifik schöpferisch-riskanter Entscheidungen und Handlungen rechtlich zu erfassen, bedeutet zugleich, ein Gesetzlichkeitsverständnis zugrunde zu legen, das die Wertung aller Komponente erfaßt und nicht Trennungen zuläßt, wo Komplexität unabdingbar ist. Zugleich sind damit auch die Grundlagen dafür gegeben, gerechtfertigte Risikoentscheidungen zu stimulieren und finanziell abzusichern, wie das in § 34 der Anordnung über die Anwendung der wirtschaftlichen Rechnungsführung in der Forschung und Entwicklung vom 23. November 1983 erfolgt ist.[6]

Die Erhöhung der Wirksamkeit von rechtlichen Stimulierungsregelungen durch die Gewährleistung der sozialistischen Gesetzlichkeit ist ferner mit den Aufgaben verbunden, die den verstärkten Einsatz des sozialistischen Rechts *im Technikbereich* betreffen. Hier kommt es im Kern darauf an, auch mit den Mitteln des sozialistischen Rechts jenen dynamischen Prozessen zum Durchbruch zu verhelfen, die originär mit der Technikentwicklung, ihren spezifischen Standards und Normativen etc. verbunden sind. Gesetzlichkeitsprobleme auf diesem weiten, äußerst bedeutsamen und nicht selten auch heute noch unterschätzten Feld sozialistischer Rechtsarbeit sind mindestens in zweierlei Richtung vorhanden: Zum einen sind Widersprüche zwischen rechtlich Gefordertem und technisch, technologisch usw. Machbarem mit großem Verantwortungsbewußtsein zu lösen. Zum anderen ist das sozialistische Rechtssystem, sind die Rechtsanschauungen und die Gestaltungserfordernisse des sozialistischen Rechts in diesem Bereich mit Aufgaben konfrontiert, die in „traditionellen" Rechtsbereichen, bei denen in der Tat der Stabilitätsaspekt überwiegen muß, nicht oder nur wenig untergeordnet auftreten. Im Technikbereich kommt beispielsweise einer hohen Dynamik im Regelsystem eine große Bedeutung zu. Hier stehen Gesetzlichkeitsansprüche häufig in *anderer Weise* in Rede, als dies in anderen gesellschaftlichen Bereichen der Fall ist. Damit wird zugleich zur Überwindung von Rechtsformalismus, der sich im Gewande scheinbarer Rechtstreue gibt, Entscheidendes geleistet. Sozialistische Rechtsprinzipien und Verfahrensweisen, wie sie z. B. in der zweiten Durchführungsbestimmung zur Standardisierungsverordnung — Abweichungen von DDR- und Fachbereichsstandards —[7] enthalten sind, gewinnen dabei insofern an Bedeutung, als sie dieses Problem konstruktiv und vorausschauend angehen.

Wirkungsvolle rechtliche Stimulierungsregelungen sind auch mit der Senkung des Materialverbrauchs und einer sachlich begründeten und vernünftigen Vorratshaltung verbunden. Die leitungsmäßige Sicherung und Durchsetzung dieser Aufgabe betrifft nicht *nur* politische und ökonomische Erfordernisse, sondern auch konkrete Rechtspflichten, die insbesondere für die Leitungskader der Einrichtungen neu entstehen. Das gilt auch im Hinblick auf das Regime der Stimulierung dieses Prozesses.

---

[6] Vgl. GBl. I 1983 Nr. 36, S. 387.

[7] Vgl. GBl. I 1983 Nr. 37, S. 100.

Auf diesem Gebiet voll die Wirkungsmöglichkeiten des sozialistischen Rechts auszuschöpfen, verlangt, alle mit der Materialökonomie verbundenen Aufgaben zu festen Bestandteilen der Arbeits- und Leistungsbewertung der Verantwortlichen zu machen. Weltstandsvergleiche, Gebrauchswert-Kosten-Analysen, Prozeßanalysen, Materialverbrauchs- und Verluststudien, moderne Berechnungs- und Konstruktionsvorschriften, Standards zur Durchsetzung optimaler Konstruktionen usw. bilden nicht lediglich wünschenswerte Aktivitäten der Verantwortlichen, sondern sind verbindliche, d. h. durchzusetzende Rechtsforderungen. Sofern diese nicht erfüllt werden, sind rechtliche Konsequenzen möglich und notwendig.

Die Stimulierungsregelungen der Verordnung über die Arbeit mit Normen und Normativen des Materialverbrauchs und der Vorratshaltung[8] sind in diesem Zusammenhang beachtlich. Sie verkörpern augenscheinlich wirksame und übergreifende Prinzipien. So wird ihrer Verbindlichkeit gesichert, indem die Leiter verpflichtet werden, bei Vorliegen der Leistung (Materialeinsparung) die moralische und materielle Anerkennung zu gewähren.

6.3. Einige Erscheinungsformen von Rechtsverletzungen im Zusammenhang mit wissenschaftlich-technischen Leistungen

Wenn Rechtsverletzungen im Zusammenhang mit wissenschaftlich-technischen Leistungen in Rede stehen, so sind es zumeist wirtschaftlich rechtswidrige Verhaltensweisen von einzelnen Leitern bzw. leitenden Mitarbeitern in der Volkswirtschaft, die der Erhöhung der Leistungsfähigkeit der sozialistischen Wirtschaft und dem Erfordernis der beschleunigten Durchsetzung des wissenschaftlich-technischen Fortschritts entgegenstehen und damit auch gegen die leitende und planende Tätigkeit des sozialistischen Staates und seiner Organe verstoßen.

Zu den Merkmalen solcher Rechtsverletzungen gehört, daß sie im Widerspruch zu gesellschaftlichen Handlungserfordernissen stehen, indem gesamtwirtschaftlichen Erfordernissen zuwider gehandelt wird und solchen Handlungsvarianten der Vorrang gegeben wird, die der Befriedigung eng begrenzter Interessen dienen. Es werden gesellschaftlich negative wirtschaftliche Nah- und Fernwirkungen verursacht oder die Gefahr ihrer Verursachung herbeigeführt. Infolge elementarer Nachlässigkeit, Leichtfertigkeit, Pflichtvergessenheit, verantwortungsloser Gleichgültigkeit oder Gewöhnung an gesetzwidriges Verhalten wird gegen Prinzipien und Normen des sozialistischen Rechts und sozialistischer Gesetzlichkeit verstoßen.

Hinsichtlich ihrer Erscheinungsformen sind Rechtsverletzungen im Zusammenhang mit wissenschaftlich-technischen Leistungen sehr vielgestaltig. Sie treten in den verschiedensten volkswirtschaftlichen Prozessen auf, so bei der Planung und Bilanzierung wissenschaftlich-technischer Leistungen, im Zusammenhang mit der Überleitung von Forschungs- und Entwicklungsleistungen in die Produktion, im Rahmen der Neuerertätigkeit, im Investitionsgeschehen, bei der Vorbereitung und Realisierung von Kooperationsbeziehungen über wissenschaftlich-technische Leistungen mit inländischen und ausländischen Partnern oder im Zusammenhang mit der Gewährung des wissenschaftlich-rechnischen Rechtsschutzes.

---

[8] Vgl. GBl. I 1982 Nr. 28, S. 515.

Untersuchungen von Rechtsverletzungen durch Leiter mit Schadensfolgen in volkseigenen Betrieben und Kombinaten der Volkswirtschaft, die im Zusammenhang mit wirtschaftlichen Entscheidungen standen, haben gezeigt, daß in den meisten Fällen eine elementar nachlässige, sorglose und oberflächliche Vorbereitung und Durchführung solcher Leitungsentscheidungen auf wissenschaftlich-technischem Gebiet erfolgte.[9] Das rechtswidrige Handeln der betreffenden Leiter im Zusammenhang mit wissenschaftlich-technischen Leistungen wird dabei u. a. durch folgende Erscheinungsformen gekennzeichnet:

- Aufnahme oder Durchführung von Produktionsprozessen ohne ausreichende Prüfung erforderlicher Gesetzlichkeits-, Ordnungs-, Disziplin- und Sicherheitsbestimmungen;
- Überführung wissenschaftlich-technischer Forschungs- und Entwicklungsleistungen in die Produktion ohne ausreichende Prüfung rechtlich fixierter technischer und Sicherheitsparameter;
- mangelhafte technologische Vorbereitung von Produktionsprozessen bei der Realisierung wissenschaftlich-technischer Leistungen;
- Manipulierung wissenschaftlich-technischer Leistungen im Probebetrieb;
- Entscheidung über den Beginn von Forschungsvorhaben ohne volkswirtschaftlich begründete Zielstellung und ohne notwendige Abstimmung und Koordinierung;
- ein uneffektiver, verschwenderischer Einsatz finanzieller Fonds;
- Duldung von Verzögerungen in der Überleitungsphase über eine längere Zeit hinweg;
- Nichtorientierung am wissenschaftlich-technischen Höchststand bei der Vorbereitung und Realisierung wissenschaftlich-technischer Leistungen;
- Entscheidungen über risikolose Einzelthemen, anstelle real möglicher anspruchsvoller Zielstellungen;
- Verzögerung im Entwicklungsprozeß, obwohl reale Möglichkeiten und wirtschaftliche Erfordernisse ein Überspringen gestatten;
- leichtfertige Übergabe von Informationen, einschließlich know how, an ausländische Vertragspartner.

Auf der Grundlage der o. g. und weiterer Untersuchungen lassen sich die Erscheinungsformen derartiger Rechtsverletzungen in folgende *Hauptgruppen* differenzieren:

1. *Realisierung von Forschungsleistungen ohne eine rechtlichen und gesellschaftlichen Erfordernissen entsprechende Zielstellung*

Die Untersuchungen machten deutlich, daß Rechtsverletzungen im Zusammenhang mit wissenschaftlich-technischen Leistungen nicht selten bereits bei der Konzipierung von Forschungsleistungen auftreten. So wird bisweilen schon bei der Bestimmung der Zielstellung von Forschungsaufgaben — sowohl für deren Vorbereitung als auch für die Durchführung — zugelassen, daß Auftraggeber für Forschungsleistungen kein höchstmögliches wissenschaftliches Niveau verlangen, sondern zufrieden sind, wenn die neuen Erzeugnisse oder Technologien dem gegenwärtigen Wissensstand entsprechen. Dabei wird die Meinung vertreten, daß man sich im gegebenen Falle nicht am internationalen Niveau orientieren müsse, da ja die Erzeugnisse sowohl im Inland als auch im Export abgesetzt werden können und daher ein höheres technisches und wissenschaftliches Niveau nicht erforderlich sei. Auch ist festzustellen, daß wiederholt Forschungsvorhaben begonnen

[9] Vgl. R.-U. Korth, Rechtsverletzungen mit Schadensfolgen in wirtschaftlichen Entscheidungsprozessen unter besonderer Berücksichtigung krimineller Handlungen, Diss. A, Leipzig 1983.

werden, obwohl keine oder nur mangelhafte ökonomische Nutzensberechnungen angestellt wurden. Kennzeichnend für solche Fälle ist, daß Fragen zur Material- und Energieeinsparung nicht oder nur ungenau angesprochen, exakte Aussagen zur Steigerung der Arbeitsproduktivität nicht getroffen werden; daß Maßnahmen zur Schaffung der materiell-technischen Voraussetzungen zur Überführung der Forschungsergebnisse in die Anwendungsbereiche einschließlich erforderlicher Investitionen unkonkret sind oder gar fehlen.

2. *Fehlende oder mangelhafte Erarbeitung der Pflichtenhefte*

Zur Gewährleistung eines hohen Niveaus und der Effektivität wissenschaftlich-technischer Arbeit sind — wie oben ausgeführt — für alle Aufgaben der Forschung und Entwicklung, in deren Ergebnis Erzeugnisse, Verfahren oder Technologien entstehen, Pflichtenhefte zu erarbeiten. Es gibt Fälle, wo sich verantwortliche Leiter dieser konkreten Rechtspflicht zu entziehen suchen, indem sie verspätet Pflichtenhefte abschließen oder dies ganz unterlassen, was zum Teil zu einer diskontinuierlichen Forschungs- und Entwicklungsarbeit und zu volkswirtschaftlichen Schäden führt.

3. *Rechtsverletzungen bei der Gestaltung und Erfüllung von Verträgen über wissenschaftlich-technische Leistungen*

Untersuchungen hierzu in mehreren Rationalisierungsbetrieben führten zu folgenden Ergebnissen[10], die zwar nicht durchweg auf andere Bereiche übertragbar sind, aber doch bestimmte Tendenzen anzeigen:

Es gab nicht selten Verträge, in denen nur eine allgemeine, den vertragsrechtlichen Bestimmungen widersprechende Definition des Leistungsstandes erfolgte; eine Präzisierung nach einem gewissen Anarbeitungsstand erfolgte hier auch nicht. Ferner fehlten z. T. Vereinbarungen zu Qualitätsparametern, deren exakte Erfüllung Voraussetzung für die Bestimmung der Garantieleistungen ist. Die Garantieleistungen erstreckten sich daher in solchen Fällen auf den allgemeinen Leistungsstand. Während Teilleistungen als Grundlage für die Zahlung von Teilpreisen selten exakt vereinbart worden sind, wurden hingegen die Teilpreise in aller Regel in den Verträgen vereinbart; wobei jedoch berücksichtigt werden muß, daß die letzte Preisrate nur noch 1—2% des vorläufigen Preises beträgt und damit nicht stimulierend auf die schnelle Erreichung der Endleistung wirken kann.

Als unzureichend erwies sich die Vereinbarung von Pflichten, die konkret auf die Erfüllung der wissenschaftlich-technischen Leistung gerichtet sind. Soweit entsprechende Vereinbarungen getroffen wurden, waren sie vor allem auf Nebenleistungen wie Werksessen, Übernachtung u. a. gerichtet. Insbesondere mangelt es an der Fixierung relevanter Sanktionen. Auch die Festlegungen für Eröffnungs- und Zwischenverteidigungen waren noch nicht zum festen Bestandteil der Verträge gemacht worden bzw. entsprachen nur teilweise der Verteidigungsanordnung. Entschieden zuwenig wurden in den betreffenden Betrieben Erprobungen der Leistungen vertraglich vereinbart bzw. auf der Basis exakter Leistungsparameter dann auch durchgeführt. Die Untersuchungen ergaben schließlich,

---

10 Vgl. C. Pohle, Probleme der rechtlichen Verantwortlichkeit der Rationalisierungsbetriebe bei der Sicherung der Gebrauchswerteigenschaften wissenschaftlich-technischer Ergebnisse gegenüber dem Benutzer. Diplomarbeit, Berlin 1982 (unveröffentlicht); vgl. auch: M. Gaevig/H. Wenzlaff, Pflichtenhefte in der Hochschulforschung, in: Leitung der Hochschulforschung, Bd. 2, Berlin 1983, S. 61 ff.

daß die Erreichung solcher Ziele wie wissenschaftlich-technischer Höchststand, entsprechende Schutzrechte, Lizenzvergaben oder Lizenznahmen und die Erzielung des Gütezeichens „Q“ als Leistungsgegenstand vertraglich vereinbart, d. h. unbedingt zum Inhalt der Verträge über wissenschaftlich-technische Leistungen gemacht werden müßten.

4. *Verletzung der gesetzlich fixierten Reihenfolge der Arbeitsstufen*

Um angeblich Zeit für die Entwicklung eines Erzeugnisses einzusparen, werden mitunter Entscheidungen getroffen, nicht entsprechend der „Nomenklatur der Arbeitsstufen und Leistungen von Aufgaben des Plans Wissenschaft und Technik“ zu verfahren, sondern je nach der Spezifik des Entwicklungsgegenstandes diese oder jene Arbeitsstufe zu überspringen. Eine leichtfertige Entscheidung dieser Art führt unmittelbar zum Eingehen eines ungerechtfertigten Risikos. Nicht selten wird in der Praxis auch „alles auf eine Karte“ gesetzt, um „groß dazustehen“, d. h., begrenzte individuelle und betriebliche Interessen zu Lasten volkswirtschaftlicher Erfordernisse zu realisieren, um eigenes Prestige und Ansehen oder das des Betriebes „zu wahren“ und „zu erhöhen“. Sorgloses, mögliche schädliche Folgen bewußt ignorierendes Überspringen einzelner Arbeitsstufen bei der Realisierung wissenschaftlich-technischer Leistungen geht nicht mit risikofreudigem, kreativem Verhalten konform, sondern ist letztlich Ausdruck eines leichtfertigen Umgangs mit dem gesellschaftlichen Eigentum.

5. *Nichtdurchführung erforderlicher Verteidigungen*

Nicht selten führt auch das Nichtdurchführen von Verteidigungen der Forschungsberichte und Verfahrensdokumentationen zu einer leichtfertigen Begünstigung fehlerhafter Entwicklungsergebnisse bzw. -richtungen. Das Durchführen von Verteidigungen ist als die notwendige Anlegung eines kritischen Bewertungsmaßstabes an die erreichten wissenschaftlich-technischen Ergebnisse anzusehen. Auf der Grundlage von Zwischenverteidigungen ist es exakt möglich, über Fragen der Weiterführung oder gegebenenfalls auch über eine notwendige Einstellung der Arbeiten zu entscheiden. Die Entscheidung eines Leiters zur Nichtdurchführung einer Verteidigung stellt dagegen eine Rechtsverletzung dar, die wie das Überspringen von Arbeitsstufen gleichfalls das Eingehen eines ungerechtfertigten Risikos bedingt.

6. *Bewußte Manipulierung von Entwicklungsergebnissen*

Dies ist eine weitere Erscheinungsform von Rechtsverletzungen im Zusammenhang mit wissenschaftlich-technischen Leistungen. Der Grad der Schwere gerade derartiger Rechtsverletzungen wird vor allem dadurch erhöht, wenn Verantwortliche im Entwicklungsprozeß einer wissenschaftlich-technischen Leistung primär nach persönlichen Vorteilen materieller und ideeller Art (Prämien, Erlösen aus Patent- und Neuererleistungen, eigenem Erfolg und Prestige) streben oder rein betriebsegoistische Interessen auf Kosten der Volkswirtschaft durchzusetzen versuchen.

7. *Mangelnde Sicherung der Zusammenarbeit und Koordiniertheit*

Uneffektives und mangelhaftes Zusammenwirken hemmt in starkem Maße die zügige Realisierung wissenschaftlich-technischer Vorhaben. Die Verantwortung dafür geht letztlich bis auf den Leiter des Betriebes bzw. der Einrichtung zurück. Konkrete Rechtsverletzungen zeigen sich in der Form daß eine für das Erreichen eines bestimmten wissenschaftlich-technischen Ergebnisses notwendige Zusammenarbeit entweder nicht angestrebt oder trotz gegebener volkswirtschaftlicher Notwendigkeit ein diesbezüglicher Vertragsabschluß verweigert wird. Ferner äußern sie sich darin, wenn z. B. ein Betrieb sich der Entwicklung eines bestimmten Erzeugnissen verschließt, obwohl ein großer volkswirtschaftlicher Bedarf daran besteht und er auf Grund seines Produktionsprofils die geforderte Entwicklung realisieren könnte. Ein solches Verhalten führt in der Konsequenz zu erheblichen Zeitverlusten und volkswirtschaftlichen Schäden.

8. *Verzögerung bei der Überleitung in die Produktion*

Nicht immer wird ausreichend davon ausgegangen, daß jede nicht erkannte und nicht genutzte Einsatzmöglichkeit für ein neuentwickeltes Verfahren oder ein neues Erzeugnis die beschleunigte Durchsetzung des wissenschaftlich-technischen Fortschritts hemmt und den ökonomischen Effekt mindert. Im Extrem drückt sich das in Entscheidungen aus, durch die ohne objektives Erfordernis Verzögerungen bei der Überleitung von Entwicklungen in die Produktion herbeigeführt werden.

Ein damit verbundener Aspekt ist die Investitionstätigkeit. Wenn mitunter z. B. bei der Überleitung von wissenschaftlich-technischen Leistungen nicht reale Bedarfsmeldungen an die zuständigen wirtschaftsleitenden Organe gegeben werden, um Leitungsentscheidungen der übergeordneten Wirtschaftsorgane über Investitionen zugunsten allein des Betriebes zu bewirken, dann muß dem begegnet werden. In solchen Fällen werden die betrieblichen Interessen in den Vordergrund gestellt, ohne Rücksicht auf gesellschaftliche oder volkswirtschaftliche Belange zu nehmen. Zuweilen zeigt sich aber auch bei der Realisierung von Investitionen, daß die Investitionspläne insofern unreal waren, als die beantragten und genehmigten Investmittel nicht ausreichten und weitere Mittel dafür notwendig machten. Derartige Praktiken führen zu einem erhöhten Investitionsaufwand und verzögern wesentlich die Effektivität der Investitionen und damit auch die beschleunigte Einführung und Wirksamkeit wissenschaftlich-technischer Ergebnisse.

9. *Rechtsverletzungen in der Neuerertätigkeit und bei der Erbringung von Patenten*

Untersuchungen zeigen, daß bei Neuerungen und Neuentwicklungen einschließlich angestrebter Patente, die mit Einsparung von Materialien verbunden sind, auch vorkommt, daß ökonomische Fragen außer acht gelassen werden. So werden bisweilen wertvolle und teure Rohstoffe substituiert, ohne zu prüfen, ob die Substitutionswerkstoffe nicht genauso teuer bzw. teurer sind oder den geforderten Qualitäts- und Sicherheitsbestimmungen nicht mehr entsprechen. Es gibt Fälle, wo neue Erzeugnisse, die Ergebnis wissenschaftlich-technischer Leistungen sind, übereilt in die Produktion überführt werden, ohne daß unabdingbare Voraussetzungen ökonomischer und rechtlicher Art geklärt sind. Von gravierender Bedeutung sind ferner jene Rechtsverletzungen, die unmittelbar im Zusammenhang mit der Neuerertätigkeit stehen. Hierzu zählen Manipulierungen zum Zwecke der persönlichen Bereicherung, die Überbezahlung von Neuererleistungen und die Zahlung von Vergütungen und Aufwandserstattungen an die Werktätige, die nicht Partner von Neuerervereinbarungen sind.

10. *Verletzung der Geheimhaltungspflicht*

Eine Grundvoraussetzung bei der Erarbeitung eines wissenschaftlich-technischen Ergebnisses und dessen Überleitung in die Produktion ist die absolute Pflicht aller Mitarbeiter, Informationen über die erreichten Lösungen bzw. Erkenntnisse gegenüber Dritten geheimzuhalten. — Ist es notwendig, daß zur endgültigen Realisierung der wissenschaftlich-technischen Aufgabenstellung Kooperationsbeziehungen mit einem ausländischen Partner eingegangen werden müssen, oder befindet sich die Entwicklung bereits in dem Stadium, daß erste Kontaktaufnahmen mit solchen Partnern zu Verhandlungen über einen eventuellen Export aufgenommen werden, dann ist bei der Übergabe der *dafür notwendigen* Informationen zu sichern, daß die Weiterentwicklung nicht beeinträchtigt werden kann. Leiter, die bei einer notwendigen Informationsübergabe keine vertraglichen Sicherungsmaßnahmen schaffen, um zu verhindern, daß der vermeintliche Partner die erhaltenen Informationen entgegen dem Interesse des Urhebers verwendet, begehen eine grobe Rechtsverletzung, die schwerwiegende Folgen nach sich ziehen kann.

6.4. Zu den Ursachen und Bedingungen von Rechtsverletzungen

Das Entstehen aller Rechtsverletzungen, so auch im Zusammenhang mit wissenschaftlich-technischen Leistungen, ist stets an ein Gefüge objektiver und subjektiver ursächlicher und begünstigender Faktoren gebunden. Unter den *objektiven* Faktoren wird hierbei in Anlehnung an Afanasjew „die Gesamtheit der Objekte, mit denen der Mensch in Wechselbeziehung tritt, die er in diesem oder jenem Maße umwandelt und die seine Tätigkeit bestimmen"[11], verstanden. Die *subjektiven* Determinanten sind dagegen „das Bewußte, Organisierende, Umwandelnde"[12], das, was von den Fähigkeiten und Fertigkeiten — in diesem Zusammenhang — des Leiters selbst betimmt wird.

In unseren Untersuchungen[13] zum Ursachen- und Bedingungskomplex für Rechtsverletzungen im Bereich wissenschaftlich-technischer Leistungen traten unter den objektiven Faktoren (bezogen auf einzelne Leiter) folgende Schwerpunkte hervor:

1. *Eine im Leitungskollektiv vorhandene Atmosphäre der Duldung von Rechtsverletzungen*

Obwohl in § 8 der Kombinatsverordnung festgelegt ist, daß alle Leiter durch eine wissenschaftliche und qualifizierte Leitungstätigkeit die sozialistische Gesetzlichkeit zu gewährleisten haben und verpflichtet sind, ständig Ordnung, Sicherheit und Disziplin zu verwirklichen sowie eine hohe politische Wachsamkeit einschließlich Geheimnisschutz zu sichern, sind doch auch wiederholt Verstöße gegen rechtliche Festlegungen festzustellen oder werden gar über eine längere Zeit hinweg geduldet. Eine im betreffenden Leitungskollektiv vorherrschende Atmosphäre der Duldung von Rechtsverletzungen wirkt sich aber auf dem Gebiet von Wissenschaft und Technik, bei der beschleunigten Durchsetzung des wissenschaftlich-technischen Fortschritts besonders nachteilig für die sozialistische Volkswirtschaft aus. Vor allem bei der Überführung der wissenschaftlich-technischen Ergebnisse in die Anwenderbereiche entstehen Zeitverluste, so daß die Ergebnisse verspätet wirksam werden, sowohl im eigenen Land als auch beim Export, was letztlich mit erheblichen volkswirtschaftlichen Verlusten verbunden ist.

---

[11] W. G. Afanasjew, Der Mensch in der Leitung der Gesellschaft, Berlin 1979, S. 56.

[12] Ebenda, S. 57.

[13] Vgl. R.-U. Korth, Rechtsverletzungen mit Schadensfolgen in wirtschaftlichen Entscheidungsprozessen unter besonderer Berücksichtigung krimineller Handlungen, Diss. A, a. a. O., S. 89, vgl. auch Mensch — Technik — Verantwortung, Berlin, S. 150ff

2. *Eine mangelnde kollektive, kritische und selbstkritische Atmosphäre im Leitungskollektiv*

In den Untersuchungen erwies sich, daß allein durch eine effektivere kollektive Beratung zur Entscheidung über wissenschaftlich-technische Probleme sowie durch eine kritischere und selbstkritischere Atmosphäre, besonders in Forschungs- und Entwicklungskollektiven, Rechtsverletzungen mit wirtschaftlichen Schadensfolgen hätten vermieden oder eingeschränkt werden können.

3. *Vorangegangene falsche Entscheidungen und Fehlorientierungen durch andere*

Ein wesentlicher Ausgangspunkt für im gesamtgesellschaftlichen Interesse und auf der Grundlage sozialistischer Gesetzlichkeit basierende Entscheidungen auf wissenschaftlich-technischem Gebiet ist eine umfassende und fundierte Informationsbasis des Leiters. Das heißt, daß er beispielsweise über neue wissenschaftlich-technische Entwicklungstrends und -möglichkeiten, die seinen Verantwortungsbereich betreffen, ausreichend informiert sein muß, daß er vertraut gemacht worden ist mit den ökonomischen Beweggründen, den volkswirtschaftlichen Einsatzbedingungen sowie dem geplanten Realisierungszeitpunkt der zu erbringenden wissenschaftlich-technischen Leistung. Nur so ist es möglich, daß er innerhalb seines Leitungsbereiches Entscheidungen im gesamtvolkswirtschaftlichen Interesse fällen kann.

4. *Mangelndes Kontroll- und Belehrungssystem im Betrieb und durch übergeordnete Organe*

Neben einem teilweise schlecht organisierten Kontrollsystem, durch das Pflichtverletzungen begünstigt werden, kommt es nicht selten zu solchen Erscheinungen, daß Kontrollpflichten aus einer falsch verstandenen Kollegialität oder Vertrauensseligkeit heraus vernachlässigt werden. Im einzelnen sind dabei solche Faktoren bestimmend, wie beispielsweise die unzureichende Prüfung der volkswirtschaftlichen Begründetheit von Forschungsvorhaben, die mangelnde Überprüfung von erzielten Ergebnissen im Zusammenhang mit Entwicklungsleistungen und bei Arbeiten während des Probebetriebes, die unzureichende Kontrolle der Planmäßigkeit und Termintreue von Forschungs-, Entwicklungs- und Überleitungsarbeiten.

Die Untersuchungen machten auch sichtbar, daß es vielfach keine einheitliche Koordinierung der betrieblichen und gesellschaftlichen Kontrollkräfte gibt und die Auswertung der Feststellung von Rechtsverletzungen anderen Kontrollorganen nicht bekannt ist (bzw. wird), so daß diese bei ihren Kontrollen darauf achten könnten, ob Maßnahmen zu deren Beseitigung eingeleitet und durchgeführt wurden. Letztlich werden mitunter gerade dadurch weitere Verstöße gegen rechtliche Festlegungen zugelassen und begünstigt.

5. *Mangelnde Fixierung von Rechten und Pflichten*

Ein ebenfalls zu beachtender objektiver Faktor im Ursachen- und Bedingungskomplex für Rechtsverletzungen bei der Durchsetzung des wissenschaftlich-technischen Fortschritts ist, daß die Verantwortung der einzelnen Leiter und Leitungsbereiche bisweilen nicht genau festgelegt wird, so daß sich keiner für bestimmte Aufgaben verantwortlich fühlt und auf andere vertraut. Die Folgen können Forschungsergebnisse sein, die keine Spitzenleistungen sind und nicht dem Weltniveau entsprechen oder für die kein volkswirtschaftlich begründeter Bedarf vorliegt. Nicht zuletzt führen derartig unzureichende Bestimmungen von Rechten und Pflichten mitunter auch zu volkswirtschaftlichen Schäden und zugleich dazu, daß bei Fehlleistungen die Verantwortlichkeit nicht oder nur sehr schwer feststellbar ist.

6. *Fehlende Entscheidungszeit*

Verantwortliche für die Realisierung wissenschaftlich-technischer Vorhaben vertraten zum Teil die Meinung, daß die zur Verfügung stehende Zeit zu kurz sei, um das anstehende Forschungs-, Entwicklungs- oder Überleitungsproblem allseitig zu erfassen und zu bearbeiten. Dadurch würde der Leiter gezwungen, eine in gewisser Weise oberflächliche Entscheidung zu treffen. Letztlich wird mit derartigen Auffassungen versucht, meist subjektiv verschuldete Rechtsverletzungen zu vertuschen oder zu entschuldigen. Die Untersuchungen zeigen, daß fehlende Entscheidszeit selten als objektiver Faktor im Ursachen- und Bedingungskomplex für Rechtsverletzungen bedeutsam ist.

7. *Fehlende materielle und personelle Voraussetzungen und technische Realisierungsmöglichkeiten*

Nur in wenigen Fällen sind die hier genannten Faktoren objektiv begründet und wirken tatsächlich auf das rechtsverletzende Geschehen auf dem Gebiet von Wissenschaft und Technik ein. Sie bestehen dann im wesentlichen darin, daß zeitweilig keine freien Forschungs- und Entwicklungskapazitäten in personeller oder materieller Hinsicht vorhanden sind.

Als *subjektive Faktoren* wurden vor allem folgende ursächliche und begünstigende Erscheinungen für Rechtsverletzungen einzelner Leiter auf wissenschaftlich-technischem Gebiet festgestellt:

- mangelndes Verantwortungsbewußtsein und fehlende Zielstrebigkeit, Weitsicht und Aktivität bei der schnellstmöglichen Umsetzung der zentralen Beschlüsse und Weisungen;
- Unterschätzung der Eintrittswahrscheinlichkeit schädlicher Folgen wegen mangelnder Konsequenzenprognose;
- Verzicht auf notwendige Kontrollen durch übergeordnete Leiter;
- oberflächlicher und leichtfertiger Leitungsstil;
- fehlende Informationssuche für eine effektive Leitungsentscheidung. Darunter fällt auch, wenn in etwa der Hälfte der Fälle von untersuchten Leitungsentscheidungen mit Schadensfolgen auf wissenschaftlich-technischem Gebiet sich nachteilig auswirkte, daß die Erfahrungen und Kenntnisse anderer nicht genutzt wurden und erforderliche Abstimmungen mit Partnern ausblieben;
- Negierung bekannter rechtlicher Regelungen zugunsten egoistischer persönlicher und betrieblicher Interessen. Eng damit in Zusammenhang steht, daß bei Leitungsentscheidungen mit Schadensfolgen nicht selten die betreffenden Leiter sich Auseinandersetzungen mit eigenen Kollektivmitgliedern oder Vorgesetzten, ihre Leitungs- und Entscheidungstätigkeit betreffend, zu entziehen suchten.

Versteht man die Tätigkeit der Leiter und leitenden Mitarbeiter bei der Erbringung wissenschaftlich-technischer Leistungen vor allem *als Entscheidungstätigkeit*, kommt den Ursachen und Bedingungen im objektiven und subjektiven Bereich, die zu Rechtsverletzungen im Rahmen der *einzelnen Phasen des Entscheidungsfindungsprozesses* (Problemerkenntnis/Zielstellung/Variantensuche/Bewertung/Entscheidung) führen, besondere Bedeutung zu. Spezielle Untersuchungen von *Straftaten* führten im wesentlichen zu folgenden Ergebnissen: Die betreffenden Straftaten entstanden meist in der ersten Phase des Entscheidungsfindungsprozesses und verfestigten sich im weiteren Verlauf der Entscheidungsfindung. Diese Leiter standen dabei meist nicht vor ungewohnten oder völlig neuen Ausgangsbedingungen. Dennoch wurden von ihnen bereits in der Phase der *Problemerkenntnis* sowohl Rechtsvorschriften als auch betrieblich-normative Leitungsdokumente verletzt. Weiter wurde deutlich, daß sie nicht die wirklich entscheidenden Probleme als dringend herausgestellt hatten und Entscheidungen übergeordneter Organe zur Problemsituation unbeachtet ließen. In keinem Fall wurde eine konkrete, der sozialistischen Gesetzlichkeit entsprechende *Zielstellung* herausgearbeitet. Diese Leiter bestimmen in der Regel die Ziele nicht unter Berücksichtigung möglicher Schadensfolgen.

Bei den analysierten Straftaten wurden im Zusammenhang mit der *Variantensuche* durch die Leiter ebenfalls Rechtspflichten verletzt. Die tiefgründige Bewertung der Varianten, Zielstellungen und subjektiven Informationen blieb aus. Es erwies sich, daß die betreffenden Leiter die wesentlichen und objektiv verfügbaren Entscheidungsalternativen (in Gestalt der Vorzugsvarianten) meist zwar erkannten, aber dennoch oftmals wesentliche Vorzugsvarianten nicht berücksichtigten. Im Ergebnis der Analyse des *Entschlusses* wurden die bisher getroffenen Feststellungen bekräftigt. Bestimmend waren auch in dieser Phase solche Faktoren wie die Mißachtung gesetzlicher und betrieblich-normativer Regelungen, die bewußte Unterlassung einer subtilen Konsequenzprognose oder die Mißachtung der Kollektivität bei der Abstimmung der gewählten Vorzugsvariante.

6.5. Die Vorbeugung und Bekämpfung relevanter Rechtsverletzungen — ein zentrales Gesetzlichkeitsproblem

Rechtsverletzungen im Zusammenhang mit wissenschaftlich-technischen Leistungen, Pflichtwidrigkeiten unterhalb der Schwelle der Rechtsverletzungen, insbesondere jedoch die o. g. Erscheinungsformen der Kriminalität wirken sich hemmend auf den wissenschaftlich-technischen Fortschritt im allgemeinen und die rechtliche Stimulierung wissenschaftlich-technischer Leistungen im speziellen aus. Deshalb ist H. Harrland voll zuzustimmen, wenn er feststellt, daß unsere anspruchsvollen ökonomischen Ziele strikte Gesetzlichkeit im Tun und Lassen aller, insbesondere leitender Kräfte bedingen, um jeglicher Vergeudung von Volksvermögen zu begegnen.[14] Mehr denn je sind heute im wissenschaftlich-technischen Bereich Einstellungen erforderlich, die auch bei der Lösung schwieriger Probleme auf die bewußte Einhaltung und Verwirklichung der Rechtsvorschriften ausgerichtet sind. Mit Konsequenz müssen alle kriminellen und anderen Rechtsverletzungen aufgedeckt, bekämpft und im Sinne der Vorbeugung verhindert werden, die in Verbindung mit der Erarbeitung, Förderung und Nutzung wissenschaftlich-technischer Leistungen auftreten. Dazu gehört auch die Forderung: „Wissenschaftlich-technische Aufgaben dürfen erst dann bestätigt und die Finanzmittel dafür freigegeben werden, wenn sich ihre ökonomischen Leistungsziele eindeutig an den internationalen Markt- und Produktionserfordernissen orientieren.“[15]

Ein Kernproblem der Vorbeugungsarbeit, gerade auf wissenschaftlich-technischen Gebiet, bildet ihre feste Integration in die betriebliche Leitung und Planung. Die Vervollkommnung der wissenschaftlichen Leitungstätigkeit, den Kampf um die Steigerung der

[14] H. Harrland, Die weitere Festigung der Gesetzlichkeit erfordert Kampfpositionen, in: Staat und Recht in der entwickelten sozialistischen Gesellschaft, Teil 2, AdW der DDR, GW 9/1981, S. 142/143.

[15] H. Axen, Aus dem Bericht des Politbüros auf der 5. Tagung des ZK der SED, Berlin 1982, S. 38.

Arbeitsproduktivität, um die Intensivierung des wissenschaftlich-technischen Fortschritts und um die Verwirklichung von Ordnung, Sicherheit, Disziplin und Gesetzlichkeit in ihrer *Einheit* zu sehen, dies ist die entscheidende Voraussetzung und Grundform der Zurückdrängung und wirksamen Vorbeugung von Rechtsverletzungen. Hierbei gilt es, unablässig alle Werktätigen, vor allem die in Leitungsfunktionen Tätigen, zur Wahrnehmung ihrer Verantwortung bei der Durchsetzung von Ordnung, Sicherheit, Disziplin und Gesetzlichkeit zu befähigen, das sozialistische Recht als unverzichtbares und durchzusetzendes Leitungsmittel zu nutzen. Eine wirksame Vorbeugung von Rechtsverletzungen auf wissenschaftlich-technischem Gebiet muß also konform gehen mit der Qualifizierung der Leitung, Planung und Stimulierung, der Kontrolle und Abrechnung wissenschaftlich-technischer Leistungen und Resultate, mit der Erhöhung der Verantwortung der Leiter und aller anderen Werktätigen.

In diesem Zusammenhang kommt der staatlichen und gesellschaftlichen *Kontrolle* der Einhaltung und strikten Verwirklichung des sozialistischen Rechts große Bedeutung zu. Es gehört zu den spezifischen Rechten und Pflichten der Leiter in der Volkswirtschaft, in den jeweiligen Verantwortungsbereichen durch ein geeignetes Leitungs- und Kontrollsystem die Durchsetzung des gesamten sozialistischen Rechts umfassend zu sichern und bei festgestellten Mängeln deren Beseitigung zu veranlassen. Sie haben in ihren Verantwortungsbereichen jede Form rechtsverletzenden Handelns zu unterbinden und durch geeignete Maßnahmen die sozialistische Gesetzlichkeit wiederherzustellen. Der Zusammenarbeit der Kombinate und Betriebe mit den zentralen und örtlichen Staatsorganen kommt dabei eine besondere Bedeutung zu. Das gilt sowohl im Hinblick auf eine den Rechtsvorschriften entsprechende schöpferische Zusammenarbeit aller Beteiligten zur Erfüllung der Aufgaben als auch hinsichtlich der Sicherung eines umfassenden Rechtsschutzes bei der Verletzung oder Gefährdung der den Wirtschaftseinheiten zustehenden Rechte. „Dem Verlangen auf Rechtsschutz haben grundsätzliche Bemühungen der Partner zur eigenverantwortlichen Lösung des Streitfalles vorauszugehen", bestimmt § 16 Abs. 2 des Vertragsgesetzes, und er verkörpert damit ein grundlegendes Erfordernis sozialistischer Rechtsverwirklichung — das vertrauensvolle Zusammenwirken aller Beteiligten durch und gerade bei der Beseitigung von Rechtsverletzungen.

Eine wirksame Rechtskontrolle üben die sozialistischen *Organe der Rechtspflege* in der DDR aus, die sowohl im konkreten Rechtsstreit als auch bezüglich allgemeiner Probleme bei der Einhaltung des sozialistischen Rechts juristische Gewährleistungsmittel zur Wiederherstellung der sozialistischen Gesetzlichkeit besitzen. Die staatsanwaltschaftliche allgemeine Gesetzlichkeitsaufsicht sowie die Gerichtskritik, die nicht selten bei Verstößen gegen rechtliche Grundprinzipien der Stimulierung hoher wissenschaftlich-technischer Leistungen eingesetzt werden, seien an dieser Stelle besonders genannt.

Und schließlich: Unter sozialistischen Gesellschaftsverhältnissen ist die Kontrolle der Einhaltung des sozialistischen Rechts ohne *gesellschaftliche* Kontrolleistung weder denkbar noch möglich. Die umfassende Verwirklichung der sozialistischen Demokratie setzt diese geradezu voraus. Kritische Analysen z. B. der Arbeiter-und-Bauern-Inspektion zu Fragen der Konzentration von Forschungskapazitäten, zur Orientierung auf wissenschaftlich-technische Spitzenleistungen und deren gezielte Stimulierung, zur Überleitung wissenschaftlich-technischer Resultate in die Produktion u. a. m. bilden bedeutsame Formen gesellschaftlicher Kontrolltätigkeit, die auch zu nachhaltigen Veränderungen führen.

Eine wirksame Vorbeugung und Bekämpfung von Rechtsverletzungen im Zusammenhang mit wissenschaftlich-technischen Leistungen ist unmittelbar verbunden mit der strikten Verwirklichung des sozialistischen Rechtsprinzips, daß jeder Schuldige konsequent und differenziert zur rechtlichen Verantwortlichkeit geführt werden muß. Die Durchsetzung dieses Rechtsprinzips ist unabdingbar, weil die angeführten positiven Wirkungen des sozialistischen Rechts auch im Sinne der Stimulierung nur erreicht werden können, wenn auf negative Verhaltensweisen mit spezifischen Maßnahmen des individuellen und kollektiven Einstehenmüssens reagiert wird.

Untersuchungen von Rechtsverletzungen im Zusammenhang mit wissenschaftlich-technischen Leistungen zeigen jedoch, daß von den bestehenden Möglichkeiten des sozialistischen Rechts und seiner Reaktion auf Rechtsverletzungen aller Art insgesamt gesehen noch zuwenig Gebrauch gemacht wird. Nahezu jede dritte Rechtsverletzung im wissenschaftlich-technischen Bereich, mit zum Teil gravierenden volkswirtschaftlichen Schadensfolgen, führt gegenwärtig nicht zu einer *differenzierten* rechtlichen Verantwortlichkeitsmaßnahme. Die Gründe hierfür sind sehr vielgestaltig, bestehen im wesentlichen aber darin, daß der erforderliche Aufwand zur Durchsetzung einer solchen Maßnahme oft nicht im entsprechenden Verhältnis zu dem zu erwartenden erzieherischen Erfolg betrachtet und die Nachhaltigkeit derselben in Frage gestellt wird. Oft fehlt auch die erforderliche Initiative dazu beim Disziplinarbefugten.

Unbestritten ist, daß Analysen der kausalen Zusammenhänge für Rechtsverletzungen und eine exakte Bestimmung individueller Verantwortlichkeiten gerade im Zusammenhang mit wissenschaftlich-technischen Prozessen Schwierigkeiten bereiten, da meist komplizierte, zum Teil unbekannte technische Strukturen und hohe Risikograde berührt und oft große Kollektive beteiligt sind. Diese Schwierigkeiten dürfen jedoch nicht dazu führen, daß das Prinzip der individuellen rechtlichen Verantwortlichkeit für individuell verursachte und schuldhaft herbeigeführte wirtschaftliche Schäden oder Gefahren vernachlässigt wird. Gerade seine konsequente Durchsetzung wirkt erzieherisch und disziplinierend zugleich im Sinne einer umfassenden Vorbeugung von Rechtsverletzungen und bekämpft den konkreten Rechtsbruch nachhaltig. So betrachtet ist die Verwirklichung der individuellen rechtlichen Verantwortlichkeit ein unverzichtbarer Bestandteil sozialistischer Rechtsverwirklichung — besonders auch im Hinblick auf einen wirksamen Beitrag des Rechts zur Stimulierung wissenschaftlich-technischer Leistungen.

Das Prinzip der individuellen rechtlichen Verantwortlichkeit darf auch nicht einseitig verstanden und nur in solchen Fällen durchgesetzt werden, in denen direkt sicht- und meßbare Schäden oder Gefahren verursacht werden. Vielmehr ist zu gewährleisten, daß es auch in jenen Fällen verwirklicht wird, in denen Rechtsforderungen zur Stimulierung durch Leiter oder Leitungen unterlaufen oder überhaupt nicht angewandt werden. In diesem Zusammenhang kommt auch der Erhöhung der Wirksamkeit rechtlicher wie betrieblich-normativer Regelungen eine besondere Bedeutung zu. So zeigte sich im Rahmen von Untersuchungen, daß die in bestimmten Betrieben und Kombinaten vorhandenen Konkretisierungsformen von Rechtsnormen sowie Leitungsdokumente nicht immer den Anforderungen einer wirksame Leitungstätigkeit auf wissenschaftlich-technischem Gebiet entsprechen, weil sie z. B. zu allgemein gehalten sind und nur wenig praktische Hilfestellung für die tägliche Arbeit geben, weil konkrete Festlegungen von Rechten und Pflichten sowie Verantwortlichkeiten oder exakte, kontrollfähige Terminstellungen für die Vorbereitung und Durchführung wissenschaftlich-technischer Leistungen fehlen. Oft geht es auch darum, die betrieblich-normativen Leitungsdokumente auf dem Gebiet von Wissenschaft und Technik auf das notwendige Maß zu beschränken, übersichtlicher zu gestalten und mit den Aufgaben und Zielen der jeweiligen Wirtschaftseinheit in Übereinstimmung zu bringen. Auch das kann dazu beitragen, gesetzlichkeitsgetreues Handeln zu fördern bzw. Ungesetzlichkeiten vorzubeugen.

Personenregister

FSC
www.fsc.org
MIX
Papier | Fördert gute Waldnutzung
FSC® C083411

Kolibri 360 GmbH
Ferdinand-Jühlke-Straße 7
99095 Erfurt, Deutschland
produktsicherheit@kolibri360.de